한류 콘텐츠 입문

한류 콘텐츠 입문

발행일　1판 1쇄　2024년 8월 5일

지은이　음영철, 강성재, 백지원, 안희성, 이기현, 임소은, 하주리

펴낸이　박영호

기획팀　송인성, 김선명

편집팀　박우진, 김영주, 김정아, 최미라, 전혜련, 박미나

관리팀　임선희, 정철호, 김성언, 권주련

펴낸곳　(주)도서출판 하우

주소　서울시 중랑구 망우로68길 48

전화　(02)922-7090

팩스　(02)922-7092

홈페이지　http://www.hawoo.co.kr

e-mail　hawoo@hawoo.co.kr

등록번호　제2016-000017호

ISBN　979-11-6748-150-4　03300

값 19,000원

한류 콘텐츠 입문

Introduction to Hallyu Content

지은이

음영철, 강성재, 백지원, 안희성, 이기현, 임소은, 하주리

도서출판 真雨 株式會社

나는 우리나라가 세계에서 가장 아름다운 나라가 되기를 원한다.

가장 부강한 나라가 되기를 원하는 것은 아니다.

내가 남의 침략에 가슴이 아팠으니 내 나라가 남을 침략하는 것을 원치 아니한다.

우리의 부력(富力)은 우리의 생활을 풍족히 할 만하고,

우리의 강력(强力)은 남의 침략을 막을 만하면 족하다.

오직 한없이 가지고 싶은 것은 높은 문화의 힘이다.

문화의 힘은 우리 자신을 행복하게 하고 나아가서 남에게 행복을 주겠기 때문이다.

　　　　　　　　　　　　　　　　　　　– 백범 김구의「나의 소원」중에서

언젠가 문화와 관련된 책을 쓰면 서문에 쓰려고 아끼고 아껴뒀던 문구이다. 백범 선생님이 그토록 원했던 것은 우리나라가 높은 문화를 간직하는 것이었다. 그 이유는 인용문에서 알 수 있듯이 "우리나라가 세계에서 가장 아름다운 나라가 되기를 원한다."라는 말 속에 담겨 있다. 백범 선생님은 아름다운 나라는 문화를 통해 가능하다고 보았다. 이제 대한민국은 '한류 문화'를 통해 아름다운 모습을 갖춰가고 있다. 한류 문화는 90년대 중반에 세상에 알려지기 시작해서 지금까지도 세계 사람들의 마음을 사로잡고 있다. BTS, 〈오징어 게임〉,

〈기생충〉은 세계가 인정하는 K-팝, K-드라마, K-영화를 상징하는 한류 콘텐츠이다. 이뿐이랴? 음식, 관광, 패션, 게임, 웹툰, 디자인, 뷰티, 건축, 스포츠에 이르기까지 다양한 분야에서 한류 문화는 꽃을 피우고 있다.

30년에 가까운 세월이 흐르는 동안 한류는 눈부신 성장을 했음에도 불구하고 한류 컨텐츠를 제대로 아는 사람은 많지 않다. 수업 시간에 만난 대부분의 한국 학생들은 한류 콘텐츠 중에서도 K-팝과 K-드라마 정도가 유명한 것은 알고 있지만, 구체적으로 잘 알지는 못한다고 말한다. 시중에 나와 있는 한류 관련된 서적도 특정 분야에 대한 집약적인 해설이 중심이어서 강의하는 입장에서는, 한류 콘텐츠 전반에 대한 입문서가 없어 여러 자료를 찾아 헤매야만 했다. 그러다가 2년 전부터 한류에 관심 있는 초심자를 위한 한류 콘텐츠 입문서를 직접 써야겠다는 결심을 하였다.

제자와 함께 한 2년여의 세월 끝에 드디어 「한류 콘텐츠 입문」이라는 책을 세상에 내놓게 되었다. 이 책에는 한류 콘텐츠와 관련된 다양한 분야가 나온다. 기본적으로는 각 장마다 개념, 역사, 장르, 대표작, 특징, 해외 동향, 문제점, 토의 및 토론 등을 두어 한류 전반에 대한 기초적인 이해를 도왔다. 급변하는 세상에서 한류 콘텐츠의 최신 정보는 나날이 증가하고 있으며, 한류 콘텐츠의 유통기간은 더욱 짧아지고 있다. 이러한 세태를 반영하여 스승과 제자가 합심하여 줄탁동시로 만든 「한류 콘텐츠 입문」이 한류 콘텐츠 발전에 작으나마 도움이 되었으면 한다.

일찍이 다산 정약용은 500여 권에 달하는 책을 제자와 함께 썼다. 강진 땅에 유배를 가서 부지런히 후학을 양성하고, 제자들의 재능을 살려 책을 만들었다고 하니 저절로 머리가 숙연해진다. 정조의 때아닌 죽음으로 인해 정치가의 길이 막혔을 때 학자의 길을 걸어야만 했던 다산 선생님께도 감사한 마음을 전하고 싶다. 제자와 함께 책을 공저로 낸다는 것은 결코 쉽지 않았다. 공저를 내는 동안에 군에 간 제자도 있어 마무리를 같이 하지는 못하였다. 그러나 새로운 제자가 그 자리를 훌륭히 메워주었기에 이 자리를 빌어 고맙다는 말을 전하고 싶다. 공저자로 참여한 강성재, 백지원, 안희성, 이기현, 임소은, 하주리 제자들이 있었기에 이 책은 세상의 빛을 보게 되었다. 특별히 원고를 정리하고 다듬어준 김다희 제자에게 고맙다는 말을 전한다. 출판 여건이 어려운 상황에서도 부족한 원고를 흔쾌히 책으로 만들어주신 하우 출판사 박민우 사장님을 비롯한 임직원과 편집부 여러분께도 고개 숙여 감사하다는 말을 전하고 싶다.

옛말에 군자삼락이란 말이 있다. 군자의 첫 번째 즐거움이 부모가 살아 계신 것이고 형제가 무고한 것이라면, 두 번째 즐거움은 하늘과 사람에게 부끄러워할 것이 없는 인생을 사는 것이다. 그리고 군자의 세 번째 즐거움은 천하의 영재를 얻어 가르치는 것이다. 부모형제 모두 무탈하니 군자의 첫 번째 즐거움은 맞다 하겠으나, 두 번째는 아무리 생각해도 자신이 없다. 남은 것은 천하의 영재인 한국학에 관심 있는 학생들을 얻어 가르치는 것이니 이것은 앞으로 더 노력해볼 생각이다. 원석에 해당하는 제자들을 보석이 되게 만드는 것이 내게 주어진 소명일 것이다. 끝으로 여러모로 부족한 「한류 콘텐츠 입문」이 한류 문화에 관심을 가진 독자 여러분의 질정과 성원에 힘입어 거듭나기를 바라마지 않는다.

2024년 7월
삼육동 연구실에서
음영철

목차

1장 한류란 무엇인가? ·· 13

왜 한류인가? • 14 ｜ 한류의 주요 장르 • 16 ｜ 한류 지역 • 29 ｜
한류 이슈 • 31 ｜ 한류 과제 • 34 ｜ 한류 전망 • 36 ｜ 토의 및 토론 • 38

2장 한류 드라마 ··· 39

한류 드라마의 개념 • 40 ｜ 한류 드라마의 역사와 대표작품 • 41 ｜
한류 드라마의 장르 • 54 ｜ 한류 드라마의 성공 비결 • 58 ｜
한류 드라마의 특징 • 62 ｜ 한류 드라마의 인기 원인 • 65 ｜
한류 드라마의 과제 • 66 ｜ 토의 및 토론 • 68

3장 한류 영화 ··· 69

영화의 개념 • 70 ｜ 한류 영화의 역사와 다양한 장르 • 72 ｜
한국 영화의 특징 • 82 ｜ 한류 영화의 세계화 전략 • 85 ｜
한류 영화의 과제 • 90 ｜ 토의 및 토론 • 94

4장 한류 음악 ··· 95

한류 음악의 개념 • 96 ｜ 최근 한류 음악의 현황 • 98 ｜
K-팝의 역사와 발전 과정 • 99 ｜ 한류 음악의 특징 • 105 ｜
K-팝의 해외 현황 • 108 ｜ K-팝이 가져오는 긍정적인 영향 • 114 ｜

한국 음악의 세계화 전략 • 115 │ 한류 음악의 미래 • 119 │
토의 및 토론 • 121

5장 한류 음식 ··· 123

한류 음식의 개념 • 124 │ 한류 음식의 역사 • 126 │ 한식의 특징 • 128 │
배달 문화 • 132 │ 한식과 관련된 방송 콘텐츠 • 133 │
한식, 세계 속의 K-푸드 • 133 │ 외국인에게 사랑받는 한식 • 136 │
한류 음식 대한 외국인들의 시선 • 142 │ 한식의 세계화 전략 • 144 │
한식 세계화에 따른 문제점 • 146 │ 토의 및 토론 • 148

6장 한류 관광 ··· 149

한류 관광의 개념 • 150 │ 한류 관광의 필요성 • 152 │
한류 관광의 역사 • 154 │ 한류 관광의 주요 도시 • 155 │
한국 관광의 매력 • 162 │ 한류 관광의 성공 비결 • 164 │
한류 관광의 문제점 • 168 │ 새로운 관광 상품 개발의 필요성 • 171 │
토의 및 토론 • 174

7장 한류 패션 ··· 175

패션의 개념 • 176 │ 한류 패션이란? • 178 │ 서울, 패션의 도시 • 183 │

한복의 세계화 • 184 ㅣ 한복의 특징 • 188 ㅣ 한복의 장 · 단점 • 191 ㅣ
생활 속의 한복 변천사 • 193 ㅣ 한국의 대표적인 패션 컬렉션 • 195 ㅣ
토의 및 토론 • 198

8장 한류 게임 199

게임의 개념 • 200 ㅣ 게임의 역사 • 202 ㅣ 한국 게임의 역사 • 205 ㅣ
국가별 한류 게임의 동향 • 208 ㅣ
한류 프로게이머의 최고봉 '리그 오브 레전드' • 211 ㅣ
게임산업 분류 • 214 ㅣ 한국의 프로게이머 • 216 ㅣ
한국은 게임 강국 • 217 ㅣ 한류 게임산업의 문제점 • 220 ㅣ
토의 및 토론 • 223

9장 한류 웹툰 225

웹툰의 개념 • 226 ㅣ 한류 웹툰의 역사 • 227 ㅣ 한류 웹툰의 장르 • 229 ㅣ
한류 웹툰 대표작 • 231 ㅣ 한류 웹툰의 특징 • 235 ㅣ
한류 웹툰의 해외 동향 • 240 ㅣ
한류 웹툰이 대중문화에 미치는 영향 • 245 ㅣ
한류 웹툰의 도전 과제 • 246 ㅣ 토의 및 토론 • 249

10장 한류 디자인 251

디자인의 개념 • 252 ㅣ 한류 디자인이란 무엇인가? • 253 ㅣ
한류 디자인 역사 • 256 ㅣ 한류 디자인 특징 • 257 ㅣ

한류 디자인 제품·259 │ 한국디자인진흥원의 주요 사업·265 │
한류 디자인의 과제·271 │ 토의 및 토론·274

11장 한류 뷰티 ·· 275

한류 뷰티의 개념·276 │ 한류 뷰티의 역사·277 │
한류 뷰티 분야·280 │ 한류 뷰티의 특징·287 │
한류 뷰티의 세계화 전략·288 │ 한류 뷰티의 성공 요인·291 │
한류 뷰티 전망·294 │ 토의 및 토론·297

12장 한류 건축 │ 299

건축의 개념·300 │ 한옥의 정의·301 │ 한옥의 역사·304 │
대표적인 한류 건축물·305 │ 한옥의 특징·313 │ 한옥의 단점·319 │
한옥의 해외 사례·320 │ 한옥의 미래·322 │ 토의 및 토론·324

13장 한류 스포츠 ·· 325

한류 스포츠의 개념·326 │ 한국 스포츠의 역사·327 │
한류 스포츠 종목과 한류 스타·329 │ 한류 스포츠와 대중매체·339 │
한국 스포츠의 문제점·341 │ 한류 스포츠 해외 사례·343 │
한류 스포츠 논쟁·346 │ 토의 및 토론·348

참고 문헌 ·· 349

1장

한류란 무엇인가?

왜 한류인가?

한류의 주요 장르

한류 지역

한류 이슈

한류 과제

한류 전망

토의 및 토론

1장

한류란 무엇인가?

K 왜 한류인가?

2012년, 싸이의 〈강남스타일〉이 공전의 히트를 치며 해외에서 한국의 대중음악은 전례 없는 관심을 불러일으켰다. 그로부터 10여 년이 지나기도 전인 2020년에는 봉준호 감독의 〈기생충〉이 미국 아카데미 시상식에서 4관왕을 석권하였다. 이듬해인 2021년에는 한국 드라마 〈오징어 게임〉이 넷플릭스에서 방영되자마자 세계 여러나라에서 오징어 게임 열풍이 일어났다. 이제 한국의 음악, 영화, 드라마는 지역과 세대를 넘어 세계 문화의 주류로 인정받기 시작한 것이다. 여기에 기름을 부은 것이 방탄소년단이다. BTS는 빌보드 뮤직 어워드(BBMAs)의 'Top Social Artist' 부문에서 5년 연속 수상이라는 전무후무한 기록을 세웠다. 이제 한국의 대중음악인 K-팝은 세계 음악사에서 하나의 장르로 굳어지고 있다. 최근에는 여성 아이돌 그룹인 블랙핑크가 음악과 패션의 경계를 넘나들면서 젊은이들의 마음을 사로잡고 있다. 적어도 음악에 있어서는 국경이 사라지고 있는 것이다.

언제부터 오늘날 우리가 쉽게 말하는 한류 현상이 시작된 것일까? 『한류가 뭐길래』의 저자 심두보는 "한류는 해외에서 펼쳐진, 한국 문화에 대한 유행적 수용과 팬덤 현상"이라고 정의하면서 중국의 CCTV에 방영된 〈사랑이 뭐길래〉를 들고 있다(심두보, 2024). 이는 박재복의 책, 『한류, 글로벌 시대의 문화경쟁력』(2005)에 근거를 두고 있다. 좀 더 구체적으로 살펴보면, 심두보는 드라마 〈질투〉가 중국에 수출된 해인 1993년이 아니라 〈사랑이 뭐길래〉가 중국에서 한류 열풍을 촉발시킨 1997년을 기점으로 삼을 것을 주장하였다. 그렇다면 용어로서의 한류는 언제 시작되었을까? 1997년 대만에서 처음 등장한 것이 학계의 정설이다. 대만 언론인 〈중국시보中國時報〉는 한국의 외환위기를 '한류韓流'로 표현했다. 뜻은 "북쪽에서 남쪽으로 이동하는 한랭 기단인 한류(寒流)의 해음"이라고 한다. 풀이하자면 대만 언론에서는 한국의 금융 위기가 남쪽인 대만의 경제에까지 악영향을 주는 상황을 빗대어 한류로 표현한 것이다. 그러다가 1998년쯤에 대만에서 클론이 큰 인기를 얻으면서 한국의 대중문화를 한류로 표현한 것이다. 본격적인 한류 열풍이 시작된 시기는 드라마 〈겨울연가〉가 일본에서 흥행하기 시작한 2002년부터이다. 당시 고이즈미 총리도 최지우 배우를 만날 정도였으며, 일본에서의 한류 열풍은 주부를 중심으로 번져나갔다. 한국의 대중문화인 한류는 해외에서 1990년대 후반에서 시작되어 30년 가까이 지속되고 있는 세계적인 문화 현상이라 할 것이다.

그렇다면 한류 콘텐츠에는 어떤 장르가 있을까? 『2021 한류백서』에 따르면 기본적으로 한류콘텐츠는 11가지로 나눌 수 있다(한국국제문화교류진흥원, 2022). 한류 방송, 한류 영화, 한류 음악, 한류 공연, 한류 게임, 한류 웹툰, 한류 출판, 한류 뷰티, 한류 패션, 한류 음식, 한류 관광이 그것이다. 여기에 한류 디자인, 한류 건축, 한류 스포츠가 더해지면 대략 14가지로 한류를 가름할 수 있다. 문제는 이와 같은 한국의 다양한 대중문화가 해외에서 한류라는 이름으로 지속적인 열풍을 가져오는 데 따른 정교하고 치밀한 분석이 눈에 띄지 않는다는 것이다.

K 한류의 주요 장르

한류 드라마

최근에 K-드라마로 더 알려진 한류 드라마는 OTT를 중심으로 세계인의 마음을 사로잡고 있다. 한류 드라마는 2021년 〈오징어 게임〉이 인기를 얻으면서 한류 붐을 일으켰고 〈지옥〉에도 영향을 미쳤다. 2022년에는 〈지금 우리 학교는〉이 뒤를 이었고 2023년에는 〈더 글로리〉가 흥행을 지속하고 있다. 한류 드라마에는 로맨스, 판타지, 사극 등 다양한 장르들을 볼 수 있으며, 아시아뿐만 아니라 전 세계 시장에서도 큰 인기를 끌고 있다. 넷플릭스, 애플TV+, 디즈니+를 포함한 글로벌 기업의 한국 투자가 늘어나면서 한류 드라마는 글로벌 방송 시장에서 성공할 가능성이 점점 커지고 있다.

한류 영화

2020년은 한국 영화사에서 기념비적인 해이다. 봉준호 감독의 영화 〈기생충〉이 제92회 아카데미 시상식에서 작품상, 감독상, 각본상, 국제영화상 등 4개 부분을 수상하였기 때문이다. 그러나 코로나 팬데믹으로 인해 한국의 영화산업은 극장에서 OTT로 이동하였다. 이른바 K-무비의 플랫폼이 오프라인에서 온라인으로 이동하면서 감독, 배우, 작가, 스태프에 이르기까지 영화 생태계는 급격한 지각변동을 겪어야만 했다. 한류 영화는 이러한 시대변화 속에서도 지속적인 발전을 모색하였다. 2021년 정이삭 감독의 〈미나리〉를 통해 한국의 배우 윤여정은 아카데미 시상식에서 여우조연상을 거머쥐었다. 같은 해에 홍상수 감독의 〈인트로덕션〉은 베를린국제영화제에서 은곰상을 수상하기도 하였다. 이처럼 한국 영화는 전통적인 강세 지역인 아시아 시장을 넘어 전 세계에서도 인정받고 있는 것이다. 앞으로 한국 영화는 OTT로 인해 다변화가 이루어질 전망이다. 대세가 된 넷플릭스가 위력을 발휘하겠지만 여전히 극장에서 영화를 즐기는 관객도 존재한다. 이에 대한 철저한 대비만이 한류 영화의 지속적인 발전을 기대하게 할 것이다.

한류 음악

2000년대 이후 한류 음악은 세계적인 인기를 끌면서 한류의 핵심으로 자리잡았다. 한국 아이돌 그룹들이 춤과 보컬, 랩 등을 맡아 역동적인 공연을 보여주면서 한류 음악은 전 세계인들의 마음을 사로잡은 것이다. 대표적인 아이돌 그룹인 방탄소년단(BTS)과 블랙핑크(BLACKPINK)는 각각 남성 아이돌과 여성 아이돌을 대표한다. 이들을 통해 한국의 대중음악인 K-팝은 전 세계로 알려지게 된다. SM이 K-팝 기획사로서 처음으로 코스닥에 상장된 이래로 한국의 아이돌 그룹은 기획사를 기반으로 성장하였다. 그중에서 비틀즈에 버금가는 보이그룹 BTS를 키운 하이브와 블랙핑크를 세계적인 걸그룹으로 성장시킨 YG를 빼놓고는 한류 음악을 말할 수 없다. 이들 기획사를 모델로 4세대 아이돌인 스트레이 키즈, 에이티즈, 투모로우바이투게더, 엔하이픈, 에스파, ITZY, IVE, 케플러, 뉴진스 등이 나온 것이다(김윤지, 2023). 아이돌 그룹은 팝 음악의 심장부인 미국에서 자신들의 음악을 펼치고 싶어 한다. 앞으로 한류 음악은 과거와 달리 북미 음악시장을 넘어 전 세계를 무대로 활동하게 될 것이다. 시장이 변한 것이다. 아이돌을 중심에 둔 K-팝은 팬덤 문화에 기초해 있다. 공연에서 음반 판매에 이르기까지 K-팝 아이돌 스타들은 개인에서 그룹에 이르기까지 다양한 팬들과 함께 한다. 팬덤 자체가 아이돌과 함께 성장하고 사라질 것이다. SM, JYP, YG, 하이브 등 우리나라의 K-팝 기업들은 디지털 공간 안에 자신들의 음악을 구축한 것이다. 바야흐로 팬들이 원하는 다양한 콘텐츠들을 디지털 공간이라는 용광로에 녹여낼 수 있는 아이돌 그룹이야말로 세계 시장에서 살아남을 것이다.

<사진 1-1. 명사십리 대신 '방탄소년단의 해변으로 불리는 맹방해변>

(출처: 한국관광공사)

한류 음식

2023년 5월 한국 최대 식품 기업인 CJ제일제당은 떡볶이, 핫도그, 김밥, 김말이, 붕어빵, 호떡 등 6가지 길거리 음식을 전략 제품화한 'K스트리트푸드 K Street Food'를 론칭했다고 한다(장대환, 24). 이제 한국인이 즐기는 음식이 세계인들의 마음을 사로잡기 시작한 것이다. 오죽하면 한국의 음식을 먹기 위해 한국으로 여행을 오는 외국인들이 있겠는가? 세계 김시장에서 점유율 70%를 차지하는 한국의 김은 현재 114개 나라로 수출하고 있다. 글로벌 식품 시장 내에서 한국 식품의 수출량은 2000년대 초반부터 매해 평균 10%씩 성장하고 있는 것이다(KOFICE, 2022). 코로나로 인해 한국의 가공식품은 김치 외에 라면 등도 세계 시장에서 두드러진 성장세를 보여줬다. 이제 한류 음식은 품목에 따른 고급화 전략을 추진할 필요가 있다. 그 대표적인 음식이 한국의 김이다. 김이 수출되었던 미국, 일본, 중국뿐만 아니라 남미에서 아프리카에 이르기까지 김은 친환경적 요소와 맞물려 소비가 현저히 증가하고 있다. 전 세계적으로 증가하는 비건 소비자도 김 수출에 있어 빼놓을 수 없는 요소이다. 이외에도 한국 음식 중에 고급화 전략으로 내세울 수 있는 딸기와 포도를 들 수 있다. 영화 〈기생충〉에 등장했던 '짜파구리'의 인기가 이제 한국을 넘어 전 세계인의 미각을 자극하고 있다. 소셜미디어와 OTT 등을 중심으로 한국의 음식문화가 전 세계인의 식탁에 오를 날도 멀지 않았다. 이외에도 한국의 전통음식을 상징하는 한식은 세계에 알릴 수 있는 대표적인 한류 음식이다.

<사진 1-2. 엽기 떡볶이>
(출처: 한국관광공사)

한류 관광

K-팝, 한류 드라마, 한류 영화 등이 전 세계적인 주류 문화로 자

리를 잡으면서 한국을 방문하려는 사람들이 점차 늘고 있다. 그동안 코로나19 팬데믹으로 인해 침체된 관광산업이 다시 활기를 띠고 있는 것이다. 2019년 방한 외래객 수는 1,750만 명이었던 것이 팬데믹으로 인해 2020년에는 252만 명, 2021년에는 97만 명으로 급격하게 줄어들었다. 그 중 순수한 관광을 목적으로 한 방문객 수의 최악을 기록한 해는 2020년과 2021년이었다. 코로나19 팬데믹이 사라진 2024년 현재 문화체육관광부는 '2023~2024 한국방문의 해'를 계기로 역대 최대 2000만 명을 유치하기 위해 마케팅에 총력을 기울이고 있다. 로컬 체험을 원하는 한류 팬들을 위해 문화체육관광부는 2024년 6월에는 코리아뷰티페스티벌을, 9월에는 대형 한류 페스티벌을 기획하고 있다. 연중 다양한 행사를 개최하면서 해외 관광객들이 한국을 방문하게 하려는 것이다. 세계인들에게 웰니스 관광에 최적의 장소가 한국임을 알릴 필요가 있다. 특히 한국의 지역적 특성을 살린 관광 상품 개발도 필요하다. 그동안 한국방문의 성지로만 알려진 대표적인 명소들을 중심으로 만들 것이 아니라 잘 알려지지 않았지만 외국인들에게 인기 있는 맛집, 공연, 축제, 문화 체험 등을 개발한다면 관광객 유치에도 좋을 것이다. 이 외에도 K-팝, 한류스타 관련 팬미팅, 촬영지 등을 경험하는 관광 콘텐츠를 활성화시킬 필요가 있다. 또한 미용, 레저 및 스포츠 활동 등으로 관광 상품을 확대한다면 많은 외국인이 한류 관광을 경험하기 위해 한국을 방문할 것이다.

한류 패션

한국인도 특별한 날 이외에는 잘 안 입는다는 한복을 외국인은 아름답다고 한다. 도대체 한복에는 어떤 매력이 있길래 외국인들은 한복의 매력에 빠져드는 것인가. 한복은 한국인만 어울리는 것이 아니라 외국인이 입어도 잘 어울리는 세계적인 의상이다. 한류 패션을 떠올리면 우리는 쉽게 한복을 연상한다. 그러나 정작 한복에 대해 물어보면 잘 모른다. 경복궁에서 만난 외국인들은 한복을 입고 사진 촬영을 한다. 실제로 볼 때도 아름답지만 사진으로 보면 예쁘게 잘 나온다. 한복의 이미지, 디자인, 품질 등을 제대로 알려면 먼저 K-패션에 대해 공부해야 한다. 오늘날 한류 패션을 세계에 알리는 데 있어 로맨틱크라운(Romantic Crown), 어피스오브케이크(APIECEOFCAKE), 아크메드라비(ADLV)와 같은 브랜드가 주도적인 역할을 하고 있다. 이 브랜드들은 BTS, EXO, 트와이스 등 한류 아이돌 스타들이 즐겨 입으면서 유명세를 탔다. 또한 D2C(Direct to Customer)는 제품의 인지도를 높이는데 견인차 역할을 하였다. D2C는 자사몰을 통해 중간 유통이 없이 소비자가 직접 판매할 수 있다. 예컨대 로맨틱크라운은 중국어로 된 온라인 쇼핑몰을 구축하여 중국 유명 편집숍인 'IT'의 매장 40여 곳과 소통하면서 한국의 스트리트 패션을 알리고 있는 것이다(KOFICE, 2022). 앞으로 팬덤에 기반한 다양한 한류 패션이 소개된다면 수익 모델도 다각화될 전망이다. 이를 통해 한국의 옷이 디지털 플랫폼을 타고 세계에 알려진다면 한류 패션은 지속 가능한 성장을 이룰 수 있을 것이다.

한류 게임

한국의 게임 산업은 콘텐츠산업 수출액 부분에서 부동의 1위를 달리고 있다. 예컨대 2020년 한국 게임 수출액은 81억 9,356만 달러(약 9조 6,688억 원)로 집계됐는데 이는 다른 산업 부분과 비교할 수 없을 정도로 비중이 크다. 그중에서도 모바일 게임 수출 규모가 50억 8,376만 달러(약 6조 924억 원)로 가장 컸고 그 다음이 PC게임이었다. PC게임은 부진한 반면 모바일 게임은 꾸준한 성장세를 이어가고 있다. 세계 게임 시장에서 한국 게임 수출 점유율은 2020년에는 4위를 차지했다. 미국, 중국, 일본이 현저하게 앞서 있고 한국과 영국이 4위 자리를 두고 점유율 경쟁을 벌이고 있다. 한국이 3위 안에 드는 것은 쉽지 않을 것으로 전망된다. 코로나19 팬데믹이 지속되면서 게임문화가 일상화되었다. 한류 게임도 이와 같은 상황에서 계속해서 발전을 거듭해 왔다. PC게임보다 모바일 게임이 증가한 것도 코로나19의 영향이 아닐 수 없다. 다른 어떤 플랫폼보다도 약진이 두드러졌던 것은 비디오 콘솔게임이다. 한국 게임사인 펄어비스는 2021년에 〈도깨비DokeV〉를 출시하면서 전 세계 플레이어의 시선을 사로잡았으며, 넥슨도 스팀(Steam)을 통해 해외 진출을 모색하고 있다. 스팀은 세계적인 게임 유통 채널인데 '얼리 액세스'를 통해 완성되지 않은 게임의 피드백을 제공한다. 다양한 국내 게임업체들은 이러한 시스템을 통해 세계 곳곳에 있는 게임 플레이어와 만나고 있다. 한국의 게임 산업은 이제 중국에서 일본으로 진출 전환을 꾀하고 있다. 일본 현지 취향에 맞게 홍보활동을 한다면 전망이 밝을 것으로 기대된다.

한류 웹툰

웹툰은 인터넷을 통해 연재되는 만화이다. 웹툰을 원작으로 제작된 많은 작품들이 있다. 그중에서도 웹툰을 원작으로 세계적인 흥행을 거둔 드라마로는 〈스위트 홈〉, 〈지옥〉, 〈지금 우리 학교는〉를 들수 있고, 영화로는 〈이끼〉, 〈은밀하게 위대하게〉, 〈신과 함께〉가 대표적이다. 2020년 기준 웹툰의 해외 진출 작품 수는 웹툰즈가 2,383개로 가장 많은 수를 차지하고 있다. 국가별로는 일본에 수출하는 비중이 31.8%로 가장 높다. 그 뒤를 이어 중국, 북미, 태국 순이다 (KOFICE, 2022). 코로나19로 인해 웹툰의 세계 시장은 점차 확대되고 있다. 예컨대 글로벌 OTT 서비스가 대중화됨에 따라 글로벌 조회수가 12억 뷰가 넘는 〈스위트 홈〉의 경우 2020년 12월부터 넷플릭스에서 10부작으로 제작되어 상영되었다. 이처럼 한국 웹툰은 드라마, 영화, 애니메이션화도 빠르게 진행되고 있다. 또한 한류 활성화를 위해 웹툰의 현지화 전략도 급속하게 진행되고 있다. 일본에서는 네이버의 '라인망가'와 카카오의 '픽코마'를 중심으로 한류 웹툰의 현지화전략이 성공을 거두고 있다. 예를 들어 네이버 라인망가의 경우 일본에서는 전자책 형태로 발간되어 인기를 얻고 있다. 미국에서는 현지 작가를 발굴하여 네이버 라인웹툰에 연재를 진행하고 있다. 2019년 12월 라인웹툰은 북미 지역 월 방문자 수가 1,000만 명을 돌파했다고 한다. 이처럼 네이버와 카카오페이가 국내 웹툰뿐만 아니라 해외에서 작가를 발굴하여 웹툰 산업을 확장하는 것은 또 다른 형태의 한류 웹툰이라고 할 수 있다.

한류 디자인

우리 주위에는 모든 것이 디자인의 결과물이다. 건축에서 패션에 이르기까지 디자인 아닌 것이 없다. 세상에 존재하는 모든 것이 디자인의 옷을 입고 나온다. 그렇다면 K–디자인이란 무엇인가. 단순히 한국적인 특징을 담아내서는 한류 디자인이라 말하기 어렵다. 세계인들이 한국의 디자인을 열망해야 하고, 설명이 가능해야 한다. 먼저 한국 디자인은 한국의 전통 문양에서 상징적 의미를 가져온다. 사군자 중의 하나인 매화, 난초, 국화, 대나무를 비롯하여 불교적 의미를 담고 있는 연꽃에 이르기까지 한국적 문양이 현대로 전승되어 다양한 제품에 나타난다. 예를 들어 한복은 오방색의 시각적 아름다움과 직선과 곡선의 조화로 아름다움을 표출하고 있다. 외국인들은 드라마와 영화에서 본 한복을 입어보고 싶어 한다. 한복은 단아하기도 하지만 화려한 면도 있다. 한류 디자인의 원천중에 하나는 한국의 자연이다. 인간과 자연이 조화를 이룬 한옥에서 알 수 있듯이 자연을 거스르지 않고 자연을 배경으로 집을 짓는 것이다. 한국의 사계절을 담은 산수화에서 알 수 있듯이 한류 디자인은 자연미를 따른다. 한류 디자인이 발전하기 위해서는 한류 스타들의 역할도 빼놓을 수 없다. 무엇보다 한국미에 기초한 다양한 스타일을 보여준다면 한류 디자인은 세계 시장에서 더 인기를 얻을 것이다.

한류 뷰티

한류 뷰티는 한국에서 시작된 뷰티 문화가 전 세계적으로 확산되어 인기를 얻게 된 현상을 일컫는 말이다. 한국에서는 피부 관리와 메이크업에 대한 관심이 다른 국가에 비해 매우 높은 편이다. 한류 뷰티는 K-뷰티로 불리기도 하는데 주로 스킨케어, 메이크업, 헤어스타일, 네일아트, 화장품을 중심으로 살펴볼 수 있다. 스킨케어의 경우 클렌징, 토너, 에센스, 세럼, 크림에 이르기까지 다양한 제품들이 세계 시장에서 각광받고 있다. 메이크업은 피부에 부담을 주지 않는 자연스러움이 특징이다. 볼륨감을 드러내는 아이라인과 도톰한 입술을 강조하는 메이크업이 한류 뷰티의 세련된 요소이다. 헤어스타일은 간결한 스타일을 선호한다. 걸그룹 아이돌 스타들이 자신의 개성을 살린 레이어드 컷과 자연스러운 웨이브 등을 방송을 통해 알리면서 많은 외국 여성들이 이를 모방한다. 네일아트도 한류 뷰티의 중요한 요소이다. 특히 한국의 전통적인 문양을 새긴 네일아트가 인기가 높다. 세계인들로부터 인기 있는 한국의 유명 기업들은 다양한 화장품을 수출하고 있다. 아모레퍼시픽, LG생활건강, 애이블씨앤씨 등과 같은 기업을 중심으로 한국 제품들이 세계 여러 나라에 수출되고 있다. 2020년 한국 화장품산업 수출액은 75억 7,200만 달러(약 9조 2,400억 원) 가량으로 추산된다. 한국 화장품 연간 수출액 추이만 보면 매년 수출 금액이 커짐을 알 수 있다. 또한 한국 화장품 최대 수출국인 중국의 비중이 더 확대됨을 알 수 있다. 수출 규모만 놓고 보면 프랑스와 미국에 이어 세계 3위에 해당한다. 한류 뷰티는 앞으로 성장 가능성이 매우 높은 장르이다. 화장품 규모 면에서 전 세계에서 가장 큰 시장인 북미에서 인지도를 높일 수 있는 다양한 전략이 필요하다. 무엇보다도 미국에 불고 있는 한류 열풍을 적극적으로 활용하여 마케팅할 필요가 있다.

한류 건축

외국인들이 한국에 오면 가장 가고 싶은 명소 중에 하나가 잠실 롯데월드타워 전망대이다. 서울의 랜드마크이자 한국에서 가장 높은 이 건물은 높이로 보면 세계 5위를 자랑한다. 123층 꼭대기에 위치한 서울 스카이는 서울을 360도 회전하면서 볼 수 있다. 명동에 위치한 남산타워에서도 서울 야경을 볼 수 있지만 최근에는 해외에도 알려져 이곳을 찾는 외국인이 많아지고 있다. 이처럼 한국건축은 이제 전 세계인이 체험하고 싶은 장소로 다시 태어나고 있다. 관광지가 아닌 주거지로 국한시켜 볼 때 외국인들이 선호하는 건축물 중에 하나가 한옥이다. 한옥 스테이라는 말에서 알 수 있듯이 이제 한옥은 한류의 바람을 타고 외국인들이 즐기고 싶은 가옥이 되어가고 있다. 한류 건축은 1990년대 말부터 아시아에서 일기 시작한 한류에다가 건축이 합쳐져서 만들어진 단어이다. 한류 건축이라는 말에는 우리나라가 과거부터 현재까지 지은 모든 건축물을 뜻한다. 그중에서도 한옥은 우리의 건축 문화를 가장 잘 표현하는 가옥이자 과학적인 면과 아름다운 요소가 잘 합쳐진 결과물이다. 한류 건축은 자연을 닮은 친환경적인 디자인을 추구한다. 건물 내외부에 걸쳐 채광, 통풍이 잘 되게 설계하며, 무엇보다도 자연친화적인 나무와 최신의 건축 기술을 활용하여 건물을 디자인한다. 한국의 전통 문양이나 조경을 활용하여 인간과 자연의 조화를 꿈꾼 한옥은 이제 세계 여러 나라의 건축물에 긍정적인 영향을 주고 있다.

<사진 1-3. 남산타워>

한류 스포츠

한류 스포츠는 한국의 스포츠가 해외에서 큰 인기를 얻고 있는 현상을 일컫는 말이다. 스포츠 관련 스타들을 중심으로 구축된 한국의 스포츠 문화는 손흥민으로 대표되는 축구에서 알 수 있듯이 스포츠 변방에서 강국으로 한국의 이미지를 바꿔놓았다. 한국은 이제 스포츠와 관련된 감독, 팀, 기술, 교육에 이르기까지 광범위하게 세계 여러 나라에 긍정적 영향을 끼치고 있다. 박세리와 최경주를 통해 한류 골프가 미국에서 선풍적인 인기를 끌었다면, 박찬호가 미국 메이저리그에서 활동하면서 한국 야구는 점차 미국 야구와 접목되면서 꾸준히 성장할 수 있었다. 그런가 하면 피겨스케이팅의 불모지나 다름없던 한국 빙상에 혜성처럼 나타난 김연아는 2010년 밴쿠버 동계올림픽에서 금메달을 따내면서 피겨 여제로 등극했다. 이외에도 올림픽 효자 종목 가운데 하나인 양궁은 세계적인 지도자를 배출하여 한류 스포츠의 위상을 높이고 있다. 그중에서도 역사가 가장 오래된 한류 스포츠라면 태권도를 빼놓을 수 없다. 태권도는 이제 세계가 공인하는 한류 스포츠의 본류이다. 태권도는 한국의 전통 무술 중 하나로, 한국을 대표하는 스포츠이기도 하다. 태권도는 이제 2억 명이 즐기는 K-콘텐츠라 할 것이다. 최근에 급성장한 한국의 e스포츠 산업은 국제적으로 큰 주목을 받고 있다. 특히 리그 오브 레전드(League of Legends)에서 활동하는 한국의 프로게이머들이 제19회 항저우 아시아경기대회에 출전하여 금메달을 획득한 것은 앞으로 한류 스포츠의 외연 확대뿐만 아니라 전망도 밝게 하고 있다.

K 한류 지역

20세기 중반까지 지역 변두리에 불과했던 대한민국이 1988년 서울 올림픽을 계기로 국제 무대의 전면에 등장했다. 그로부터 10년이 지난 시점에 한류는 동아시아를 중심으로 퍼져나갔다. 그 시작은 중화권에서 시작되었다. 1990년대 들어서면서 지상파방송사들은 방송물 수출을 위해 KBS영상사업단, MBC프로덕션, SBS프로덕션 등을 설립했다. 1992년과 1993년 〈질투〉, 〈사랑이 뭐길래〉, 〈여명의 눈동자〉 등을 홍콩 케이블 방송, 중국 하얼빈TV, 일본 위성방송에 수출하게 되면서 한류 붐이 일어나기 시작했다. 특별히 아시아 신흥국들은 방송 채널의 폭발적 증가에 따라 이를 채울 프로그램이 필요했는데 한국의 방송물들이 가성비 측면에서 일본보다 낮게 평가되었다. 한국 드라마의 해외 진출의 거점이 된 대만은 그중에서도 가장 빨리 한국 드라마에 주목하였다. 대만은 일본 드라마의 10분의 1 미만 가격으로 한국 드라마를 수입하였다(김윤지, 2023). 일본에서 한류 드라마의 성공 가능성을 보여준 것은 2003년 4월 NHK 위성방송 BS2에 방영된 〈겨울연가〉였다. 대만, 중국, 베트남, 태국 등지에서 불어온 한류 열풍이 일본으로 옮겨붙으면서 아시아 전역에서 한류 바람이 불기 시작하였다.

한류가 아시아를 넘어 본격적으로 세계적인 바람을 일으킨 것은 2000년대 이후이다. 바야흐로 한국 문화의 르네상스 시대가 열린 것이다. 북미와 유럽에서 불고 있는 한류는 K-팝이 선구적 역할을 하였다. 특히 미국에서 활약하고 있는 방탄소년단은 싸이의 '강남스타일'을 이어받아 K-팝을 미국 대중음악사에 빼놓을 수 없을 만큼 성장시켰다. K-팝의 뒤를 이어 넷플릭스에 방영되고 있는 한류 드라마와 영화도 점차적으로 미국인의 관심을 받고 있다. 유럽 지역에서도 K-팝의 위력은 대단하였다. 유럽인들에게 K-팝은 한국인에 대한 인식을 바꿀 만큼 선풍적인 인기를 끌어모았다. 한국문화원을 중심으로 한류 이벤트와 공연이 열리면서 한국을 방문하고자 하는 사람들이 최근 늘어나고 있는 것이다.

중동 지역에서도 한류 바람이 거세게 불고 있다. 중동은 동지중해에서 아라비아만, 페르시아만까지 이어지는 지역에 걸쳐 있으며 멀게는 아프가니스탄, 이란, 터키, 이스라엘 등이 포함된 지역이다. 2019년 사우디아라비아 수도 리야드의 킹파흐드 인터내셔널 스타디움에서 개최된 방탄소년단 콘서트는 중동지역 한류 문화 확산의 한 획을 긋는 역사적인 사건이었다. 방탄소년단 이전의 초기 한류는 드라마와 영화와 같은 영상매체를 중심으로 전개되었다. 요르단에 처음으로 판매된 드라마는 2002년에 방영된 〈청춘〉이었다. 그 뒤를 이어 중동 지역에 본격적인 한류를 알린 작품은 2007년 〈주몽〉, 〈커피프린스 1호점〉, 〈겨울연가〉였다(가천대학교아시아문화연구소, 2022). 또한 중동 지역에서 광범위한 인기를 얻은 드라마는 〈대장금〉이라 할 수 있다. 이슬람 국가인 이란 내에서 시청률이 90%를 상회했다는 것은 한류 드라마의 영향력이 폭발적이었음을 알 수 있다. 한류 드라마의 인기에 힘입어 2006년부터는 K-팝 열풍이 불기 시작하였다. 소녀시대, 카라, 슈퍼주니어, 샤이니 등이 유튜브와 SNS를 통해 알려졌으며, K-팝 스타들은 동경의 대상이 되기도 하였다. 최근에는 한류 스타들이 사용하는 화장품, 옷 등에 열광하며 한국어를 배우는 젊은이들이 늘고 있다.

K 한류 이슈

2024년에도 한류 열풍은 여전히 뜨겁다. 세계 각지의 대학에서는 한국어를 배우려는 사람들이 늘고 있다. K-팝, K-드라마, K-영화 등 다양한 장르에서 한류 열풍이 30년 가까이 지속되어 왔음을 알 수 있다. K-컬쳐에 대한 요구가 커지는 만큼 이에 대한 이해 부족으로 부작용이 속출하는 것도 간간이 볼 수 있다. 이제 미국 공영 라디오에서 K-팝이 나오는 것이 생소하지 않다. 마치 한국 방송에서 팝송이 나오듯이 BTS나 블랙핑크의 노래를 듣는 경우가 흔하다. 그만큼 미국 대중문화에 한류 콘텐츠가 자연스럽게 스며들었음을 알 수 있다. 과거에는 한류 이슈들이 주로 '한류의 기원과 역사'라든지 '한류의 범위와 명칭'에 관한 것이었다. 여기에 정부의 문화정책이 한류 열풍에 끼친 영향 정도였다. 2020년 이후에는 코로나19 이후의 한류 전망 논쟁이 잠시 이어졌다. 이제는 우리가 그동안 간과했거나 인식하지 못한 한류 논쟁이나 한류 이슈에는 어떤 것이 있는지 살펴볼 필요가 있다.

첫째, 한류는 '소프트파워'로서 어느 정도 힘을 갖고 있는가이다. 1990년대 후반에 동아시아에서 퍼진 한류 바람이 이제는 지구촌으로 확대되었다. 한류 콘텐츠도 대중문화를 넘어 순수문화예술, 음식, 회화, 한글에 이르기까지 다변화되었다. 이제 한국에서 최신 유행하는 대중음악을 동시대 지구 반대편에서도 들을 수 있고, 방송에서도 볼 수 있다. 지역을 넘어 동시대 세계음악이 된 것이다. 한류는 이제 한국의 '소프트파워'로서의 중요성이 더 커져가고 있는 것이다. 단순히 한류 콘텐츠 산업의 경제적 효과뿐만 아니라 인류 문화에 긍정적 효과를 가져올 수 있는 세계의 주류 문화가 된 것이다. 따라서 한류가 지닌 '소프트파워'의 가능성을 연구할 필요가 있다.

둘째, 세계의 젊은이들 사이에서 불고 있는 'K-콘텐츠'에 대한 실증적인 연구가 필요하다. 예컨대 미국 대학에서 한국어 수업을 듣는 학생들은 한국학에 대한 전반적인 관심이 증가해서 한국어 수업을 듣는 것이 아니라고 한다. K-팝에 관심이 있어서 한국어 수업을 듣는 학생이 많다고 한다. 이는 한류 문화가 미국의 젊은 세대에게 긍정적인 영향을 주고 있음을 보여준다. 현재 미국에는 하와이대학교, 하버드대학교, UC 버클리대학교 등 18개 대학에 한국학연구소가 있다. 백태웅 한국학연구소 소장은 미국 대학의 예에서 알 수 있듯이 한류는 일시적인 현상이 아니라고 하였다(시사매거진, 2024.01.02.). 따라서 미국의 젊은이들이 한류 콘텐츠에 빠져드는 매력적인 요소가 무엇인지를 밝힐 수 있는 실증적인 연구가 필요하다. 이는 단순히 한국어를 배우는 데서 끝나지 않고 한국학 연구로 이어지기 때문이다.

셋째, 한류 열풍의 핵심인 각 나라의 팬덤 문화를 밝히는 작업이 필요하다. 이는 한류 전문가와 대학의 연구자들에 의해 한류와 관련된 지역적 탐구를 통해 밝혀질 것이다. 한류에 대한 지역적 특성에 관한 연구는 아시아, 아메리카, 유럽, 중동, 아프리카 등 대륙별로 나누고, 각 지역의 대표적인 국가를 선정하여 한류 현황을 분석할 필요가 있다. 국가별로 한류 문화가 어떻게 수용되어 발전했는지를 밝힌 다음에는 현재 유행하는 한류 문화의 장르별 특징을 설명하는 글이 필요하다. 인터넷 게시판을 통해 현재 진행중인 여러 나라의 이슈와 토론을 소개하고, 다른 국가의 한류 팬들과도 소통할 수 있어야 한다. 한류 문화에 대한 다양한 주제와 활발한 토론을 통해 전 세계 팬들은 자신들의 의견을 올리고 다양한 반응을 보여준다. 지금도 글로벌 이슈 게시판에서는 한류와 관련된 음악, 음식, 드라마, 영화, 게임, 웹툰, 뷰티, 스포츠 등 다양한 분야의 이슈를 확인할 수 있다.

넷째, 한류 스타들에 대한 체계적인 연구가 필요하다. K-팝과 관련된 방탄소년단의 국제적 성공 요인이라든가 K-드라마와 영화에 등장한 한류 스타들에 대한 해외 인지도가 어느 정도인지 해외 방송과 기사, 논문 등을 통해 밝혀야 한다. 예를 들면 한류 스타들이 해외에서 인기를 얻은 비결이라든지, 음악이나 영화 시장에서 한류 스타들이 갖는 영향력을 분석할 필요가 있는 것이다. 또한 방탄소년단이나 블랙핑크가 보여준 사회적 참여가 국제적인 이슈를 준 것에 대한 체계적인 분석이 필요하다. 이를 통해 한류 스타들이 해외 진출 가능성을 높일 수 있을 것이다.

K 한류 과제

빛과 그늘은 공존하는 법이다. 한류 콘텐츠가 세계의 젊은이들을 자극하여 오늘날 대한민국의 대중문화를 세계에 알렸다면, 그 과정에서 한류로 인한 문제점 또한 발생하였다. 한류가 지속적으로 발전하기 위해서는 한류 현상에 따른 문제점을 짚고 넘어가야 한다. 한류가 성장하면서 발생한 문제점은 다음과 같다.

먼저, 한류 현상에 따른 일반적인 문제점으로 지적되는 것은 중국과 일본에서 발생한 '한한령(限韓令)' 내지 '혐한류(嫌韓流)'이다. 중국에서는 한국의 전통문화나 음식, 한복, 역사 등의 문제에서 한국인들이 중국의 전통문화를 베꼈다고 주장한다. 이와 관련해서 한국인의 반중 정서는 매우 높아지고 있다. 일본의 혐한류는 독도와 위안부와 관련된 정치적인 문제들이 한국과 일본 양국간에 냉랭한 기운을 만들면서 시작되었다. 거기에다 일본의 대표적인 음악 랭킹 사이트인 오리콘에 한국의 K-팝 가수들의 이름이 자주 등장하면서 일부 극우층 사이에서 혐한류가 조성되었다. 한국을 사이에 두고 발생한 이와 같은 한류의 역류 현상은 문화 교류를 통해 풀어가야 한다. 예컨대 한국의 K-팝 가수들은 이웃 나라에서 불고 있는 한국의 문화 상품에 대한 '반감'과 '저항'을 인식하고 적절하게 대응할 필요가 있다. 이웃 나라와 함께할 수 있는 K-콘텐츠 공동 제작도 적극적으로 실천해야 한다.

다음으로, 한류 콘텐츠가 세계로 보급되면서 특정 표현이 오해를 불러일으킬 수 있음을 인식해야 한다. 예컨대 한류 드라마 〈킹더랜드〉에 나타난 아랍 문화에 대한 몰이해가 대표적이다. 드라마에 등장하는 아랍 왕자를 희화화하는 문제는 특정 국가에 대한 부정적 인식을 가져올 수 있다. K-팝 가수 노라조의 '카레'라는 노랫말에는 인도 문화에 대한 폄훼라는 불필요한 논란을 가져왔다. 한류가 전 세계인으로부터 사랑받기 위해서는 문화상대주의적 세계관을 가질 필요가 있다. 더 나아가 이웃 나라의 문화를 존중할 줄 알아야 할 것이다.

한류는 누구도 예상하지 못했던 글로벌 문화현상이다. 이 말은 한류 현상이 처음부터 기획된 것이 아니라는 얘기다. 1990년대만 해도 한국은 국제문화 현상을 기획할 수준을 갖추지 못했다. 그러다가 1997년 IMF를 겪으면서 문화예술계는 자구책의 하나로 세계로 눈을 돌렸다. 그 결과가 중화권에서 일기 시작한 한류 현상이었다. 이 과정에서 각국 언론은 한류에 대한 원인을 분석하는 과정에서 한국 정부가 한류를 주도했다는 기사를 내보냈다. 그러나 이는 한류에 대한 한국 정부의 영향력을 과도하게 높게 평가한 데서 비롯된 것이다. 한국 정부에서 일부 한류 행사를 추진한 것은 맞지만 그 결과로 한류 현상이 확산된 것은 아니다. 다시 말하자면 한류는 해외 팬들이 만들어낸 대중문화라는 것을 잊지 말아야 한다. 따라서 정부는 한류 콘텐츠 사업을 지원은 하되 간섭은 하지 않는 원칙을 고수해야 한다. 정부 주도가 아닌 민간 주도로 한류 산입이 활성화될 때 한류의 미래는 밝을 것이다.

K 한류 전망

한류는 현재 진행형인 현상이다. 한류가 해외 팬들에 의해 만들어진 특이한 현상이란 점에서 한국의 대중문화는 분명 경쟁력이 있는 콘텐츠이다. 한류 콘텐츠 빅3라 할 수 있는 K-팝, K-드라마, K-영화는 디지털 환경이 만든 OTT 시스템하에서 대중의 사랑을 더 많이 받을 것이다. 기획사와 팬덤이 만들어가는 한류 문화는 30여 년이라는 긴 세월 속에서 경쟁력 있는 콘텐츠로 진화하고 있다. 그렇다면 한류의 미래는 어떻게 될까? 글로벌시장에서 한류를 전망하기 위해서는 어떤 점을 고려해야 할까?

첫째, 한류 전망을 하기에 앞서 발전 방향에 대한 점검이 선행되어야 한다. 특히 K-팝을 중심으로 한 한류 열풍이 세대와 지역을 넘어 지속가능한 발전을 할 것인지에 대한 분석이 필요하다.

둘째, K-콘텐츠가 문화적 경쟁력을 높이기 위해서는 한국 문화 전수자들이 한국 문화와 세계 문화에 대한 조예가 깊어야 한다. 현재 미국을 중심으로 한 글로벌시장의 한계를 극복하고 새로운 문화를 만들어가기 위해서는 제3세계 문화에 대한 이해도 있어야 한다. 중국과 인도의 인구만 해도 대략 25억 명이 넘는다고 한다. 여기에 동남아시아, 중동의 인구를 포함하면 지구의 절반이 넘는다. 지금은 아날로 그에서 디지털로 문명이 전환되는 시기이다. 한류 열풍이 소프트파워 없이 기술만으로 세계인의 오감을 자극할 수 없을 것이다.

셋째, 미디어 산업 발전에 따른 K-컬쳐의 다변화를 모색해야 한다. 현재의 한류는 드라마, 영화, 음악, 음식, 관광, 패션, 게임, 웹툰, 디자인, 뷰티, 건축, 스포츠 등 모든 분야에서 세계인들의 마음을 사로잡고 있다. 한국의 위상이 높아지는 만큼 다양한 분야에서 한류 열풍이 불 것이다. 한류 열풍이 지속되기 위해서는 각 장르별로 우수한 콘텐츠 개발이 있어야 한다. 더불어 한국 정부의 홍보 정책과 지원 체계가 병행된다면 K-컬쳐의 다변화가 고르게 진행될 것이다.

대한민국은 현재 한류에 힘입어 다양한 분야에서 글로벌 문화 강국으로 거듭나고 있다. 21세기를 살아가는 각 나라는 여전히 패권 경쟁으로 인해 몸살을 앓겠지만, 다른 한편에서는 문화의 시대로 가기 위해 많은 변화를 모색할 것이다. 지배와 경쟁의 논리가 아닌 상생과 소통으로 가기 위해서는 문화의 높은 힘으로 세계와 연대해야 한다. 대한민국의 대중문화인 한류 문화가 현실에 안주하지 않고 세계의 젊은이들을 하나로 묶고 가슴을 뛰게 하기 위해서는 한국인의 특수성과 세계인의 보편성을 겸비한 새로운 비전을 제시해야 가능할 것이다.

1. 한류 열풍이 지난 30여 년 동안 지속적으로 불고 있다. 한류가 세계 문화에 끼친 영향은 무엇인가?

2. 한류는 한국을 대표하는 이미지로 인식되고 있다. 한류가 국가 이미지 형성에 미치는 영향을 긍정적인 면과 부정적인 면으로 나누어 토의해 보자.

3. 한류가 한국 산업 전반에 끼치는 영향력이 해마다 증가하고 있다. 한류가 한국 산업에 미치는 경제적인 효과는 무엇인지 토의해 보자.

4. 한류 콘텐츠에는 인종, 성, 계급에 대한 정체성을 담고 있다. 이로 인해 많은 갈등이 유발되기도 한다. 한류가 인종주의, 젠더주의, 계급주의를 넘어서기 위해 필요한 이념은 무엇인지 토의해 보자.

5. 오늘날 국제정치는 힘의 논리가 지배적이다. 한류가 분쟁과 전쟁을 넘어서는 대안 문화를 만들기 위해서는 어떤 소프트파워를 키워야 하는가?

6. 한류 패션을 대표하는 국내 브랜드 아크메드라비와 떠그 클럽이 타 브랜드의 제품들을 표절했다는 의견들이 꾸준히 나오고 있고 한류 패션의 한계라는 평가를 받고 있다. 한류 패션의 한계를 더욱 줄일 수 있는 방안을 토의해 보자.

7. 한류 음악(K-팝)이 외국으로 널리 퍼질 수 있었던 이유는 무엇일까?

2장

한류 드라마

한류 드라마의 개념

한류 드라마의 역사와 대표작품

한류 드라마의 장르

한류 드라마의 성공 비결

한류 드라마의 특징

한류 드라마의 인기 원인

한류 드라마의 과제

토의 및 토론

2장

한류 드라마

K 한류 드라마의 개념

드라마란 등장인물들의 갈등을 해소하는 과정을 극적으로 보여주는 영상 프로그램이다. 영국의 영화감독 앨프리드 히치콕이 "드라마는 지루한 부분을 잘라낸 인생이다"라고 말했을 정도로 드라마는 일상 속 사람들의 모습을 생생하고 재미있게 영상으로 담아낸다. 한국을 포함하여 많은 국가에 드라마는 존재하고 있고 각 나라마다 드라마의 종류도 각양각색이다. 이 글에서는 세계적으로 이목을 끌고 있는 한류 드라마에 대해 알아보고자 한다.

한류를 이야기할 때 가장 먼저 등장하는 장르는 드라마이다. 왜냐하면 한류의 열풍이 한류 드라마에서 시작되었기 때문이다. 한류라는 말을 처음으로 쓴 대만에서는 1990년대 후반에 한국 드라마가 인기를 끌었다. 대만에서는 일본 드라마와 달리 한류 드라마의 가격이 저렴한 편이어서 경쟁력을 갖출 수 있었다. 대만에서 시작된 한류 드라마는 홍콩, 중국에서 인기를 얻으면서 한류 붐을 가져왔다. 한류 드라마는 대한민국에서 제작된 드라마가 한국뿐만 아니라 주로 동아시아, 중동, 중앙아시아, 동남아시아, 중남미 등을 중심으로 큰 인기를 얻게 되면서 불리어졌다. 최근의 한류 드라마는 K-팝과 더불어 한류를 이끌어가는 중심 문화라 할 수 있다. 한류 드라마는 줄여서 '한드'라고 부른다.

이와 같은 한국 드라마가 중화권에서 처음 알려진 것은 1997년에 방영되었던 〈사랑이 뭐길래〉였다. 이 드라마는 중국 CCTV(중국 대륙을 대표하는 국영 텔레비전방송사)에서 방영되었고 당시 중국 국민 사이에서 폭발적인 인기를 끌었다. 이 작품이 인기를 끌기 시작하면서 한류 드라마의 역사가 시작되었다고 해도 과언이 아니다. 다음 글에서는 한류 드라마의 역사와 대표 작품을 통해 한류 드라마에 대해 좀 더 구체적으로 알아보자.

▮ 한류 드라마의 역사와 대표작품

1997년 IMF 경제 위기로 인해 한국의 방송사들은 재정적 어려움을 겪게 되었고, 해외로 눈을 돌릴 수밖에 없었다. 동남아시아 국가의 방송사들은 한국의 IMF에 따른 국제 경제적 상황이 악화됨에 따라 저렴한 방송 프로그램을 찾게 되었다. 이 시기에 대만의 시청자들은 한국 드라마를 접하면서 재미를 느꼈다. 그 이후 한국 드라마가 아시아에서, 특히 중국에서 큰 인기를 끌면서 본격적으로 한류가 시작되었다. 한류라는 큰 흐름을 이끈 드라마에는 30년에 가까운 역사가 있다. 우리는 이 역사 속에서 한국 드라마의 변화 과정, 해외에서 인기를 얻었던 대표작품을 알 수 있다. 도대체 한국 드라마만의 특징은 무엇이었을까? 왜 해외 사람들이 한국 드라마에 점점 관심을 품게 되었을까? 이 의문들은 각 시대를 대표하는 작품의 특징을 파악해야 가늠할 수 있다. 여기서는 1990년대 후반부터 시작된 한류 드라마의 역사를 대표작품을 중심으로 살피고자 한다.

1990년대: 한류 드라마의 등장을 알리다

<사랑이 뭐길래>(1991)

〈사랑이 뭐길래〉는 김수현 작가의 대표작으로 우리나라에서 최고 시청률 2위인 64%를 기록한 작품이다. 1990년대 이래 역대 한국 TV 드라마 평균 시청률 1위를 달성하기도 했다. 〈사랑이 뭐길래〉는 한류 드라마를 세계에 알린 최초의 작품이다. 1997년 중국을 대표하는 국영 방송사인 CCTV에서 〈사랑이 뭐길래〉가 방영되면서 세계에 한국 드라마가 알려지기 시작한 것이다. 중국 안에서 13명 중 1명 정도가 봤다고 알려져 있으니 약 1억 명 정도가 이 드라마를 본 셈이다. 중국에서 〈사랑이 뭐길래〉의 선풍적인 인기는 한류 열풍을 일으키는 원동력이 되었다. 〈사랑이 뭐길래〉의 성공 이후 중국 언론은 '한류'라는 말을 쓰기 시작한 것으로 알려졌다.

<질투>(1992)

〈질투〉는 한국 최초의 트렌디 드라마로 불린다. 트렌디 드라마의 특징으로는 젊고 매력적인 남녀주인공의 등장, 그에 따른 세대 간의 갈등, 영상에 더욱 집중하게 만들어 주는 배경음악, 화려한 소품과 미장센, 갈등이 있으면서도 그리 무겁게 다루지 않는 점, 빠른 이야기 전개와 해피엔딩 등을 들 수 있다. 이 시대의 드라마들은 소설을 원작으로 한 작품들이 주를 이뤘지만 〈질투〉 이후에는 로맨스물이 주된 장르가 되었다. 또한 당시 〈질투〉의 주제가는 가요톱10에서 역대 3번째로 빠르게 1위를 차지할 정도로 인기가 높았다. 이 사건 이후로 〈질투〉는 드라마 주제가 열풍을 불러일으킨 첫 드라마로 평가받았다. 〈질투〉 방영 당시에는 아직 트렌디 드라마라고 불리지 않았지만 이후 〈파일럿〉(1993), 〈마지막 승부〉(1994), 〈사랑을 그대 품안에〉(1994), 〈연인〉(2023) 등 비슷한 스타일의 드라마가 대거 등장하면서 트렌디 드라마라는 신조어가 언론에 의해 전파되었다.

<별은 내 가슴에>(1997)

이 작품은 배우 최진실을 여주인공으로, 차인표를 남주인공으로 내세워 전형적인 '신데렐라 드라마'를 만들려고 한 드라마다. 하지만 당시 조연급이었던 안재욱이 주인공으로 바뀌게 되었는데 안재욱은 이 드라마로 인해 인생이 역전되었다. 말 그대로 안재욱 신드롬이 있었고 중화권은 물론이고 베트남, 우즈베키스탄, 중남미에도 처음으로 수출되어 멕시코까지 그 이름을 알렸다. 멕시코를 시작으로 이 드라마는 페루, 콜롬비아, 코스타리카, 엘살바도르, 도미니카 공화국 등 그동안 한국 드라마와 인연이 없던 국가에도 수출되어 방영되었으며, 특히 페루에서는 드라마의 인기만큼이나 주인공 안재욱의 인기도 엄청났다. 2005년 고 노무현 대통령이 멕시코를 방문했던 적이 있다. 그때 멕시코 현지 팬들이 안재욱을 멕시코에서 볼 수 있게 해달라고 피켓 시위를 한 적이 있다.

2000년대: 한류 드라마의 성공 가능성을 알리다

〈겨울연가〉(2002)

<사진 2-1. 남이섬>

〈겨울연가〉는 동남아시아가 아닌 일본에서도 큰 인기를 얻게 되면서 한류 드라마의 급속한 성장을 가져온 작품이다. 많은 시간이 흘렀지만, 아직도 〈겨울연가〉는 일본에서 한류 드라마의 최고봉으로 회자되고 있다. 이 드라마는 2002년에 첫 방영된 이후에 DVD로 출시되어 30만 장이 넘게 판매되었고 드라마의 주제가, 촬영장소 등도 역시 큰 인기를 끌었다. 특히 일본에서 〈겨울연가〉의 인기는 일명 욘사마 신드롬을 일으킬 정도로 엄청났다. 〈겨울연가〉는 한 남자와 여자의 사랑을 다룬 드라마로써 한국 드라마에서 빠지지 않는 출생의 비밀, 기억상실, 불의의 사고 등의 요소가 가미된 작품이다. 일본에서 더욱 인기가 높았던 이유는 가부장적 성격이 강했던 일본 가정 내에서 남편에게 지친 주부들이 대리만족과 카타르시스를 느꼈기 때문이라는 분석이 많다. 배우 배용준은 일본에서 이름에 나온 '용'을

딴 '욘사마'라는 별명으로 불리며 엄청난 인기를 누렸다.

<대장금>(2003)

<사진 2-2. 용인 대장금 파크>
(출처: 한국관광공사-라이브스튜디오)

<겨울연가>에 이어 제작된 <대장금>은 한류의 바통을 이어받는데 성공했다. <대장금>은 조선의 의녀인 '장금'이라는 여주인공의 성공담을 그려낸 작품이다. 이 드라마는 지배층의 권력 쟁탈전을 다루던 기존 사극 드라마의 틀에서 벗어나 궁중 내의 하층 계급들의 갈등, 애환 등을 다루었다. 궁중요리와 조선 시대의 의술, 의관 제도를 주로 다루는 드라마이기에 음식과 건강에 관한 정보를 다루었고, 이러한 요소는 시청자의 미각과 시각을 자극했다. <대장금>은 해외에서도 엄청난 인기를 누리면서 한국의 전통음식, 건축 등의 문화를 널리 알린 작품이다. <대장금>의 성공 요인은 무엇일까? 한 마디로 줄이자면, '잘 만든 드라마'라 할 것이다. 뛰어난 연출과 스토리텔링, 주인공과 악역 모두 확고하게 잡힌 캐릭터성, 메인 스토리인 장

금이의 인생 역전과 사랑 이야기가 매우 견고하게 짜여있어 잘 만든 드라마의 표본이라고 봐도 무방할 정도의 높은 완성도를 보여줬다. 또한 당시 유교 사상 속에서 여성의 성공을 다룬 이야기를 보여줌으로써 페미니즘적인 요소도 들어있다고 볼 수 있다. 실제로 남성 중심의 성향이 강한 중동권에서 〈대장금〉이 큰 인기를 끌기도 했다. 〈대장금〉의 뛰어난 작품성은 국내외에서 인정받았으며, 국내에서는 40~50%대의 높은 시청률을 보여줬다. 주인공 이영애는 이 드라마를 통해 한류 스타로 급부상했고, 〈겨울연가〉의 배용준에 버금가는 인기를 누렸다. 특히 이란에서 이영애의 인기는 가히 폭발적이었다. 과거 이란에서 이영애를 초청하려고 했으나 이영애가 이란의 대중 신앙인 파티마의 인기를 능가할까 두려워 이슬람 성직자 회의에서 이영애 초청 불가 결정을 내렸던 사례가 있을 정도였다.

〈태왕사신기〉(2007)

〈태왕사신기〉는 배우 배용준이 〈겨울연가〉에 이어 주연을 맡게 된 사극 드라마다. 당시에 한국은 고구려를 배경으로 한 퓨전 드라마, 특히 퓨전 사극이 트렌드를 이루고 있었는데 〈태왕사신기〉는 그런 퓨전 사극의 정점을 찍은 드라마라고 평가받는다. 그러나 작품성을 놓고 볼 때 시청자뿐만 아니라 비평가들도 아쉽다는 평가가 많다. 비판의 근거로는 판타지적 요소가 많이 들어간 작품에다가 애매한 수준의 CG를 사용하기도 했고, 서사적 측면에서도 이야기를 제대로 살리지 못한 연출의 미숙함을 들 수 있다. 이 드라마는 배용준의 부상까지 겹치면서 마지막 화의 결말 부분에서 많은 아쉬움을 남겼다. 그럼에도 불구하고 배용준을 비롯한 유명 배우들과 신인배우들의 뛰어난 연기는 돋보였으며, 판타지적 신화를 이용해 몰입도를 높이려 한 점에서 이 드라마는 해외에서 큰 인기를 얻었다. 이는 배용준의 〈겨울연가〉의 파장 효과로 볼 수 있다.

2010년대: 한류 드라마의 열풍을 불러일으키다

<뿌리깊은 나무>(2011)

〈뿌리깊은 나무〉는 한국 사극 드라마의 매력과 재미를 해외에 널리 알린 드라마임과 동시에 세종대왕과 한글의 역사를 알린 한류 드라마라고 볼 수 있다. 기본적으로 이 드라마는 스토리 자체가 재밌다는 평을 받고 있는 작품이다. 한석규가 연기한 세종대왕의 모습은 이전까지 생각하던 왕의 권위 있는 이미지와는 다르게 연출되었다. 한석규는 웃기고 친근한 모습을 보여주면서 이 드라마에 색다른 재미를 준 것이다. 해외에서는 〈뿌리깊은 나무〉를 통해 '한국의 사극 드라마는 재밌다'라는 인식이 더욱 확대되었다. 또한, 2010년대를 넘어가면서 드라자 제작 기술의 발전으로 드라마의 화질이 매우 좋아진 부분도 해외에서 호평을 받은 이유 중에 하나이다. 반대로 악영향도 있었는데, 이 시기부터 불법다운로드를 통한 한국 드라마의 해외 유통이 많아지기 시작했다.

<해를 품은 달>(2012)

이 드라마는 우리나라에서 마지막으로 시청률 40%를 넘긴 주중 드라마다. 이 작품은 사극임에도 불구하고 전쟁, 정치 이야기는 거의 없고 오히려 로맨스 드라마에 가깝다는 점이 특징이다. 사극과 로맨스를 아주 적절히 섞은 드라마의 예라고 볼 수도 있다. 이 드라마는 가상의 왕을 등장시켜 역사의 흐름에 방해받지 않고 자유롭게 이야기를 각색할 수 있었기에 재미가 더 올라간 듯하다. 또한 배우 김수현의 이름이 해외에 알려지기 시작한 드라마라고 볼 수 있다. 이후 〈별에서 온 그대〉 드라마까지 해외에서 폭발적인 인기를 얻으면서 김수현의 인기가 높이 치솟았다. 이 작품은 원작이 소설인 드라마이기도 하다. 따라서 원소스멀티유즈의 예시도 될 수 있는 드라마다. 베스트셀러였던 원작을 각색하는 과정에서 원작 팬들의 원성을 살 가능성이 높았으나 드라마로도 큰 문제 없이 성공한 사례라고 볼 수 있다.

<별에서 온 그대> (2013)

이 드라마는 여러 가지 장르가 섞인 퓨전 드라마의 예시다. 기본적으로 로맨스 코미디 드라마의 성격을 띠고 있으나 초능력, 범죄, 사극, 판타지 등의 장르가 다 포함돼 있다. 이전까지는 진부한 로맨스, 막장, 출생의 비밀, 답답한 주인공의 이미지 등이 한국 드라마 하면 연상되는 단어들이었다. 그러나 한국 드라마가 성장하기 위해서는 미국, 영국 드라마처럼 작품성과 대중성이 있어야 한다는 평가가 많았다. 그렇지 않고서는 한국 드라마를 해외에 내보내기가 부끄럽다는 이미지가 강했다. 이 와중에 〈별에서 온 그대〉가 평론적으로도 매우 호평을 받았던 것은 한국 드라마적인 클리셰를 유지하면서도 막장의 요소를 최대한 거부감 없이 서술했으며 매력적인 캐릭터와 훌륭한 스토리텔링을 모두 챙긴 드라마였기 때문이다. 이런 요소들이 합쳐지면서 중국, 동남아 등 해외 시청자들은 〈별에서 온 그대〉에 빠져들 수밖에 없었다. 배우들의 명연기도 빼놓을 수 없는 성공 사유다. 극 중 천송이 역할을 맡은 배우 전지현과 도민준 역을 맡은 김수현은 말 그대로 중국과 동남아 지역에 신드롬을 일으켰다. 이들의 인기는 과거 〈겨울연가〉의 배용준을 사뭇 떠올리게 만들 정도였다. 〈별에서 온 그대〉는 한국 드라마가 성장하는 데 큰 도움을 준 드라마다. 기존 한국 드라마의 문제는 고질적이고 거부감 드는 막장 요소들의 문제가 아니고 스토리텔링의 문제였다는 것을 단적으로 보여줬기 때문이다. 스토리텔링이 부족하다 보니 그것을 화려한 연출이나 자극적인 소재로 덮으려고 했던 것이다. 〈별에서 온 그대〉 이후로 한국 드라마는 더욱 심도 있는 스토리에 심여를 기울였고 한류 드라마가 한 단계 발전할 수 있었다.

<태양의 후예>(2016)

〈태양의 후예〉는 처음으로 사전제작과 함께 한중 동시방송을 성공시킨 드라마이다. 전국 시청률 38.8%로 종영하며 4년 만에 전국 시청률 30%를 넘은 〈태양의 후예〉는 시청자들이 대중성과 현실성 사이에서 대중성을 선택하게 만든 드라마다. 이 작품은 대중들이 좋아하는 것을 보여주기 위해 현실적 고증을 버리고 시각적, 멜로적으로 대중들이 만족하는 장면들을 많이 뽑아냈던 것이다. 하지만 한쪽에 치중된 경우에는 그 반대 경우의 비판을 피하기 어렵다. 군인들에게서 일어난 일을 다룬 드라마임에도 현실성이 부족하다 보니 군대를 다녀온 시청자들에게서 많은 혹평을 받기도 했다. 분명한 것은 이 작품이 대중성을 목표로 시청자들로부터 많은 인기를 얻었지만, 현실성을 갖추지 못하여 아쉬움을 남긴 드라마라는 점이다. 한류 드라마가 세계적인 인기를 얻기 위해 위해서는 〈오징어 게임〉처럼 대중성과 현실성이라는 두 마리 토끼를 잡을 필요가 있다. 또한 드라마 제작사들은 대중들의 입맛만을 채우기 위한 드라마가 올바른가에 대한 고찰을 한 번쯤은 해봐야 할 것이다. 물론 대중성과 현실성의 조화를 이룬 작품을 제작한다는 것은 분명 어려운 일이다. 하지만 어렵고도 힘든 일을 해내야만 하는 것이 한류 드라마의 숙명일 것이다.

<사랑의 불시착>(2019)

세계적으로 OTT(개방된 인터넷을 통하여 방송 프로그램, 영화 등 미디어 콘텐츠를 제공하는 서비스) 시장이 증가하면서 더 이상 드라마를 TV가 아닌 인터넷으로 보는 경우가 많이 증가했다. 한국 드라마도 OTT 시장에 참여하면서 해외에 많은 드라마를 선보였다. 그중에서도 〈사랑의 불시착〉은 넷플릭스를 통해 방영되면서 해외에서 폭발적인 인기를 얻은 드라마다. 〈사랑의 불시착〉은 넷플릭스로 전 세계에 공개된 이후 아시아 전역에서 시청률 TOP10에 들 정도로 그 인기가 폭발적이었다. 이런 인기는 아시아뿐만 아니라 미국까지도 뻗어 나갔다. 〈사랑의 불시착〉은 미국 워싱턴포스트와 포브스에서 '반드시 봐야 할 국제적 시리즈 추천작'과 '2019년 최고의 한국 드라마'에 선정될 정도로 그 인기를 입증했다. 일본에서도 그 인기가 엄청났다. 〈사랑의 불시착〉을 시청했다는 일본 유명인들도 매우 많다. 이런 뜨거운 반응에 일본의 한 TV 프로그램에서 〈사랑의 불시착〉의 인기 요인을 분석한 적이 있는데, 북한 실상에 대한 리얼한 묘사, 조연 배우들의 감초 역할, 특히 현빈과 손예진의 뛰어난 연기, 코로나19로 인한 OTT 서비스 가입자 증가 등이 주요한 이유였다. 또 일본 내 〈사랑의 불시착〉 열풍이 〈겨울연가〉 열풍만큼 뜨겁다며 조금은 주춤했던 일본의 한류 열풍이 다시금 불어온다는 분석도 있었다. 이렇듯

2010년대 한국의 드라마는 OTT 서비스를 통해 해외 사람들에게 더 많이 알려지게 되었고 전 세계적인 인기를 끌고 있다.

2020년대: 한류 드라마의 열풍을 확산시키다

<이태원 클라쓰>(2020)

〈이태원 클라쓰〉는 원작이 웹툰인 드라마다. 이전에도 웹툰이 원작인 드라마는 있었지만 이렇게 해외에까지 알려진 드라마로는 〈이태원 클라쓰〉가 대표작이라 볼 수 있다. 이 드라마는 해외 사람들이 한국 웹툰을 접하게 만든 원소스멀티유즈의 성공적인 예시라고 볼 수 있다. 〈이태원 클라쓰〉는 불합리한 세상과 타협하지 않고 고집과 객기로 똘똘 뭉친 청춘들의 반란을 다룬 드라마이다. 부조리한 세상을 압축해 놓은 듯한 이태원을 배경으로 작중 인물들은 자신만의 가치관을 가지고 살아간다. 불우한 환경에 얽매이지 않고 자유롭게 세상을 살아가고자 하는 사람들을 다룬 〈이태원 클라쓰〉는 창업 신화에 기초한 서사의 재미가 돋보이는 작품이다. 넷플릭스와 티빙에서도 큰 인기를 끌고 있다. 2020년대 들어서면서 한국 드라마의 인기 있는 작품은 대부분 넷플릭스에 있다고 해도 과언이 아닐 정도로 한국의 많은 드라마는 넷플릭스와 계약을 맺고 제작되고 있다.

<빈센조>(2021)

2020년대에 접어들면서 넷플릭스에 있는 한국 드라마들의 호평은 크게 두 가지로 나누어진다. 하나는 스토리가 뛰어나다는 점이고 다른 하나는 배우들의 연기에 대한 칭찬이다. 한국 드라마를 단순화시킨 면도 있지만 이 두 가지는 한국 드라마를 이끄는 강력한 힘이다.

〈빈센조〉의 경우에도 크게 다르지 않다. 배우 송중기에 대한 무수한 칭찬과 스토리가 재밌다는 내용의 해외 댓글이 많이 보인다. 사정이 이러하다면 〈빈센조〉를 포함한 한류 드라마는 이제 다른 해외 드라마에 뒤지지 않을 정도의 실력과 능력을 입증했다고 볼 수 있다. 2020년대 이후 제작된 한류 드라마는 이제 한국인들을 대상으로 한 드라마를 만드는 것이 아니라 해외 사람들이 재미를 느낄 수 있는 드라마로 그 범위를 넓혀가고 있다. 글로벌적인 이슈를 다룬 드라마가 계속 탄생하고 있는 것이다. 예컨대 한중 첫 합작 웹 드라마 〈스완〉은 신예 배우 안성원이 극중 성형외과 마취의 '왕윤호' 역을 맡아 중국인 여의사 '우즈' 역으로 출연하는 미쓰에이 페이와 호흡을 맞춘 작품이다. 한중 합작 드라마이긴 하지만 그 속에는 한국적인 느낌을 잃지 않았다. 이것이 한류 드라마의 특징이자 힘이다.

<오징어 게임>(2021)

<사진 2-3. 드라마 〈오징어게임〉 촬영지, 백운시장 팔도건어물>

(출처: 한국관광공사)

한류 드라마의 열풍을 전 세계적으로 확산시킨 대표적인 드라마는 〈오징어 게임〉이다. 이 작품은 456명의 사람들이 456억의 상금을 놓고 벌이는 데스 게임에 초대되면서 벌어지는 사건을 다루고 있다. 넷플릭스 스트리밍 서비스를 통해 이 드라마를 시청한 사람들은 돈을 위해 물불 안 가리고 서로 경쟁하는 모습에서 이 세상이 서바이벌 게임임을 실감한다. 〈오징어 게임〉은 국내외를 막론하고 이제까지 만들어진 드라마 중에서 한류 드라마를 대표하는 K-드라마로 볼 수 있다. 이 작품의 성공 요인으로는 재미있는 시나리오, 개성 있는 조연들의 연기, 주연급 배우들의 뛰어난 연기력, 긴장감 넘치는 서사적 갈등, 함축적이고 공감되는 대사들을 꼽는다. 세계 각지에서 이 작품을 시청한 팬들은 작품에 등장하는 오징어 게임을 따라 했고, 밈을 공유했다. 넷플릭스 최고의 시리즈 중에 하나인 〈오징어 게임〉은 플롯의 반전이 많고 기획력이 돋보인 최고의 한류 콘텐츠인 것이다. 이 드라마는 오스카상이나 에미상을 받지는 못했지만, 국내뿐만 아니라 해외 국제영화제에서 찬사와 호평을 받았다. 이 작품의 성과로는 재미를 넘어서서 사회적 불평등, 경제적 차이로 인한 계급 구조, 인간의 끝없는 탐욕 등을 보여준 데 있다. 대중성과 작품성을 겸비하기가 쉽지 않은 제작 환경을 감안할 때 〈오징어 게임〉은 한류 드라마가 나아갈 방향을 제시한 작품이기도 하다.

K 한류 드라마의 장르

역사(사극) 드라마

<사진 2-4. 선샤인랜드>
(출처: 한국관광공사-이범수)

2000년대 중반 이후 우리나라에 이른바 '웰메이드 역사 드라마'들이 대거 등장하였고 한류가 발전적으로 이어졌다는 사실은 대체로 인정하는 분위기이다. 한류 드라마는 이미 여러 글에서 통용되고 있다. 특히 해외에서 인기 있는 한류 드라마로는 〈다모〉(2003), 〈대장금〉(2003-2004), 〈태왕사신기〉(2007), 〈성균관 스캔들〉(2010), 〈해를 품은 달〉(2012), 〈기황후〉(2013-2014), 〈미스터 션샤인〉(2018) 등을 들 수 있다. 이들 중 〈태왕사신기〉, 〈기황후〉, 〈미스터 션샤인〉 등을 제외한 대부분의 한류 사극들은 조선 시대를 배경으로 서사가 진행된다. 한국의 역사 드라마는 단순히 역사적 사실을 전달하는 역할을 하지 않는다. 과거 신분제도가 있던 시절 이별과 만남, 기존에 알려진 역사적 인물의 재해석, 현대적 말투를 쓰는 조선인 등 여러 상상력을 가미하여 드라마를 만든다. 이런 톡톡 튀는 요소들이 한류 역사 드라마가 해외에서도 인기를 얻을 수 있는 이유이다.

로맨스 드라마

역사 드라마에서 로맨스는 역사적 사건에 가담한 인물의 서사를 중층적으로 드러낼 수 있게 하며 개인의 내밀한 감정적 상태를 공동체의 문제로 확장시킬 수 있다는 점에서 자주 활용되는 장치이다(양근애, 2020). 이처럼 한국 드라마에서 절대 빠질 수 없는 요소가 장르마다 등장하는 로맨스다. 기본적으로 로맨스 드라마는 대부분의 나라에 존재하지만, 한국은 로맨스 장르를 여러 장르에 포함시키고 융합시키는 작업을 많이 해왔다. 이러한 면모는 한국 드라마의 특징으로 볼 수 있다. 사랑이라는 감정은 누구나 공감할 수 있는 좋은 매개체이기 때문이다. 예컨대 로맨틱 코미디 〈사랑의 불시착〉(2019~2020)은 넷플릭스를 통해 해외에서 선풍적인 인기를 얻은 드라마이다. 이 드라마의 흥행 요소는 남녀주인공의 잘생긴 외모와 남북한의 문화적 차이에서 오는 재미 외에도 재벌 상속녀 윤세리와 북한의 특급 장교 리정혁의 러브스토리를 다룬 로맨스 장르도 한몫했을 것이다. 남녀의 사랑은 시청자의 마음을 사로잡기 위해서 꼭 필요한 드라마 장치인 것이다. 드라마에서 가장 중요한 부분 중에 하나는 작품에 대한 몰입도다. 시청자들은 드라마의 내용이 자신의 상황과 흡사하거나 개연성이 느껴지면 더욱 몰입하게 된다. 로맨스 드라마는 등장인물의 감정선을 겉으로 표현하기에 적합한 장르이다. 해외에서 로맨스 드라마를 접한 시청자들이 등장인물에 몰입하여 마치 자신도 같은 상황에 처한 듯 아파하고 즐거워하게 만드는 것이 한류 드라마의 가장 큰 매력이라 할 수 있을 것이다.

막장 드라마

막장 드라마는 실제로 절대 일어날 수 없는 일을 다루거나 억지스러운 내용을 포함시키지만, 그 자극에 매료되어 보게 되는 드라마라고 할 수 있다. 막장 드라마는 흔히 대리만족, 카타르시스를 느끼기 위해 보게 된다. 시청자들은 잔인한 복수극, 말도 안 되는 결말 등의 자극을 통해 왠지 모를 만족감을 느끼고 재미를 느끼는 것이다. 해외에도 이러한 막장 드라마가 있지만 한국은 유독 막장 드라마가 많이 나오고 그 인기가 꾸준하다. 하지만 막장 드라마는 항상 논란의 화두이기도 하다. 자극적인 것을 추구하다 보니 사회적으로 불순한 내용이 많이 포함되어 시청자들에게 악영향을 미친다거나 드라마의 소재가 너무 부적절하여 심의 과정에서 문제가 되는 경우도 많다. 예컨대 〈아내의 유혹〉(2008~2009), 〈오로라 공주〉(2013), 〈왔다! 장보리〉(2014)와 같은 막장 드라마는 새로운 드라마를 만들어 내는 원동력이 되어줄 수도 있지만 불륜과 배신, 복수, 불치병, 출생의 비밀, 혼외 자녀와 같은 자극적인 소재의 남발로 인해 최악의 드라마를 만들게 되는 요소이기도 하다. 시청률을 의식한 막장 드라마보다는 해외에서 당당히 선보일 수 있는 한류 드라마가 더 많이 제작되기를 기대해 본다.

장르의 퓨전화

한류 드라마 중에는 퓨전화된 드라마의 형태도 많이 나타났다. 가장 대표적인 것으로는 트렌디 드라마가 있다. 트렌디 드라마는 역사 드라마에 로맨스 드라마적 성격을 섞는 식으로 각각의 드라마 형식을 퓨전해 만든 드라마를 일컫는다(유재연, 2011; 조미숙, 2014). 보통 남녀주인공이 등장하고, 무겁지 않은 주제를 다루며, 세대나 가족 간의 갈등, 화려한 영상미, 행복한 엔딩 등이 트렌디 드라마의 특징이다. 특히 한국 드라마는 역사 드라마에 트렌디적 요소를 집어넣어 새로운 시도를 한 경우가 많다. 또한 한국 드라마는 역사적 사실 이외에도 신화나 전설 등 한국적 원형 콘텐츠 사용이 특징적이다. 〈질투〉(1992), 〈태왕사신기〉(2007), 〈뿌리 깊은 나무〉(2011), 〈해를 품은 달〉(2012) 같은 드라마들은 한국 트렌디 드라마의 대표적 예라고 할 것이다. 이런 트렌디 드라마의 여러 시도들은 역사 드라마가 현대적 삶의 의미화에 기여할 수 있도록 만들기 위함이다. 예를 들어 역사적 사실을 다룬 드라마 속에서 로맨스적 요소를 집어넣었을 때 드라마의 배경과 스토리는 과거지만 그들의 대화, 이야기, 감정은 현대인들이 느끼는 것과 똑같은 모습을 보여준다(주창윤, 2007). 그런 부분에서 드라마를 시청하는 사람들은 현대의 모습과 이질적인 드라마 속에서 현대인들이 느끼는 감정과 고충을 느끼고 공감하며 작가가 드라마 속에서 현대인들에게 보내는 메시지를 느끼고 의미화하게 된다(조미숙, 2014).

K 한류 드라마의 성공 비결

드라마작가의 경쟁력

한국은 미국을 모델로 한 문화의 수용과 전유 과정을 통해 한국 드라마를 제작하였다. 한국 드라마는 미국 방송 시스템을 도입하여 한국 드라마의 경쟁력을 키웠다. 예컨대 국내 방송사의 경우 연출자는 기획 영화처럼 드라마의 아이디어를 내서 작가와 같이 시놉시스 작업을 같이하는 경우가 있다. 때로는 방송사와 계약을 맺은 작가가 집필한 극본(시놉시스)을 가지고 방송사 내에서 평가를 한 후에 연출자를 정하기도 한다. 연출과 작가가 어느 정도 구성을 마치면 프로듀서가 배정되어 드라마 제작을 지원하게 된다. 연출자와 작가는 전체적으로 큰 흐름에서 줄거리를 정하고 집필에 들어가는 것이다. 드라마작가는 드라마의 중심인 만큼 드라마의 줄거리를 정하고 집필하는 역할을 한다. 드라마의 가장 중요한 요소는 줄거리이기 때문에 줄거리를 결정하는 작가의 역할이 매우 중요하다. 국내 드라마는 시청률이 떨어지면 기존 줄거리를 수정해서 상승기류를 타야하기 때문에 처음 의도된 줄거리에서 일정 부분 벗어나 새로운 이야기로 전환하기도 한다. 작가는 드라마가 방영되는 중간중간 계속 줄거리를 수정하여 더욱 인기를 끌 수 있도록 대본을 수정하는 노련미도 필요하다. 이런 일련의 과정을 수행한 경쟁력 있는 작가들이 만든 한류 드라마에 세계 사람들은 열광하는 것이다. 외국 시청자가 보기에 한국 드라마의 성공 비결은 한국이라는 지역색을 갖춤과 동시에 미국 문화가 보여준 대중문화의 감수성을 잘 담아냈기 때문이다.

배우의 연기력과 스타성

한국 드라마는 배우의 뛰어난 외모와 연기력을 볼 수 있다. 한류 배우들은 드라마, 영화, 연극 등 다양한 장르에서 연기 경험을 쌓고 전문적인 연기력을 갖추고 있다(심두보, 2022). 특히 한국 배우들은 감정을 표현하는 능력이 뛰어나다. 이러한 한국 배우들의 연기는 시청자들에게 감정이입을 이끌어 강한 공감과 여운을 전달한다. 예컨대 넷플릭스 오리지널 드라마 〈오징어 게임〉에 출연한 배우들은 주연에서 조연에 이르기까지 다양한 캐릭터를 잘 표현하여 시청자들이 드라마에 몰입할 수 있게 하였다. 또한 한국 배우들은 캐릭터의 특징을 살린 대사 처리가 자연스럽고 능란하다. 한국 배우들의 매력적인 외모와 개성 넘치는 스타일은 다양한 연령층의 팬심을 자극한다. 이에 더해 한국의 배우들은 SNS로 팬들과 소통하고, 한국뿐만 아니라 해외에서도 자신만의 인지도를 높이기 위해 합작 드라마에 출연하여 다양한 팬덤을 형성한다. 이처럼 한류 팬덤들은 한류 스타들이 입는 의상에서부터 먹는 음식에 이르기까지 다양한 것을 모방하고 소비한다. 특별히 한국의 여성 배우들은 드라마와 영화를 넘나들면서 우수한 연기력을 인정받고 있다. 예컨대 〈씨받이〉(1986)의 강수연, 〈밀양〉(2007)의 전도연, 〈밤의 해변에서 혼자〉(2016)의 김민희, 〈미나리〉(2020)의 윤여정은 한국을 대표하는 한류 스타인 것이다.

원소스멀티유즈

원소스멀티유즈란 한 가지 소재를 이용해 여러 장르에 적용시켜 파급효과를 극대화하는 마케팅 전략이다. 한류 드라마도 이런 원소스멀티유즈 마케팅을 적극적으로 활용하고 있다. 예컨대 해외에서 인기를 끌게 된 한류 드라마에서 생성된 IP를 이용해 드라마의 캐릭터 및 이미지를 통한 상품 판매를 하고 부가가치를 창출해 내는 것이다. 요즘 유행하는 뽀로로 굿즈 또한 원소스멀티유즈의 대표 사례이다. 뽀로로가 나오는 애니메이션의 IP를 필기구, 가방 등으로 확대하여 판매하기도 한다. 이처럼 한류 드라마에서 볼 수 있는 원소스멀티유즈는 2차 창작의 원동력이 되기도 하고 대상이 되기도 한다. "원작이 소설인 드라마"라는 말을 많이 들어봤을 것이다. 이처럼 원소스멀티유즈는 기존에 있던 드라마를 책으로 만들거나 원작이 애니메이션인 작품을 책, 드라마로 만들기도 하는 등 여러 가지 방면으로 서로 교류하고 창작해 낸다. 예컨대 〈김비서가 왜 그럴까〉(2018)라는 드라마는 원래는 웹툰으로 시작해서 소설로 재등장하여 인기를 끌다가 드라마로 제작된 사례이다. 이처럼 한류 드라마에 등장하는 원소스멀티유즈를 활용한 작품들은 다양한 마케팅을 통해 원작을 벗어나 그 범위, 영향력을 점점 넓혀 나갈 수 있다.

플랫폼의 다양화

방영 시간에 맞춰 TV 드라마를 보는 시대는 점점 사라져가고 있다. 이제는 OTT 사업의 발전으로 인해 언제 어디서든 내가 원하는 드라마를 볼 수 있는 시대가 되었다. 2020년대 이후에는 본격적으로 넷플릭스, 티빙, 왓챠 등 많은 드라마 시청 플랫폼이 등장하였다. 플랫폼의 다양화와 증가는 그만큼 콘텐츠 소비량 증가를 불러오기 때문에 제작자로 하여금 다양한 장르의 콘텐츠 제작을 증진시킨다. 이런 순환이 드라마 콘텐츠 시장의 성장을 불러일으키는 결과를 가져올 것이다. 한류 드라마도 OTT 사업에 적극 편승하여 다양하고 많은 작품을 만들고 있다. 해외에서 인정받는 성공한 한류 드라마는 대개 넷플릭스나 디즈니+처럼 OTT 플랫폼과 맞닿아 있다. 그러나 OTT 환경이 기회가 될 수도 있지만 재앙이 될 수도 있다. 막대한 외국 자본에 종속된 국내 제작사들이 단기적인 이윤을 추구하기보다는 중장기적인 대책을 세워 한류 드라마의 독자성을 유지할 필요가 있다. 또한 중장기적으로는 콘텐츠 IP 확보 전략을 세워야 할 것이다. 무엇보다도 넷플릭스와 같은 세계적인 기업과 경쟁하기 위해서는 국내 사업자들 간의 유기적인 협력을 도모하고 글로벌 사업역량을 키울 필요가 있다.

K 한류 드라마의 특징

미국 문법에 버무려진 한국적 스토리

<사진 2-5. 드라마와 한국 관광을 연계한 전시 코너>
(출처: 한국관광공사)

2000년대 중반 이후, 아시아에서 한국의 대중문화가 유행하고 있던 사이에 한국 안에서는 '미드'(미국 드라마)의 열풍이 있었다. 미국의 TV 시리즈물들은 한국의 로컬 드라마 프로그램들을 제치며 케이블부터 지상파 TV까지 그 영향력을 키워갔다. 이는 단순한 미드 유행에서 그치지 않고, 한국의 드라마 시장에도 큰 변화를 가져왔다. 미드는 캐릭터의 입체성과 치밀하고 정교한 구성, 한 회로 이야기가 완결되면서도 전 시리즈 동안 일관적으로 유지되는 연속성과 긴장감 넘치는 구성이 특징이다. 또한 , 독특한 소재 등으로 구성된 미국 드라마들은 가족 중심, 불륜 남녀관계, 삼각관계 등 일반적으로 한국 드라마의 구성요소로 여겨지던 소재들을 식상하게 만들었다(김영찬, 2007). 이로 인해 한국의 20~30대 젊은 소비자들은 미드에 빠져들었다. 이 외에도 국내 드라마들과 비교되는 미국 지상파 시리즈들은 당시의 일반 외화와 영화 수준을 갖추었으며, 고품질의 완성도 또한 당시 미드의 유행 요인 중 하나로 꼽히기도 했다. 또한 일부 미드는 이전까지는 주요 드라마 소비자층이 아니었던 20~30대 남성들을 핵심 시청자층으로 끌어들였다. 이로 인해 30~40대 여성층이 주가 되던 국내 드라마 소비자층은 넓어지게 되었다. 이후 2007년 하반기에 접어들며, 케이블 채널 tvN을 비롯해 OCN, 채널 CGV 등이 'TV 영화'라는 이름으로 미국식 'TV용 영화'를 만들기 시작했고, 이는 곧바로 상당한 시청률을 올리며 선전하기 시작했다. 이후 한국의 드라마는 미국 드라마의 영향을 받아 미국 문화가 주도한 대중문화 감수성을 담고 있으면서도 한국만의 독특한 지역색을 갖추게 되었다. 미국 문법에 버무려진 한국적 스토리가 이제는 외국 시청자가 편안하게 수용할 수 있음과 동시에 독특함을 느끼는 한류 드라마로 재탄생한 것이다.

그렇다면 한류 드라마의 전반적인 특징은 무엇인가? 아래 인용한 글은 중국인들이 한류 드라마에 대한 전반적인 특징, 의견, 가치관 등을 모은 것이다. 이 글은 신문 및 잡지 기사 등을 통한 관련 문헌 조사와 국내 거주 중국인 총 20명을 대상으로 한 심층 면접을 진행하여 한류 드라마의 특징을 다음과 같이 산출하였다.

1. 한국인의 가치관이 잘 반영되어 있다.
2. 출연 배우가 멋있다.
3. 출연 배우들의 패션 감각이 좋다.

4. 유명한 연예인이 많이 나온다.

5. 사랑 이야기를 주로 다룬다.

6. 드라마에 등장한 장소나 배경이 멋지다.

7. 대사에 유행어가 많이 나온다.

8. 재미있는 대사나 행동이 많다.

9. 드라마의 길이가 적절하다.

10. 드라마의 내용이 비슷하다.

11. 내용이 시간에 따라서 변하는 경향이 있다.

12. 드라마의 내용이 황당하다.

13. 출연 배우의 연기가 뛰어나다.

14. 코믹한 인물이 꼭 있다.

15. 애정 관계가 복잡하다.

16. 드라마의 OST가 좋다.

17. 가수에서 배우로 전향한 인물이 많다.

18. 식사하는 장면이 많다.

19. 사극은 과장된 부분이 많다.

20. 역사 왜곡이 나타난다.

21. 주인공이 성공하는 이야기가 많다.

22. 한국어 능력에 도움이 된다.

23. 해피엔딩이 많다. (김세도·서상호, 2011)

한류 드라마의 특징 23가지 항목 모두를 공감할 수 없지만 외국인들이 한류 드라마를 보는 다양한 시각을 알 수 있다. 그중에서도 한류 드라마는 배우의 영향력이 크게 작용했다는 것을 확인할 수 있다. 그러나 달리 생각하면 스타성에 의존한 한류 드라마는 한계도 명확하다. 드라마가 단조로울 수 있고 수명이 짧다는 것이다. 또 하나 눈에 띄는 것은 한류 드라마 중에서 사극에 대한 비판과 해피엔딩이 많다는 점이다. 이런 특징은 트렌디 드라마에서 흔히 일어나는 것이다. 외국인들의 눈에 비친 한류 드라마는 트렌디 드라마가 대부분을 차지하고 있고, 그 영향력이 점점 커지고 있음을 알 수 있다.

K 한류 드라마의 인기 원인

유세경과 고민경(2006)은 〈한국 TV 드라마의 시청행위와 한국과 한류에 대한 태도 관계 연구 = 중국 대학생을 중심으로〉란 논문에서 한류 드라마의 인기 요인으로 스타 배우들의 출연, 다양한 형식과 장르의 다양함, 좋은 구성 방식을 들고 있다. 또한 한류 드라마는 내용이 다양하고 좋으며, 주제나 가치 등이 뚜렷하다고 말하였다. 일반적으로 한국 드라마의 전형적인 구성요소로는 첫사랑, 출생의 비밀, 부모들의 과거 악연, 집안의 반대, 교통사고, 불치병 등이 거론된다(김윤지, 2023). 〈겨울연가〉가 일본에서 성공할 수 있었던 이유 중 하나가 구성 방식에 있다고 해도 과언이 아니다.

한류 드라마가 한국과 중국에서 인기를 얻은 비결 중의 하나로 문화적 동질성을 들 수 있다. 한류를 문화적 접근성의 개념으로 살펴보면, 새로운 문화의 발전은 문화적인 적합성과 대중성, 친숙성 등이 있어야 한다. 조셉 스트라우바의 연구에서 남미 국가의 시청자들은 미국의 프로그램보다 자국의 문화와 비슷한 인접 지역 프로그램의 선호도가 더욱 높은 것으로 나타났다. 그리고 같은 조건이라면 수입국의 시청자들은 언어가 같고, 사회적 공감대가 형성되고, 문화적 장벽에서 자유로운 프로그램의 선호도가 높았다.

기존의 연구에서 알 수 있듯이 문화의 유사성, 언어의 동질성, 지리의 근접성, 역사의 유사성, 종교 등과 같은 문화의 근접 요인들은 문화 콘텐츠 수용에 있어서 중요한 요소이다. 예컨대 2003년에 MBC에서 방영된 〈대장금〉은 사극 장르임에도 국내뿐만 아니라 중국, 일본, 동남아 등지에서 큰 인기를 얻었고 급기야 120개국에 수출되기도 하였다. 흥행에 성공한 〈대장금〉의 성공 요인은 무엇일까? 당시에는 '문화적 접근성(Cultural Proximity)'을 중심으로 설명했다. 문화적 접근성은 초기 한류를 설명할 때 매우 유용한 이론이었다. 또한 한류 드라마가 한자 문명권이라는 지역적 특성과 유교문화권이 갖는 보수적 성향으로 인해 '문화할인'을 덜 받은 것도 부정할 수 없는 사실이다. 그러나 2021년에 방영된 〈오징어 게임〉 이후 전 세계적으로 한류 열풍이 불기 시작하면서 기존의 이론으로 설명이 불가해지는 이론적 한계에 봉착했다. 이른바 '혼종성Hybridity'을 예로 들어 한류의 인기 요인을 분석하는 글이 많아진 것이다. 최근에 나온 한류 드라마의 인기 원인을 분석하기 위해서는 OTT 시대에 맞는 새로운 이론과 분석 틀이 필요해진 것이다.

K 한류 드라마의 과제

한국 드라마가 계속 성장해 감에 따라 여러 가지 시도를 하는 드라마가 늘고 있다. 하지만 이런 새로운 시도들은 자칫 위험을 동반하기도 한다. 2020년부터 방영된 〈철인왕후〉(2020~2021), 2021년 방영된 〈조선구마사〉(2021)와 같은 드라마들이 그 예라고 볼 수 있다. 이 드라마들의 문제점은 역사 왜곡에 있다. 〈조선구마사〉는 명나라 국경과 가까운 간도 지역이다 보니 상상력을 가미해 중국 소품을 넣었는데 이는 역사적 고증의 오류로 지적되었다. 결국 방영 2회 만에 프로그램이 폐지되는 최악의 결과를 초래하였다. 〈철인왕후〉는 조선왕조실록, 종묘제례악 등의 국보와 국가무형문화재에 대한 역사적 가치를 폄훼했다는 논란과 과거 실존 인물들을 희화화하고 역사적 사실을 왜곡했다는 논란이 잇따랐다. 이처럼 한류 드라마에 등장하는 문제점은 한국의 시청자들이 역사 왜곡이라는 프레임을 통해 쉽게 파악할 수 있지만, 해외 시청자들이 역사 왜곡의 문제점을 파악하지 못하고 드라마를 사실로 받아들일 가능성이 높다는 점이다. 한류가 더욱 발전하고 뻗어 나가는 상황에서 이런 역사 왜곡이 섞인 사극 드라마가 퍼져나가는 것은 매우 위험하다. 혹여 이 드라마의 내용이 모두 진실이라고 생각할 수 있기 때문이다. 한류 드라마의 앞으로의 방향성을 잡아나갈 때 역사 왜곡과 같은 일이 일어나지 않도록 제작사는 각별히 조심해야 할 것이다.

한류 드라마의 미래는 어떻게 될까? 한국의 정체성이라는 특수성을 유지하면서 세계인의 공감을 불러일으킬 보편성을 갖춘 한류 드라마를 기대할 수 있을까? 확실한 것은 OTT와 유튜브가 점령한 디지털 시대에서 현재 한류 드라마는 좌우로 흔들리지만 앞으로 나아가고 있다는 점이다.

1. 한류 드라마가 해외 드라마와 차별화된 점은 무엇인지 토의해 보자.

2. 한류 드라마의 원소스멀티유즈의 성공한 사례에는 어떤 것이 있는가?

3. 한류 드라마 콘텐츠 IP 확보 방안이 무엇인지 토의해 보자.

4. 한류 드라마에 역사 왜곡 문제가 발생하는 이유가 무엇인지 토의해 보자.

5. 한류 드라마가 해외에서 꾸준히 인기를 얻는 비결은 무엇인가?

6. 스타성에 의존한 한류 드라마가 가지는 문제점은 무엇일까?

7. 한류 드라마를 통해 외국인들이 인식하는 한국의 이미지에 대해 토의해 보자

8. OTT 시장이 활발해진 이후의 한류 드라마의 특징은 무엇일까?

9. <오징어 게임2>는 흥행에 성공할 수 있을까?

10. 역사 드라마에 나타난 허구적 요소는 어디까지 허용할 수 있는가?

3장

한류 영화

영화의 개념

한류 영화의 역사와 다양한 장르

한국 영화의 특징

한류 영화의 세계화 전략

한류 영화의 과제

토의 및 토론

3장

한류 영화

K 영화의 개념

　최근 세계는 문화 강국인 한국의 한류에 열광하고 있다. 영화계도 예외는 아니다. 최근 국제 영화제에서는 한국의 영화를 주목하고 있고 그 작품성에 감탄하고 있다. 주지하다시피 지난 2020년 2월 미국 아카데미에서는 새로운 변화가 일어났다. "The Oscar goes to… Parasite!" 봉준호 감독이 연출한 〈기생충〉(2021)이 작품상·감독상·각본상·국제영화상 등 4개의 트로피를 들어 올리며 제92회 아카데미 시상식의 메인을 차지했던 것이다. 아카데미 외에도 〈기생충〉은 국제 영화제에서 찬사를 받았으며, 빈부 양극화를 주제로 세계인들의 마음을 사로잡으며 한류 영화의 상징이 되었다.

　여기서 잠깐 영화에 대한 일반적인 정의를 알아보자. 영화는 넓은 의미에서 영사기로 트는 영상매체 전부를 포함한다. 따라서 광의의 영화에는 극장판, 드라마, 애니메이션, 다큐멘터리 등이 포함된다. 영사기 대신 전파로만 방영되거나 혹은 인터넷으로 보급되는 일반 UCC 같은 것은 영화와 구분된다. 물론 처음부터 영사기를 틀 의도에서 제작한 것은 이후 어떤 매체를 통하더라도 영화라고 할 수 있다.

영화를 뜻하는 포괄적 의미의 단어는 '영상(映像: 비칠 영, 모양 상)'으로, 빛을 담아낸 모든 것을 의미한다. 그 아래로 '정지영상(사진)'과 '동영상(활동사진)'이 있는데, 이 중 동영상이 바로 영화이다. '영화(映畵: 비칠 영, 그릴 화)'라는 낱말에 나오는 '화'는 동작성을 의미하고 있다. 그리고 그 하위 범주에는 '극영화(허구)'와 '다큐멘터리영화(사실)'가 있다. 극영화의 하위로는 '실사 극영화', '만화 극영화'로 나누기도 하며, 매체로 나누면 'TV 극영화(드라마)', '극장 극영화'로 나누기도 한다. 일반적인 개념을 따르자면 영화는 실사 극장 극영화, 영상은 이러한 실사 극장 극영화를 제외한 모든 동영상을 뜻한다.

한국의 영화산업은 1995년에 나온 영화 〈은행나무 침대〉가 서울 관객 70만 명이라는 성공을 이끌면서 도약하기 시작하였다. 당시 벤처캐피털들은 투자수익에만 관심을 가졌던 대기업들과 달리 신속한 결정과 지속적인 투자를 통해 한국의 영화산업 부흥을 가져왔다. 당시 김대중 정부는 출자만 하고 펀드 운영은 민간 창투사에 맡겼다. 그때부터 금융계와 영화계는 신뢰 관계를 구축하였고 영화산업의 발전을 가져왔다. 예컨대 영화관입장권 통합전산망을 구축하여 수익을 배분할 수 있게 한 것이다. 2007년 12월에는 전국 영화관의 97%가 통합전산망을 통해서 입장권 구입이 가능하게 되었다. 이후 영화 투자사들은 수익을 예측하고 영화에 지속적인 펀드를 조성할 수 있게 되었다. 그 결과 2000년대 초반부터 다양한 한국영화들이 탄생할 수 있었다. 2003년에 개봉한 봉준호 감독의 〈살인의 추억〉, 장준환 감독의 〈지구를 지켜라〉와 같은 영화는 벤처 투자의 성과라고 할 수 있다. 한국 영화의 르네상스를 가져온 영화들을 살펴보기에 앞서 한류 영화의 역사와 다양한 장르에 대해 좀 더 알아보자.

K 한류 영화의 역사와 다양한 장르

한국 영화의 본격적인 시작은 춘사 나운규의 〈아리랑〉(1926)이다. 한국 영화는 1990년대 초반까지 국내시장을 겨냥해 제작되었고, 영화의 대부분은 국내에서만 흥행에 성공했다는 한계를 가지고 있었다. 하지만, 2000년대 들어서서 한국 영화는 해외 시장에서 큰 인기를 얻으면서 급격한 성장세를 보이기 시작하였다. 이러한 성장세의 밑바탕에는 한국 영화의 다양성과 창의성, 제작 기술의 개선 등이 있었다. 이 시기를 대표하는 한류 영화로는 〈올드보이〉(2003), 〈태극기 휘날리며〉(2004), 〈괴물〉(2006), 〈디 워〉(2007), 〈도둑들〉(2012), 〈설국열차〉(2013), 〈기생충〉(2019) 등이 있다. 특히 〈기생충〉은 2010년대 후반을 대표하는 작품으로, 한류 영화가 세계적으로 주목받는 시기에 제작되어 큰 인기를 얻었다. 2004년에 칸영화제 심사위원 대상을 수상한 〈올드보이〉는 자신이 납치된 이유를 찾아가는 스릴러물이다. 햄릿과 오이디푸스의 한국적 버전이라고 할 수 있는 충격적인 결말은 해외 많은 전문가들의 극찬을 불러일으켰다. 이 영화 한 편으로 한국 영화에 대한 평가가 달라졌다고 한다(조미영, 2010). 2007

년 한국 박스 오피스 1위에 올랐던 〈디 워〉는 코미디언 심형래라는 개인의 꿈이 담긴 영화라 할 수 있다. 400억이라는 제작비를 들여 만든 괴수 영화는 800만 명의 관객을 동원하였다. 그러나 작품성과 관련하여 논란이 많은 영화이기도 하다(류재형, 2012). 2012년 잘 만든 영화 하나로 한국 영화의 위상을 전 세계에 알린 〈도둑들〉은 액션, 로맨스, 유머가 적재적소에 나와 관객들의 몰입감을 최대치로 끌어올린다. 한마디로 시간 가는줄 모르고 보는 영화인 것이다. 2013년에 만든 봉준호 감독의 〈설국열차〉는 지구 온난화 이후에 일어날 세상을 다루고 있다. 사상 최대의 수출 성과를 올리며 한류 영화에 또 다른 획을 그었다. 이 영화는 〈기생충〉의 수평 버전으로 1001칸을 가진 열차 안에서 벌어지는 머리칸과 꼬리칸간의 생존 경쟁을 다룬 것이다(賈喆, 2020). 이 글에서는 한류 영화를 대표하는 작품을 중심으로 좀 더 구체적으로 살펴보자.

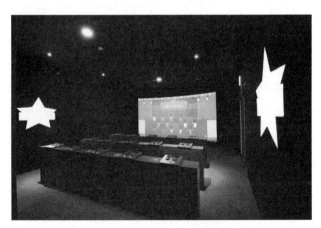

<사진 3-1. 부산 영화체험박물관>
(출처: 한국관광공사-IR 스튜디오)

오이디푸스의 한국어 버전 <올드보이>

박찬욱 감독의 <올드보이>는 일본 작가 츠치야 가론이 글을 쓰고 미네기시 노부아키가 만든 일본 연재 만화 <올드보이>를 원작으로 해서 만든 영화이다. 원작과 달리 이 영화는 감독의 상상력이 탁월하다. 오대수의 이름부터 원작에 없는 오이디푸스에서 차용했다. 오이(오), 디(대), 푸스(수)에서 알 수 있듯이 이 작품은 주인공과 딸의 근친상간을 밝히는 과정을 다루고 있다. 영화의 결말 부분에서 오대수는 자신의 가벼운 말이 비극을 불러왔음을 깨닫고 가위로 혀를 자른다. 이는 오디이푸스 자신이 아버지를 살해한 진범임을 깨닫고 눈을 찌르는 것에서 착안한 것이다. 박찬욱 감독은 이 작품에서 복수의 의미를 묻고 있다. 주인공 오대수는 영문을 알지 못한 채 납치되어 감금을 당하고 심지어는 아내의 살해범이라는 누명을 쓴다. 작품의 결말에서 알 수 있듯이 이유는 딱 하나이다. 오대수의 말실수로 인해 이우진(유지태 분)의 누이가 자살을 했고, 그로 인해 이우진은 누이의 복수를 위해 15년이라는 긴 시간을 기다렸다는 것이다. 박찬욱 감독은 소포클레스의 그리스 비극 <오이디푸스 왕>에서 근친상간이라는 '금기'를 가져왔으며, 일본의 만화 <올드보이>에서 소년 시절에 자신을 괴롭힌 반 친구에게 가하는 '복수'에서 한 편의 그로테스크한 영화 미학을 완성한다(조미영, 2010). 이 영화를 본 관객들은 오대수와 이우진의 복수 서사를 통해 인간의 운명에 대해 다시 생각하게 된다. 무엇보다도 서양 영화의 문법에서 볼 수 없었던 장도리 신은 총과 칼에 익숙한 해외 관객에게는 충격 그 자체였을 것이다. 한국 영화도 이제 세계 영화사에 한 획을 그을 만큼 성장한 것이다.

미국을 겨냥한 B급 SF 프로젝트 <디 워>

2007년에 개봉한 〈디 워(The War)〉는 이무기와 여의주라는 한국의 전통 설화를 바탕으로 만든 할리우드 블록버스터 영화이다. 심형래 감독은 미국 현지 시장을 공략한다는 대담한 기획 하에 괴수 영화를 만든 것이다. 이 영화의 기본 서사는 선한 이무기와 악한 부라퀴가 대결하여 결국 선한 이무기가 승리하고 승천하는 이야기이다. 〈디 워〉의 압권은 영화 초반부에 등장하는 익룡을 닮은 부라퀴 무리들의 LA 도심 파괴 장면이다. 대규모 CG를 통해 부라퀴 무리들과 미 공군 헬기와의 전투 장면은 박진감 넘치는 화면을 제공하기에 충분하다. 특히 영화의 마지막에서 두 마리의 이무기가 서로 싸우다가 주인공 새라로부터 여의주를 받은 선한 이무기가 용으로 변신하여 악한 이무기를 죽이고 승천하는 장면은 스펙터클한 장면이라 할 수 있다. 그러나 이 작품은 전체적으로 서사가 빈약하고 배우들의 어색한 표정 연기로 인해 많은 논란을 불러일으켰다. 한 가지 분명한 점은 〈디 워〉가 한국 영화사상 CG를 활용한 판타지 영화 최초로 북미 시장을 공략했다는 사실이다. 그리고 〈디 워〉는 당시 한국 영화의 CG 퀄리티의 최고 수준을 보여주었다는 점이다(류재형, 2012).

감각적 범죄 오락극 <도둑들>

최동훈 감독이 2012년에 연출한 〈도둑들〉은 마카오에 있는 '태양의 눈물'을 훔치려는 5인조 강도들의 이야기이다. 이 작품은 예고편에서 알 수 있듯이 화려한 캐스팅과 명대사로 유명하다. 이 작품은 한국의 도둑들인 마카오 박, 뽀빠이, 예니콜, 씹던껌, 잠파노 등이 홍콩의 4인조 중국 도둑들과 공조해서 홍콩의 보물을 훔치는 과정에서 서로가 속고 속이는 장면들이 전개된다. 관객들은 빠르게 진개되는 스토리, 배신, 멜로, 액션 등을 즐겁게 감상할 수 있다. 이외에도 〈도둑들〉에는 다양한 볼거리가 등장한다. 김혜수와 김윤석은 티격태격하는 사랑을 보여주었다면, 김해숙과 임달화는 중년의 안타까운 사랑을 그려냈다. 특히 김해숙의 꿈을 사는 이야기는 흔치 않은 소재이기에 한국 문화를 세계에 알리는 계기가 되었다. 이 영화는 배우들의 연기가 돋보이는데 전지현의 변신은 눈여겨 볼만하다. 이 영화는 한 두명의 주연급 배우에 의존하지 않고 정상급 배우들의 개성 넘치는 연기를 볼 수 있어서 흥행에 성공했다는 평이 있다. 무엇보다도 최동훈 감독은 〈전우치〉(2009)에서 선보였던 액션신을 이 작품에서도 유감없이 잘 보여주었다. 전지현 배우의 허공을 나는 점프와 마카오 박의 아파트 외벽에서 벌이는 총격전은 극중 재미를 더해주었다. 또한 주인공들에게 개성을 부여하는 연출력을 발휘하였기에 충무로 1급 오락영화라는 찬사를 받았다. 이 영화는 흥행 감독 최동훈이기에 화려한 배우들이 캐스팅되었고, 1300만 명이 넘는 관객들을 극장으로 끌어들였다. 최동훈 감독은 앞으로 글로벌시장에서도 한류 영화를 이끌어 갈 수 있는 대표적인 감독으로 남을 것이다(김이경, 2013).

자본주의를 비판한 글로벌 프로젝트 〈설국열차〉

〈기생충〉으로 유명한 봉준호 감독이 2013년에 메가폰을 잡은 〈설국열차〉는 불온한 존재들이 꼬리칸에 탑승하면서 이야기가 전개된다. 이 영화가 보여주는 세계는 평등이 붕괴된 전체주의 국가의 폭력성이다. 꼬리칸 탑승객들은 온갖 멸시를 받으며 생존에 시달린다. 심지어 어린이를 잡아먹는 아사 직전까지 몰린 이들은 결국 시스템에 저항하기 위해 혁명을 일으킨다. 실패하면 반란이나 폭동이 되지만 이 영화는 엔진칸까지 도달하기에 혁명으로 명명할 수 있다. 이 영화는 〈기생충〉과는 다른 의미에서 자본주의 체제를 비판하고 있다. 이 영화는 지구 온난화로 인해 'CW-7'을 살포한 이후 모든 것이 얼어붙은 지구를 배경으로 한다. 자급자족 시스템을 갖추고 1년 동안 지구를 횡단하는 설국열차의 결말은 생존한 요나와 티미가 북극곰을 만나는 장면으로 설정되어 있다. 지구 생태계가 다시 복원된 것을 암시하는 장면이다. 봉준호 감독의 작품들에는 남다른 특징이 담겨 있다. 그의 영화에는 만화적 상상력과 비현실적 풍경, '봉테일'이라 불리는 세심한 묘사, 이질적 요소들의 충돌인 '삑사리의 미학', 가족애와 계급 구조 등과 같은 한국적 현실에 대한 치밀한 천착 등이 담겨 있다. 〈설국열차〉가 만화 원작에 바탕을 두고 시나리오 작업을 진행했고, 열차라는 좁은 공간에서 집중력 있는 인물 묘사와 장면 연출이 가능했던 것은 봉 감독의 이러한 능력이 있었기에 가능했다. 〈미래소년 코난〉을 보며 연출의 개념을 익히고, 영화 아카데미에서 영화감독의 꿈을 키웠던 봉준호는 동시대의 영화감독 중에서 가장 뛰어난 연출 능력을 지닌 작가주의 감독이라 할 것이다. 또한 그는 국내뿐만 아니라 할리우드를 비롯한 세계 주요 국가들이 주목하는 글로벌 연출자이기도 하다. 한류 영화를 이끌 대표적 인물인 봉준호 감독의 다음 작품에 더 큰 기대를 거는 이가 많은 것도 바로 이 때문이다(賈皛, 2020).

한류 영화는 세계 여러 나라에서 인기를 끌고 있다. 여기에서는 내용에 따라 구분할 때 대표성을 지닌 범죄 영화, 공포 영화, 전쟁 영화, 판타지 영화, 로맨스 영화를 중심으로 한류 영화의 장르적 특성을 살펴보고자 한다.

범죄 영화

한국 영화 중에서 범죄를 다룬 영화는 종류도 다양하고 최근까지도 흥행 가도를 달리고 있다. 곽경택 감독의 〈친구〉(2001)는 안 본 사람은 있어도 한 번만 본 사람은 없다고 할 정도로 많은 관객의 사랑을 받은 영화이다. 선생 역의 김광규 배우가 "느그 아부지 머하시노? 아부지 므하시노오!"라고 묻자, 준석 역의 유오성이 말한 "건달인데예"라고 말하는 장면은 오랫동안 명대사로 회자되었다. 또한 윤종빈 감독의 〈범죄와의 전쟁 : 나쁜 놈들 전성시대〉(2012)는 제목 자체에 범죄라는 단어가 들어가 있어 영화의 성격을 알려준다. 이 영화는 2012년에 한국영화평론가협회상 각본상, 부산영화평론가협회상 최우수 작품상을 수상하였으며, 그해 청룡영화상 남우주연상을 최민식에게 수여하게 만든 범죄 영화이다(강만진, 2021). 최근의 범죄 영화로는 마동석 배우가 주연으로 등장하는 〈범죄 도시〉 시리즈를 들 수 있다. 〈범죄 도시〉는 국내뿐만 아니라 해외에서도 흥행 수익을 거둔 대표적인 범죄 영화라 할 것이다.

공포 영화

한국의 공포 영화는 영화 초기부터 존재해 왔지만 1990년대 후반에 들어서면서부터 관객들의 관심을 받았다. 박기형 감독의 〈여고괴담〉(1998)은 여고괴담 시리즈로 제작될 만큼 흥행을 이끌었다. 또한 이 작품은 김지운 감독의 〈장화, 홍련〉과 더불어 한국 공포 영화를 대표하는 작품으로 손꼽는다. 봉준호 감독의 영화 〈괴물〉(2006)은 공포와 사회비평이 뒤섞인 독특한 영화로 볼 수 있다. 김미정 감독의 〈궁녀〉(2007)는 궁 안에서 이루어지는 궁녀의 자살 사건을 다룬 사극 영화이다. 나홍진 감독의 〈곡성〉(2016) 또한 곡성이라는 마을에서 생기는 초자연적 존재와 현상을 다룬 것으로 관객에게 공포 심리를 자극한다. 같은 해에 나온 연상호 감독의 〈부산행〉(2016)은 K-좀비를 세상에 알린 대표적인 공포 영화이다. 이 영화는 국내에서도 1,000만 관객을 돌파하였으며, 해외에서도 한국형 좀비 영화로 큰 인기를 얻었다. 2024년 개봉한 영화 〈파묘〉는 오컬트 장르를 바탕으로 1,000만이 넘는 관객을 동원한 영화이다. 장재현 감독의 세 번째 장편 영화에 해당하는 이 영화는 역대 영화 공포 장르 중에서 흥행 순위 1위를 새롭게 경신한 작품이다. 이 작품은 수상한 묘를 이장한 풍수사, 장의사, 무속인들에게 벌어지는 기이한 사건을 다룬 영화이다.

전쟁 영화

한국의 대표적인 전쟁 영화로는 강제규 감독의 〈태극기 휘날리며〉(2004)를 들 수 있다. 이 영화는 한국현대사의 비극적인 사건인 한국전쟁을 다룬 것으로, 스토리 구성에서 배우들의 연기에 이르기까지 관객의 마음을 사로잡았다. 무엇보다도 이 영화는 한국 영화가 보여준 특수 효과 수준을 뛰어넘은 작품으로 영화를 보는 관객에게 현실감을 느끼게 해주었다. 이 밖에도 한국전쟁을 다룬 전생 영화로 는 〈인천상륙작전〉(2016), 〈웰컴 투 동막골〉(2005), 〈고지전〉(2011) 등 을 들 수 있다. 이들 영화들은 한국전쟁의 실상을 잘 그려낸 전쟁 영 화이다. 베트남 전쟁을 다룬 한국 영화로는 정지용 감독의 〈하얀 전 쟁〉(1992)과 이준익 감독의 〈님은 먼 곳에〉(2008)도 기억할 만한 전쟁 영화이다. 전쟁 영화는 조선시대를 배경으로 한 영화에서도 찾아볼 수 있다. 김한민 감독의 〈명량〉(2014)은 임진왜란을 다룬 전쟁 영화 이다. 같은 감독의 영화 〈한산〉(2022) 또한 700만이 넘는 관객을 동 원한 영화로 왜적과 싸우는 영웅 이순신을 담아내었다. 원신연 감독 의 〈봉오동 전투〉(2019)도 식민지 시대를 배경으로 독립운동을 다룬 전쟁 영화의 범주에 속한다. 한국의 전쟁 영화들이 갖는 특성은 대 한민국의 역사와 정체성을 다양한 시각에서 재해석한다는 점에 있 다. 이를 통해 전쟁의 비극을 세상에 알리고 인간군상의 다양한 모 습을 담아내었다.

판타지 영화

서구 영화에서 판타지 영화의 최고봉은 〈반지의 제왕〉(2003)과 〈해리포터와 마법사의 돌〉(2001)일 것이다. 그렇다면 한국 판타지 영 화로 대중의 사랑을 받은 작품에는 어떤 것이 있을까? 최동훈 감독 의 〈전우치〉(2009)와 김용화 감독의 〈신과 함께〉 1편과 2편을 들 수 있다. 특히 〈신과 함께〉는 웹툰을 원작으로 한 판타지 영화로 1편

〈신과함께-죄와 벌〉과 2편 〈신과함께-인과 연〉은 처음부터 기획된 작품들이다. 판타지는 한국 영화에서 점차 많은 독자층을 형성할 가능성이 높은 장르이다. 판타지 영화는 초능력, 시간 여행, 신들의 이야기 등 현실적인 제약을 뛰어넘는 상상력을 통해 재미를 선사한 다. 또한 CG를 활용한 시각적 효과는 초자연적인 세계를 보여준다. 현실과는 다른 세계를 배경으로 모험과 여정을 그려내기에 관객들은 새로운 경험을 하게 되는 것이다. 판타지 영화는 종종 현실의 문제를 초자연적인 세계를 통해 비유하기에 많은 상상력과 메시지를 전달하는 장르라 할 수 있다.

로맨스 영화

로맨스 영화는 기본적으로 사랑을 주제로 한다. 한국 영화에서는 매우 인기 있는 장르이기에 해마다 많은 로맨스 영화가 극장가를 점령한다. 한국 로맨스 영화 중 유명한 작품을 소개하자면 곽재용 감독의 〈엽기적인 그녀〉(2001)를 들 수 있다. 이 영화는 동아시아 전역에 신드롬을 일으켰다. 다음으로 허진호 감독의 〈8월의 크리스마스〉(1998)가 있다. 이 영화는 국내뿐만 아니라 해외에서도 인기가 높았다. 특히 중국에서 많은 사랑을 받은 영화이다. 이외에도 청춘남녀의 안타까운 사랑을 그린 곽재용 감독의 〈클래식〉(2003)이라든가 이재한 감독의 〈내 머리속의 지우개〉(2004)를 들 수 있다. 한국 영화로 대중들의 기억에 오래 남은 로맨스 영화로는 장윤현 감독의 〈접속〉(1997), 허진호 감독의 〈봄날은 간다〉(2001), 이용주 감독의 〈건축학개론〉(2012)과 같은 작품이 있다. 한국의 로맨스 영화들은 저마다 독특한 스토리와 감정을 담고 있기에 독자의 심금을 울린다.

Ｋ 한국 영화의 특징

한국 영화가 다른 나라의 영화와 비교할 때 나타나는 특징은 무엇인가? 논자마다 다양한 의견이 제시되지만 여기서는 5가지로 나누어 서술하고자 한다.

배우들의 뛰어난 연기력

한국 영화는 배우들의 강렬하고 정서적인 연기가 특징이다. 배우들은 맡은바 배역을 통해 자연스러운 감정 표현과 매우 깊은 내면적 경험을 보여준다. 한국의 영화배우들은 등장인물의 캐릭터를 소화하여 다채로운 심리를 표현한다. 예컨대 나홍진 감독의 〈황해〉(2010)에는 중국에서 한국으로 건너온 주인공이 벌이는 일련의 사건을 따라가면서 인물들의 복잡한 심리 상태를 잘 묘사한다. 또한 박찬욱 감독의 〈헤어질 결심〉(2022)은 범죄 스릴러 영화로 볼 수 있지만, 작중 인물들의 뛰어난 심리 묘사를 담은 영화에 가깝다. 이처럼 한국 영화는 작중 인물의 심리적인 복잡성을 다루며, 이를 통해 관객들이 영화에 몰입하게 만든다.

사회적·정치적 이슈 다루기

대부분의 한국 영화는 사회적, 정치적 이슈들을 종종 다룬다. 현재 사회 상황과 관련되어 있기도 하며 과거 일어난 이슈들을 영화의 제재로 다루기에 대중들의 이목과 공감을 얻는다. 예컨대 현대사의 비극인 5.18 광주 민주화 운동을 다룬 영화로는 〈꽃잎〉(1996), 〈박하사탕〉(2000), 〈화려한 휴가〉(2007), 〈26년〉(2012), 〈택시운전사〉(2017) 등을 들 수 있다. 최근에는 김성수 감독의 〈서울의 봄〉(2023)을 통해 전두환 신군부가 군사 반란을 일으켜 대한민국의 운명이 바뀌는 역사적 순간을 영화로 다루기도 했다. 한국 영화가 사회적·정치적 이슈를 다루는 주요 이유는 영화라는 장르를 통해 사회적인 메시지를 전달하고 이를 통해 관객들에게 변화하는 시대정신을 전달하기 위함이다. 이는 철저히 대중들의 요구에 부응하는 것으로 한국 영화가 갖는 특징이기도 하다.

유쾌한 스토리텔링

한국 영화는 코믹한 캐릭터와 유머를 통해 대중들의 취향을 만족시킨다. 예컨대 〈도둑들〉에서 예니콜 역을 맡은 전지현은 그동안에 쌓아온 캐릭터와 달리 액션 장면을 보여주며 관객을 놀라게 했다. 더욱 눈길을 끈 것은 펩시 역을 맡은 김혜수와 나눈 대화다. 펩시는 출소 후 마중 나온 예니콜의 시비에 "너 내가 마음에 안 드는구나?"라고 묻는다. 그러자 예니콜은 "제가 좀 나이 많은 여자랑 잘 맞거든요."라고 응답한다. 두 배우의 티키타카하는 모습을 보며 관객들은 극 중 재미에 빠져든다. 최동훈 감독의 〈타짜1〉(2006)에 나오는 곽철용의 애드립 "마포대교는 무너졌냐 이 새끼야"는 이 영화를 본 많은 사람들이 뽑은 명장면 중의 하나이다. 이처럼 대본에도 없는 애드리브를 살린 연출력도 관객들을 웃게 만든다. 한재림 감독의 〈관상〉(2013)에는 천재 관상가인 내경(송광호 분)과 팽헌(조정석 분)이 기생인 연홍(김혜수 분)의 꾐에 넘어가 한양 기방에서 춤을 추는 장면이 나온다. 조선시대와 어울리지 않는 춤사위는 관객들의 웃음을 유발한다. 조선 초기의 '계유정난'이라는 역사적 사건을 다루면서 배우들의 촌스러움을 동반한 코믹한 춤을 연출한 것은 관객들에게 새로운 웃음을 선사한 것이다.

계급 간 불평등

한국 영화는 인간 사회의 보편적인 주제인 계급 간 불평등을 다룬다. 대표적인 작품으로 봉준호 감독의 〈기생충〉을 들 수 있다. 이 영화는 상류층과 하류층이라는 두 가족의 만남을 다룬 블랙 코미디라고 할 수 있다. 이 영화는 부유한 가족에 기생하여 사는 가난한 가족의 삶을 통해 우리 사회의 빈부 격차가 얼마나 깊은지를 잘 보여준다. 영화 〈기생충〉에는 정확하게는 세 가족(기택네 집, 박 사장 집, 가정부 가족)이 한 집에 머물면서 겪게 되는 비극을 다루고 있다. 영화 〈기생충〉은 각각의 가족들이 거주하는 공간 분리를 통해 상류층과 하류층의 계급 질서를 상하관계로 구분하여 보여준다. 〈기생충〉은 사회적 양극화가 심화된 한국의 계급 갈등을 고발한 영화다. 〈기생충〉은 빈부 격차가 극심한 사회를 살아내야만 하는 대한민국의 암담한 미래를 예견해 보여준 작품이다.

감각적인 시각·음향 디자인

한국 영화 중에는 종종 감각적인 시각·음향 디자인에 중점을 둔 영화들이 있다. 이창동 감독이 만든 〈버닝〉(2018)을 보면, 벤(스티브 연 분)이 나올 때는 인조 광을, 종수(유아인 분)가 나올 때는 자연광을 주로 보여준다. 영화에는 어두운 장면이 많이 나오는데, 이는 자연광을 썼기 때문이다. 이를 통해 감독의 연출 의도를 감각적으로 드러낸다. 즉 관객에게 다양한 해석의 여지를 남기는 것이다. 감독은 이처럼 영상 속에 자신만의 예술적인 시각을 반영한다. 윤제균 감독의 〈해운대〉(2009)는 음향 효과를 잘 살린 영화로 유명하다. 이 영화는 부서지는 파도와 갈매기의 울음소리에서부터 해변을 찾는 사람들의 수다에 이르기까지 다양한 음향을 담아냈다. 특히 쓰나미가 닥치면서 건물에 부딪히는 엄청난 파도 소리를 통해 관객들은 재난의 심각성을 느낄 수 있다. 이러한 영화의 음향 효과는 서사의 긴장감을 불러일으키고 관객으로 하여금 영화에 몰입하게 만든다. 조성희 감독의 넷플릭스 영화 〈승리호〉(2021)는 시각적 효과를 잘 살린 영상을 제공함으로써 스펙터클한 장면을 연출하기도 하였다.

▮ 한류 영화의 세계화 전략

2021년 한국 영화는 코로나로 인해 힘든 시기를 보내야만 했다. 〈기생충〉(2019), 〈반도〉(2020), 〈미나리〉(2020)와 같은 작품들이 해외에서 호평을 받았지만, 코로나로 인해 영화 수출은 어려움을 겪었고, 영화 제작은 위축될 수밖에 없었다. 대부분의 한류 콘텐츠들은 코로나가 본격적으로 시작된 2020년부터 2022년까지 불황의 늪에 빠져있었다. 2023년 하반기에 접어들면서 한류 콘텐츠들은 다시 기지개를 폈고, 한류 영화도 다시 글로벌시장을 공략하기 위해 다양한 방안을 강구하였다. 다음에는 한류 영화의 세계화 전략을 고려함에 있어 필요한 전략을 제시하고자 한다.

첫째, 한류 영화가 초국적 시네마를 구상하기 위해서는 첫번째로 다섯 개의 모델을 분석할 필요가 있다(심상민, 2012). 여기서 말한 '다섯 개의 힘 모델(5 Forces Model)'은 1979년 미국 하버드대 경영대학 교수 마이클 포터(Michael Porter)가 발표한 산업구조분석 기법으로 ① 기존 기업 간 경쟁 정도, ② 공급자 협상력, ③ 구매자 협상력, ④ 신규 기업 진입 위협, ⑤ 대체재 위협 등을 말한다. 한국 영화가 초국적 시네마의 길을 가기 위해서는 첫 번째로 세계 영화산업 글로벌 공급자와 소비자들의 요구를 알아야 한다. 예컨대 프랑스와 이탈리아 영화들이 보여준 작품성, 장인정신, 작가주의 가치에 대해 공감하고 국제적인 플랫폼 체제를 구축하는 것이 필요하다. 이를 통해 영화콘텐츠의 새로운 버전을 찾을 수 있어야 한다. 두 번째로는 글로벌 다문화경영이 필요하다. 아웃리치 능력을 갖춘다면 한류 영화는 초국적 시네마로 성장할 것이다. 이를 위해서는 감독, 시나리오, 해외 현지 인력과 기업 투자가 필수적이다. 세 번째로는 TV를 떠나고 영화관을 외면하는 글로벌 청소년 고객들을 위한 글로벌 소비자 전략을 구축해야 한다. 특정 고객보다는 다양한 연령층에 어필할 수 있는 콘텐츠를 개발하여 관객의 액티비티를 끌어올려야 한다. 예컨대 영화 콘텐츠에 게임을 결합한 콘텐츠 게임화를 시도해볼 필요가 있다. 다섯 번째로는 K-팝과 K-드라마를 좋아하는 해외 팬덤들을 신규진입자 전략을 통해 한국 영화의 팬덤으로 만드는 것이다. 디지털, 모바일 환경이 생산자가 주도하는 소셜 네트워크였다면, 이와 같은 전통적 콘텐츠 생산양식에서 탈피할 필요가 있다. 한류 영화들은 투자자, 소비자, 생산자의 의견을 수렴하여 개방적 집단창작을 시도할 필요가 있다. 이른바 디지털의 이점을 최대한 반영한 수요자 중심의 공동생산 형태도 적극 검토해야 하는 것이다. 마지막으로 영화 산업을 위협하는 강력한 콘텐츠들에 대한 대비가 있어야 한다. 한류 영화가 성공하기 위해서는 할리우드 영화, 볼리우드 영화와 같은 전형성을 갖추어야 한다. 이를 위해서는 글로벌 시장에서 인정받을 수 있는 혁신 콘텐츠가 있어야 한다. 이제는 극장 중심의 전통적인 루트를 벗어나 관객들이 원하는 비즈니스를 창출해야 한다. 이를 위해서는 유통 혁신뿐만 아니라 올드 미디어와 뉴 미디어를 결합할 수 있는 이종 매체, 채널, 기업, 사이의 협업이 필요하다. 예를 들면 패션 브랜드 프라다와 K-무비가 만나 새로운 콘텐츠를 만들고, 이를 전 세계 주요 도시에 알리는 것이다.

둘째, 한국 영화의 세계화 전략을 위해서는 아시아 시장에 대한 분석이 선행되어야 한다. 현재 한류 영화는 아시아 시장이 최대 수출지역이다. 최근 5년간 한국 영화 완성작 권역별 수출 비중을 보면 아시아 시장이 75%를 차지하고 있다(영화진흥위원회, 2022). 따라서 한류 영화가 아시아 시장을 넘어 전 세계로 나아가기 위해서는 아시아 시장에 대한 철저한 분석이 있어야 한다. 먼저 김형석 영화평론가에 따르면 중국에서는 최동훈 감독의 〈암살〉(2015) 이후 6년 만에 한국 영화에 대한 중국 상영이 재개되었다. 이어서 정세교 감독의 〈오! 문희〉(2020)는 중국에서 개봉을 하였으며, 김태용 감독의 〈원더랜드〉(2024)는 높은 가격에 중국에 판매되기도 하였다. 일본에서는 이용주 감독의 〈서복〉(2021), 한재림 감독의 〈비상선언〉(2022), 황인호 감독의 〈데시벨〉(2022) 등이 좋은 반응을 얻었다. 베트남에서는 이정국 감독의 〈편지〉(1997)가 2000년에 하노이에서 상영되었다. 그 이후로 베트남에는 한국 영화의 리메이크 작품이 성행하였다. 심은경 주연의 〈수상한 그녀〉(2014)는 〈엠라바노이꼬아안(Em La Ba Noi Cua Anh, 내가 니 할매다)〉(2015)로 리메이크 되어 베트남 박스오피스 1위를 차지하기도 하였다. 2018년에는 강형철 감독의 〈써니〉(2011)가 〈타앙남록러(Tháng năm rực rỡ)〉로 리메이크되어 흥행에 성공하기도 하였다. 이외에도 〈과속스캔들〉(2008), 〈오싹한 연애〉(2011), 〈형〉(2017)과 같은 한국 영화가 베트남에서 리메이크되어 한류 영화의 붐을 일으키기도 했다. 아시아권은 아니지만 스페인에서도 한류영화는 뜨거운 주목을 받았다. 스페인에서는 2000년대 초반부터 지속적으로 한국영화에 관심을 가졌다. 특별히 봉준호 감독은 2003년에 〈살인의 추억〉으로 산세바스티안 국제영화제에서 은조개상, 신인감독상 등을 수상하였고, 2006년에는 〈괴물〉로 시체스 국제영화제에서 오리엔탈 익스프레스 최우수작품상을 받았다. 봉준호 감독은 세계 무대에 첫발을 내딛게 만든 스페인에서 자신의 영화 커리어를 쌓았으며 미국의 할리우드에서 세계적인 감독으로 인정을 받았다. 이제 한국 영화는 아시아를 넘어 세계로 지평을 넓히면서 한류 영화로 자리를 잡아가고 있는 것이다.

셋째, 한류 영화가 세계화가 되기 위해서는 영화의 본고장인 할리우드에서 굳건히 터를 잡아야 한다. 이를 위해서는 할리우드를 대표하는 감독, 배우, 프로듀서와의 글로벌한 협업이 전제되어야 한다. 한국 영화는 중국과 공동제작한 경험이 있다. 예컨대 〈칠검〉(2005), 〈스피의 연애매뉴얼〉(2009), 〈황해〉(2010), 〈미스터고〉(2013) 등이 있다. 또한 중국과의 합작영화로 알려진 〈내 여자 친구를 소개합니다〉(2004), 〈호우시절〉(2009), 〈이별 계약〉(2013)을 들 수 있다. 이러한 경험을 바탕으로 한국 영화는 할리우드와 손을 잡으면서 세계 영화로 성장해야 하는 것이다. 이는 할리우드 영화산업이 전 세계 유통망을 확보하고 있기 때문이다. 한국 영화의 경쟁력은 콘텐츠의 우수성과 배우들의 뛰어난 연기를 들 수 있는데 이를 잘 활용한다면 할리우드에서 한류 영화의 인지도는 높아질 것이다. 이미 〈기생충〉, 〈미나리〉와 같은 한국 영화들은 미국영화 시장에 활력을 불어넣은 K-무비이다. 이제 한국의 영화산업은 할리우드의 자본과 선진화된 제작 시스템 그리고 전 세계적인 유통망을 가진 할리우드 제작사들과의 협업을 통해 경쟁력을 갖춘 K-무비로 한 단계 도약을 해야 한다. 다시 말해 BTS처럼 제2, 제3의 봉준호 감독과 윤여정 배우가 할리우드에서 활약해야 하는 것이다. 이를 위해서는 다양성과 특색을 갖춘 스토리텔링과 할리우드 영화와 다른 차별화된 시나리오가 필요하다. 예컨대 인기 있는 장르나 주제를 선택할 때, 한국의 역사와 문화를 반영하면서도 작품성과 대중성을 갖춘 영화를 제작한다면 할리우드에서 더 큰 주목을 받을 것이다. 배우들 또한 할리우드에서 활동하고 있는 인기 배우나 다국적 배우를 활용하고, 현지 스태프를 고용해서 영화를 만드는 것도 고려해 봐야 할 사항이다(Bai·Yichen, 2022).

<사진 3-2. BIFF 광장>

K 한류 영화의 과제

한국 영화가 2020년대 이후 획기적인 도약을 하고 있다는 사실은 여러 통계지표가 뒷받침해주고 있다. 그럼에도 불구하고 한국의 영화산업은 겉으로 드러난 화려한 이면에 존재하는 고질적인 병폐를 극복해야만 지속가능한 발전을 기대할 수 있다. 위기를 방치하면 몰락이 오기 때문이다. 한국 영화는 여러 문제들이 산적해 있다. 예컨대 취약한 자본구조에 따른 후진적인 경영, 소수의 스타들에 의존하는 스타시스템, 대기업에 의한 영화의 제작·투자·배급·상영에 이르는 독점적 운영, 현장 스태프의 열악한 환경, 영화 제작에 필요한 기술력과 전문성 부재 등등 많은 문제들이 한국 영화의 미래에 암울한 그림자를 드리우고 있다. 그뿐만 아니라 할리우드 영화들의 물량 공세에 따른 독립영화들의 생존 문제도 배제할 수 없는 주요한 과제이다. 이러한 안팎의 문제를 해결하지 않고서는 한류 영화의 미래를 예단하기 힘들다. 한국 영화는 1000만 관객을 넘어선 영화들이 즐비하다. 최근에는 〈범죄도시4〉가 개봉 첫 주 주말 상영점유율이 81.7%에 달했다고 한다. 한국 영화사적인 측면에서 〈범죄도시〉 시리즈가 4천만 명을 동원한 대기록을 남겼으나, 특정 영화의 상영관 몰아주기에 따른 관객의 영화 선택권 침해라는 비난을 피할 길이 없다.

그렇다면 한류 영화가 건강한 생태계를 갖추기 위한 조건은 무엇인가? 첫째, 상업영화에 치중한 스크린 독점을 지양하고 관객들이 다양한 영화를 즐겨 볼 수 있는 상영관을 확보해야 한다(송승은, 2018). 특히 개봉관을 중심으로 창조성이 담보된 경쟁력 있는 작품들을 쉽게 볼 수 있어야 한다. 예컨대 다큐 영화 〈노무현입니다〉(2017)는 다큐멘터리 역사상 최단 시간 안에 100만 명을 돌파하였다. 이 작품은 다큐멘터리 영화 〈워낭소리〉(2009)의 뒤를 이은 비주류 영화의 한계를 극복한 영화라 할 것이다. 영화의 다양성 측면에서 재미와 의미가 담보된 독립영화를 볼 수 있는 전용 상용관이 서귀포, 대구, 대전과 같은 대도시 외에도 더 늘어나야 할 것이다.

<사진 3-3. 부산 영화의 전당>

(출처: 한국관광공사-부산울산지사 디자인글꼴)

둘째, 영화산업의 공정한 생태계를 조성하기 위해서는 창작·제작 인력들이 정당한 대우를 받고 일할 수 있는 환경을 조성하는 것이다. 다행스럽게도 영화 스태프의 근로표준계약서 사용률이 2013년 5.1%에서 2014년 23%로 4배 이상 증가했다. 〈국제시장〉은 사상 최초로 전 스태프를 대상으로 근로표준계약서를 준수했고 흥행에도 성공하면서, 두 마리 토끼를 함께 잡는 성과를 올리기도 했다. 한국 영화가 국내에서 50% 이상의 점유율을 유지하고 글로벌 시장에서도 한류 영화의 신선한 바람을 계속 불게 하기 위해서는 다양성과 공정성이라는 두 가치를 항상 소중히 간직해야 할 것이다(윤호진, 2016).

셋째, 한국 영화의 미래를 위해서는 다양한 장르와 주제를 다룬 작품들이 온라인 해외시장에서 인정받아야 한다. 이를 위해서는 좀 더 실험적인 한국 영화들이 대중의 호응을 받아야 하고, 더 많은 시나리오 작가들이 독특하고 창의적인 이야기를 만들어야 한다. 또한 가상현실(VR), 확장현실(AR), 인공지능(AI) 등과 같은 기술을 영화제작에 활용하여 좀 더 혁신적인 한류 콘텐츠를 제작할 수 있어야 한다. 디지털 문명을 앞당긴 OTT 체제하에서 급성장한 글로벌 기업인 넷플릭스, 유튜브, 디즈니+, 아마존 프라임 등과 어깨를 나란히 하기 위해서는 우리도 글로벌 디지털 플랫폼을 갖춘 기업의 참여가 시급하다. 현재 티빙, 웨이브, 왓챠, 쿠팡플레이 등 국내 기업이 영상 콘텐츠를 제작하고 있는데, K-무비들이 이러한 기업들을 통해 글로벌 콘텐츠로 거듭나기를 기대해 본다.

1. 한류 영화가 한국의 정치적, 경제적 인식에 어떤 영향을 미치고 있으며, 이에 대해 어떻게 생각하는가?

2. 한류 영화의 미래와 한국 영화 산업의 성장 가능성에 대해 어떻게 생각하는가?

3. 한류 영화가 한류 관광에 어떤 영향을 줄 수 있는지 토의해 보자.

4. 한류 영화가 글로벌 경쟁력을 갖추기 위해 필요한 조건이 무엇인지 토의해 보자.

5. 한류 영화의 인기 요인은 무엇인지 토의해 보자.

6. 한국 영화의 특징 5가지 말고 또 무엇이 있을까?

7. CG가 대중화된 영화판에서, 아날로그 영화가 흥행에 성공할 수 있는 비결이 있을까?

8. 한국 영화 산업의 발전을 위해서 우리가 할 수 있는 일은 무엇인가?

9. 번역가들의 표준 번역 계약서 작성 관례가 자리 잡히기 위해 할 수 있는 노력은 무엇이 있을까?

10. 한국만의 장르 영화를 개척한다면 어떤 게 좋을까?

4장

한류 음악

한류 음악의 개념

최근 한류 음악의 현황

K-팝의 역사와 발전 과정

한류 음악의 특징

K-팝의 해외 현황

K-팝이 가져오는 긍정적인 영향

한국 음악의 세계화 전략

한류 음악의 미래

토의 및 토론

4장

한류 음악

K 한류 음악의 개념

사람들은 어떨 때 음악을 들을까? 때론 슬픈 음악을 듣고 펑펑 울기도 하고, 신나는 음악에 맞춰 춤을 출 수도 있다. 많지는 않겠지만 음악을 통해 사랑 고백을 하는 사람들도 어딘가에 있을 것이다. 이처럼 음악은 사람의 마음을 뛰게 하고, 감동을 주며 리듬과 멜로디가 귀에 맴돌아 중독성이 있다. 인종도, 언어도, 문화도 나라마다 다르기에 세계에는 정말 다양한 장르의 음악들이 존재한다. 미국은 힙합, 유럽은 클래식, 일본은 J-팝 등등 각 나라를 대표하는 장르들이 있어 전 세계인들의 귀를 즐겁게 해주고 있다. 이러한 여러 장르의 음악 중에서도 최근 세계인들의 몸과 마음을 사로잡은 음악이 있다. 바로 대한민국이라는 작은 나라에서 시작된 K-팝이다.

한류 음악을 해외에서는 K-POP이라고 부른다. 이는 외부의 시선으로 본 한국의 대중음악을 뜻하는 말이다. K-팝을 간단하게는 한국의 대중가요, 또는 유행가라고 부르기도 한다. 영미권의 대중음악을 팝(pop)이라고 부르는데, 영미권 외 국가의 대중음악도 국가 이니셜을 붙여 나타내는 데서 K-팝이라고 쓴다. 이는 일본의 대중음악을 J-팝이라고 명명하는 것과 같다. 특히 한국의 대중가요 아이돌 그룹인 BTS나 블랙핑크가 해외에서 인기를 얻게 된 이후에는 한류 음악을 일컬어 K-팝이라는 명칭을 주로 쓴다. 보는 관점에 따라 한류 음악이라고도 하고 K-팝이라고도 한다. 대한민국 이외의 국가에서 일반적으로 한국의 대중가요를 가리키는 이름으로 K-팝이 지칭되고 있다(김은경, 2015).

1990년대부터 해외에 알려지기 시작한 한류 문화는 이제는 K-팝이 대표 장르로 굳어지고 있다. K-팝은 이제 한국을 넘어 세계 대중음악 역사상 전무후무한 성공을 거두고 있다. 한류 음악은 뉴 미디어 강자인 유튜브를 통해 해외 시장을 공략하고 있다. 예컨대 한류 음악은 미국 내 음악상에 K-POP 장르가 등장할 만큼 성장하고 있다. 한류 음악의 성장 배경에는 지구촌 팬덤의 역할이 주효했다. 그러나 한류 음악을 두고 일시적인 현상이 아니냐고 말하는 외국인도 있다. 한류 음악이 미래로 나아가기 위해서는 어떤 노력이 필요한가? 이제 한국의 대중음악은 K-팝, 국악, 그리고 이 둘을 합친 퓨전 음악이라는 새로운 음악 영토를 더 개척할 필요가 있다. 이제 본격적으로 한류 음악에 대해 알아보자.

K 최근 한류 음악의 현황

세계는 지금 한국의 아이돌인 BTS와 블랙핑크에 열광하고 있다. 그중에서 한국의 K-팝을 전 세계에 알리는 데 가장 앞장선 그룹은 방탄소년단이다. 국내보다 해외에서 더 먼저 알려진 BTS의 K-팝에 대해 외국인은 어떤 평가를 하고 있을까? 역사적으로 볼 때 미국에서 비영어권의 음악은 인기를 얻기 힘들었고 빌보드와 양대 산맥이라고 불리는 UK차트는 비영어권 음악에 더욱더 보수적이었다. 그러나 BTS는 빌보드와 UK차트에서 모두 1위를 석권한 적이 있으며 외신에서는 BTS의 성공을 비틀즈의 British Invasion과 비교해 Korean Invasion이라고 보도하고 있다(이승연·장민호, 2019). 〈K-pop 세계를 적시다〉는 한국의 K-팝이 미국에서 어떤 영향을 미치고 있는지 잘 보여준다. 한류의 상징적 공간이자 북미 최대의 K-팝 콘서트가 개최된 LA 공연장에는 워싱턴, 텍사스 등 미국 전역에서 4만 명의 팬들이 모였다. K-팝은 2012년 기준 유튜브 조회 수 49억을 초과하면서, 2억 3천만 달러의 음악 수출 산업으로 성장하였다. 이러한 열기는 미국 LA의 한 대학 실용음악과에서 K-팝이 교과목으로 채택될 수 있게 하였으며, 한국의 드라마를 통해 음악을 배우고 한국어와 한국의 역사까지 배우게 되는 사례를 만들었다(이관희, 2018).

오늘날 K-팝은 전 세계인들이 즐기고 사랑받는 자랑스러운 한국의 문화콘텐츠로 자리 잡은 것이다. K-팝뿐만 아니라 한국의 역사, 음식 등 한국의 다양한 문화를 K-팝을 통해 접하면서 해외에서는 또 다른 한류 콘텐츠가 생성되고 있다. 이 글에서는 K-팝의 역사와 발전 과정을 통해 한류 음악의 시대별 특징을 알아보고, 이어서 국악의 발전 과정과 세계화를 위해 앞으로 어떤 노력이 필요한지 더 자세히 이야기해 보고자 한다.

K K-팝의 역사와 발전 과정

K-팝의 역사는 어디서, 누구로부터 비롯되었을까? 앞서 K-드라마 부분에서 〈사랑이 뭐길래〉를 통해 한류가 시작되었음을 보았을 것이다. 한류 드라마 〈사랑이 뭐길래〉에 이어 한류 음악을 이끌어간 K-팝의 선두 주자는 〈난 알아요〉(1992)로 데뷔한 '서태지와 아이들'이 원조격에 해당한다. 물론 더 거슬러 올라가면 1955년대 미군 부대에서 미국 팝 음악을 시작한 신중현을 들 수 있다. 그러나 아이돌 그룹으로 상징되는 K-팝은 서태지와 아이들에서 시작되었다고 볼 수 있다. 한국의 아이돌 그룹은 대략 4세대에 걸쳐 성장해 왔다. 1세대는 1997년부터 2004년까지 활동한 H.O.T, 젝스키스, SES, 핑클 등을 들 수 있다. 기획사를 통해 데뷔한 아이돌 그룹들은 한류 음악을 알리는 데 선구적인 역할을 하였다. 2세대는 2004년부터 2011년까지 활동한 동방신기, 슈퍼주니어, 카라, 원더걸스, 소녀시대, 빅뱅 등이 있다. 1세대의 뒤를 이어 등장한 다수의 아이돌 그룹들은 아시아를 주 무대로 한류를 본격적으로 알렸다. 3세대는 2012년부터 2018년까지 활동한 BTS, 블랙핑크, 엑소, 레드벨벳, 트와이스, 세븐틴, 몬스타엑스 등을 들 수 있다. 3세대는 아시아를 넘어 북미, 유럽, 남미에 이르기까지 다양한 지역에서 폭발적인 인기를 얻으면서 활동했

다. 4세대는 2019년부터 현재까지 왕성하게 활동하는 그룹으로 뉴진스, 스트레이 키즈, 에이티즈, 투모로우바이투게더, 엔하이픈 등을 들 수 있다. 3세대와 비슷하게 4세대 아이돌 그룹은 글로벌 팬덤을 통해 K-팝을 전 세계에 확산시키고 있다. K-팝의 역사에서 알 수 있듯이 이제는 K-팝이 하나의 장르로 정착하고 있다고 해도 과언이 아니다. 여기서는 10년 단위로 K-팝을 이끈 대표적인 아이돌 그룹을 더 구체적으로 소개하고자 한다.

1990년대: 드라마에 이어 한류를 이끈 K-팝

서태지와 아이들, H.O.T

서태지와 아이들이 1992년에 '난 알아요'로 데뷔하며 한국에 힙합과 댄스를 유행시켰다. '난 알아요'의 초반 평가는 '멜로디가 없다', '춤만 신경을 썼다'라며 혹평이었으나 데뷔 후, 한 달도 채 되지 않아 10대와 20대 사이에서 우상이 되며 대한민국 K-팝에 한 획을 그었다. 1990년대 초반 랩(Rap)이 전 세계적으로 유행했으나, 한국의 음악시장은 멜로디가 중시되는 발라드와 트로트가 주된 장르였다. 따라서 이색적인 외국 문화에 배타적인 한국의 음악시장에서 랩과 힙합은 비주류 문화로 자리 잡을 수밖에 없었다. 그러나 서태지는 한국의 주류 문화였던 발라드, 트로트 시장 이외의 비주류 음악시장을 공략함으로써, 이전 대중음악 스타일의 편견을 완전히 깨부수는 음악을 선보였다. 데뷔곡 '난 알아요'는 댄스, 록, 힙합이 결합 된 음악으로, 음악에 맞춰 춤을 추며 한국어로 랩을 하는 모습이어서 대중들에게 신선한 충격을 안겨주었다. 서태지와 아이들의 데뷔 앨범은 한국 음악 역사에서 가장 큰 데뷔 앨범 판매량을 기록하며 대중음악계에 큰 전환점을 형성하였다. 서태지와 아이들로 인해 대중음악계에 알앤비(R&B), 힙합 등 다양한 장르의 음악이 등장하였고 서태지와 아이들로부터 한국의 그룹 연출 형식이 성행하였으며 현재 아이돌 그룹 형식의 시초가 되었다.

1996년 10월 SM 엔터테인먼트가 데뷔시킨 H.O.T는 현재 아이돌의 시초라고 할 수 있을 만큼 K-팝의 역사에 큰 발자국을 남겼다. H.O.T는 국내 최고의 인기 그룹으로 성공했고 이후 이를 모방한 더 많은 아이돌 그룹이 생겨났다. 1997년 SM을 포함해 국내 3대 연예기획사라 불리는 JYP 엔터테인먼트와 YG 엔터테인먼트가 설립되고 국내 가요시장은 아이돌 음악 위주로 재편되었다. 아이돌 위주의 국내 음악시장에 대해 음악평론가들은 '음악 장르의 획일화', '상업적인 음악의 팽배' 및 '공장형 아이돌 생산'이라 비판했지만, 그럼에도 불구하고 아이돌 음악은 꾸준히 최고의 인기를 끌며 90년대 음악에 새로운 장을 마련하였다. 이러한 아이돌 그룹의 팽창과 경쟁의 심화는 아이돌 그룹의 질적 향상을 가져와 아이돌 그룹은 음악, 댄스, 퍼포먼스, 뮤직비디오, 패션 등 모든 면에서 발전했다.

2000년대: 본격적인 K-팝의 한류화

동방신기, 슈퍼주니어

2000년대 중반 IT산업의 발달로 음원 유통구조가 음반(CD, tape)에서 mp3로 옮겨가고 불법 무료 음원들이 공유되며 국내 음악 사업의 수익은 급감하였다. 2005년도 음악시장 규모는 2001년과 비교했을 때 거의 1/3 수준으로 축소되었다. 소비자가 제한된 국내시장에서 연예 기획사들은 음반 시장과 팬덤이 큰 해외시장으로 눈을 돌릴 수밖에 없었다. 기획사들은 점차 아이돌 멤버들에게 중국어, 일본어, 영어 등 언어를 트레이닝 시키고 이후에 점차 일본, 중국, 태국, 혼혈인 등등 다양한 외국인 멤버의 영입 수를 늘리며 국제적인 아이돌 그룹을 탄생시켰다. 비슷한 시기에 디지털 스마트 환경의 진전되면서 유튜브, SNS가 등장하였고 서구 문화권에도 K-팝이 전파를 타며 인기를 끌기 시작했다. 2004년 싱글 앨범 'Hug'로 데뷔한 동방신기는 뛰어난 보컬에다가 댄스, 팝, 리듬 앤 블루스, 발라드 등 다양한 장르를 섞어서 강렬한 무대 퍼포먼스를 보여준 그룹이다. 2013년에는 아이돌 그룹으로는 처음으로 앨범 판매량 1000만 장이라는 기록을 수립하기도 하였다. 2005년에 데뷔한 슈퍼주니어는 댄스, 팝, 발라드, 힙합 등 다양한 스타일의 음악을 선보였다. 아이돌 1세대와 3세대의 가교역할을 한 슈퍼주니어는 아시아를 넘어 전 세계적으로 큰 인기를 얻었으며 K-팝의 세계화에 많은 기여를 하였다.

2010년대: 글로벌 K-팝의 열풍을 일으킴

싸이, 방탄소년단, 블랙핑크

2010년대는 K-팝의 전 세계적인 열풍을 일으킨 시대이다. 그 중심에는 K-팝 스타들이 있다. 2012년에 세계적인 선풍을 일으킨 싸이의 '강남스타일'은 빌보드 차트에서 4주 연속 2위, 영국의 UK 차트 1위라는 기적적인 성과를 내며 마침내 K-팝 신드롬을 가져왔다. 그가 '강남스타일'로 유튜브 상에서 세운 50억 뷰의 조회수는 2005

년 유튜브가 생긴 이래 K-팝으로서는 처음 있는 일이었다. 이후 한동안 잠잠했던 K-팝은 2016년 방탄소년단이 등장하면서 획기적인 전환기를 맞이한다. BTS의 앨범 'Wings'가 빌보드 앨범 차트 26위에 오른 것을 시작으로 2017년 'LOVE YOURSELF 承 "Her"' 앨범이 7위, 2018년 'LOVE YOURSELF 轉 "Tear"', 'LOVE YOURSELF 結 "Answer"' 2019년 'MAP OF THE SOUL'이 3연속 빌보드 앨범 차트 1위에 진입하면서 드디어 글로벌 K-팝의 전 세계적인 열풍이 불기 시작한 것이다. 현재까지 K-팝의 역사로만 보면 BTS는 한국이 낳은 전 세계적인 슈퍼스타임이 틀림없다. BTS는 팝 음악의 심장부라 할 수 있는 미국에서 인기를 얻어 아시아와 남미까지 그 영향력을 행사했다. 이들의 성공은 한국에 역수입되어 알려질 정도였다. BTS의 성공 배경에는 '아미(Army)'라는 팬덤을 빼놓을 수 없다. 아미는 BTS 데뷔 전부터 현재까지 음악 활동을 함께 하는 진정한 팬이라고 볼 수 있다. 2016년 싱글 앨범 'SQUARE ONE'으로 데뷔한 블랙핑크는 3세대 걸그룹을 대표한다. 이들은 미국과 일본에서 주로 활동하면서 많은 히트곡을 발표했다. 블랙핑크는 '휘파람', '붐바야', '불장난', '마지막처럼', '뚜두뚜두(DDU-DU-DDU-DU)', 'How You Like That', 'Pink Venom' 등과 같은 노래를 연달아 히트시키면서 세계적으로 인지도를 넓혀가고 있다. 그중에서 '뚜두뚜두' 노래는 싸이의 '강남스타일'을 제외한 유튜브 조회수 21억 뷰(2023년)를 돌파한 곡이다. 또한, 정규 1집 선공개 곡 '하우 유 라이크 댓'(How You Like That)은 세계 최대 음원 플랫폼 스포티파이에서 스트리밍 10억 건을 돌파하였으며, 안무 영상은 K-팝 최초로 유튜브에서 16억뷰를 돌파하였다.

<사진 4-1. 강남스타일>

2020년대: K-팝 아티스트 그룹

뉴진스, NCT

K-팝이라는 이름으로 거듭난 지 20여 년이 지난 현시점에서 볼때, K-팝은 2020년대 들어서면서 이른바 '아티스트'로 불리는 새로운 아이돌 그룹이 등장하였다. 예컨대 뉴진스, NCT, 아이브, 르세라핌 등이 그들이다. 현재 이들은 국내 및 해외에서 큰 인기를 끌고있다. 특히 뉴진스의 신곡인 '슈퍼 샤이'(Super Shy)는 영국 오피셜 차트 싱글 '톱 100'에서 59위를 기록하며 성장 가능성을 보여주었다. 르세라핌 또한 정규 1집 수록곡 '이브, 프시케 그리고 푸른 수염의 아내'로 '빌보드 글로벌 200' 66위, '빌보드 글로벌(미국 제외)' 36위로 자체 최고 성적을 갈아치우는 성과를 거둔 것이다. NCT는 '네오 컬쳐 테크놀로지(Neo Culture Technology)'의 약자로 대중에게는 조금은 낯선 존재이다. NCT의 핵심적 개념은 '가변성'에 기반한 '현지화(지역화)'이다(김영대, 2021), 2016년에 데뷔한 26인조 보이그룹인 NCT는

다양한 국적으로 이루어져 있다. 기존의 아이돌 그룹과 달리 NCT는 현지 멤버들을 조직하고, 현지 회사와의 합작을 통하여 개별 서브 그룹과 NCT U를 중심으로 활동하고 있다. NCT는 표면적으로는 각기 다른 세계관에 기반하여 음악 활동을 하고 있는 것이다. 그 중에서도 가장 모던한 것이 NCT 127이다. 한국, 북미, 아시아 시장을 아우르고자 만들어진 NCT 127은 강력한 퍼포먼스와 모던한 음악 스타일이 특징이다. 이런 점에서 가장 진화된 아이돌 그룹이라고 평가해도 손색이 없다.

K 한류 음악의 특징

한국에 대한 연상 이미지로 해외에서 익히 알려진 것은 K-팝이다. 그 중심에는 BTS가 있음을 앞에서 거론하였다. 2021년 이후 K-팝은 지역과 세대를 넘어 글로벌 음악이 되었다. 여기서 K-팝 음악의 특징을 살펴보면 다음과 같다.

1) K-팝 스타들의 가창력과 퍼포먼스

K-팝 스타들은 다양한 음악을 소화하여 자신들만의 음악 세계를 보여준다. 예컨대 팝, 힙합, R&B, 발라드, 일렉트로닉 등 다양한 장르를 결합하거나 리메이크하여 다채로운 음악을 팬들에게 제공한다는 특징이 있다. 특히 듣는 음악에서 보는 음악으로 트렌드가 바뀌는 시점에서 이들이 보여준 칼군무는 기존의 음악에서는 볼 수 없는 퍼포먼스였기에 세계적인 인기를 가져온 비결이 되었다. BTS가 보

여준 퍼포먼스는 수많은 팬덤을 확보한 원천이라고 할 수 있다.

<사진 4-2. K-팝 아티스트 뮤직비디오에 종종 등장하는 코인런드리 체험 존>

(출처: 한국관광공사-이범수)

2) 중독성이 있는 멜로디와 리듬

K-팝은 한번 들으면 하루 종일 머리에서 떠나지 않는 강한 멜로디와 리듬을 갖고 있다. 특히 반복되는 후렴구의 멜로디와 리듬은 듣는 사람에게 중독성을 불러일으킨다. 리듬의 반복은 해외 청취자에게 쉽게 암기하고 반복해서 듣게끔 설계된 것이다. 감각적인 힙합 비트에다가 일렉트로닉 요소를 가미한 K-팝은 춤추기에 적합하며 보는 이로 하여금 몰입하게 하는 중독성을 불러일으킨다(이승연·장민호, 2019).

3) 한국어 가사로 세계와 소통

K-팝은 한글과 영어로 된 가사를 통해 글로벌 음악시장을 겨냥

한다. K-팝은 영어가 아닌 한국어로 글로벌 커뮤니케이션에 새로운 바람을 일으키고 있는 것이다. K-팝 스타들은 한국어로 노래를 부르거나 한국어였던 가사를 영어 또는 다국어 버전으로 개사 및 발표하면서 국경을 넘어 다양한 청취자들을 만나고 소통하고 있다(이승연·장민호, 2019).

4) K-팝 스타들의 외모와 패션

K-팝 스타들은 음악뿐만 아니라 비주얼 측면에서도 뛰어난 감각을 보여준다. 글로벌 네트워크를 가진 유튜브에 등장하는 K-팝 음악 비디오, 안무, 스타일링 등은 세계의 많은 청취자에게 세련된 느낌을 선사하고 예술적인 감동을 전달한다.

5) 사회적 메시지와 의미

K-팝 가사에는 사회적인 메시지와 의미를 담고 있는 것이 많다. 힙합이 저항과 반항의 메시지를 던졌다면, K-팝은 가사를 통해 인류가 당면한 사회 문제인 기후라든가 보편적인 남녀 간의 사랑과 우정을 다룬다. 때론 자라나는 청소년에게 성장에 따른 고민과 위로를 전달하기도 하며, 역경을 극복하고 자신만의 삶을 살아가기를 응원한다. 이는 성인들을 대상으로 하는 미국의 팝과 다른 세계관으로 세계의 많은 젊은이들에게 영감과 공감을 주고 있다.

6) 아이돌 그룹과 글로벌 팬덤

K-팝 아이돌은 팬들과 긴밀한 관계를 맺으며 성장한다. 아이돌

그룹마다 팬덤을 지칭하는 명칭이 있으며, 아티스트들과 소통할 수 있는 소셜미디어, 팬 미팅, 팬클럽 등을 통해 활발한 상호작용을 한다. 이는 팬들의 단합력뿐만 아니라 팬과 아이돌 사이의 끈끈한 유대관계를 만들기도 한다. 팬들은 자신들이 좋아하는 아이돌 그룹을 지지하며 활발한 온라인 커뮤니티를 형성하고, 아이돌 그룹의 활동 사진과 소식을 SNS에 적극적으로 공유하고 소통한다. K-팝은 글로벌 팬덤과 함께하면서 성장하고 있는 것이다(손승혜, 2011).

K K-팝의 해외 현황

이제 구체적으로 현재 K-팝의 해외 현황에 대해 알아보자. 여기에서는 대륙을 나누고 국가별로 K-팝의 한류 현황을 파악하고자 한다.

아시아

중국, 일본, 동남아시아

전 세계에서 인기 최정상을 구가하는 BTS를 논외로 하고 중국, 일본, 동남아시아에서 인기 있는 K-팝 그룹을 소개하면 다음과 같다. 중국에서 인기 있는 대표적인 K-팝 그룹은 엑소(EXO)이다. 엑소라는 이름은 태양계 외행성을 뜻하는 'exoplanet'에서 가져왔으며, 뜻은 '미지의 세계에서 온 새로운 스타'이다. 엑소 노래로 대중에게 잘 알려진 키워드는 '으르렁', '동화', '겨울 앨범' 정도이다. 엑소의 멤버 백현의 'Delight' 앨범은 중국 최대 음악 사이트 QQ뮤직에서 공개 3

시간 38분 만에 앨범 판매액 200만 위안을 돌파해 '더블 플래티넘'에 오른 데 이어, 앨범 판매액 300만 위안을 돌파하며 '트리플 플래티넘' 기록을 세우기도 했다(박종철 외, 2015). 일본에서 인기 있는 대표적인 K-팝 그룹은 트와이스이다. 트와이스는 데뷔하면서 동시에 일본에서 인기 열풍을 일으켰다. 일본의 LINE리서치에 따르면 30대 일본 여성이 좋아하는 여성 아이돌 그룹으로 한국의 걸그룹 트와이스가 3위로 뽑혔다. 일본에서 트와이스가 발매한 음반 아홉 장 모두 25만 장 이상의 출하량을 기록한 음반에 수여되는 플래티넘 인증을 받았으며, 한국 걸그룹 최초로 7만 석 규모의 일본 닛산 스타디움에 진출하였다. 최근 일본에서는 한국에서 데뷔하기를 바라는 일본 아이들이 증가하고 있다. 동남아시아에서 인기 있는 아이돌 그룹은 블랙핑크이다. 블랙핑크는 다채로운 음악 스타일과 카리스마 넘치는 무대 매너로 인기를 얻고 있다. 특히 태국 출신의 리사는 동남아시아 지역에서 성공의 아이콘으로 알려졌다. K-팝 스타들은 앞으로 콘서트와 팬 사인회를 통해 팬들과의 소통을 강화하면서 자신들만의 음악 세계를 넓혀갈 것이다.

북미

세계 최대의 콘텐츠 왕국인 미국에서 K-팝에 대한 관심은 해가 갈수록 높아지고 있다. 그 시작을 알린 것이 2012년에 나온 싸이의 '강남스타일'이었다. 그러다가 2015년 1월 28일에 실린 '2015년 주목해야 할 K-Pop 아티스트 Top 5'라는 기사에 'iKON', '마마무', '지소울', '주영', '여자 친구' 등이 소개되기도 하였다(차종환, 2016). 서구의 중심이라고 할 미국의 주류 문화에 큰 충격을 안겨준 것은 BTS였다. BTS가 보여준 'LOVE YOURSELF 轉 'Tear''라는 앨범은 응원과 위로의 메시지를 담고 있으며, 한국 중심의 지역적 득수싱이 아닌 종교, 인종, 성 정체성의 편향성을 뛰어넘는 보편적 메시지를 표현하고 있다. BTS의 인기 요인은 수려한 외모, 화려한 칼군무, 힙합 중심의 가창력 등을 통해 미국인에게 서구와는 다른 낯선 이미지를 보여준 것이고, 이것이 미국 시장을 점령하게 만든 이유였다. K-팝은 이제 불모지나 다름없는 미국 시장에서 당당히 명함을 내밀었을 뿐만 아니라 히트 상품이 된 것이다. 방탄소년단의 멤버 정국은 'Seven'이라는 곡으로 스포티파이 역사상 아시아 그룹 및 솔로 가수 최초로 15억 스트리밍을 기록하였다.

2019년 미국 코첼라 페스티벌에 모습을 드러낸 블랙핑크는 그들의 존재감을 미국인에게 각인시킨 특별한 사건이었다. 이 행사를 통해 블랙핑크는 세계 시장에서 K-팝의 위상과 가능성을 극적으로 보여준 것이다. 블랙핑크는 시작부터 화려하고 자신감이 넘쳤다. 그들이 보여준 이미지, 외모, 랩 퍼포먼스는 미국이 선호하는 여성 아티스트의 모습에 부응하였다. 또한 블랙핑크는 북미에서는 전 세계 걸그룹 최초로 미국 라스베이거스 얼리전트 스타디움, 샌프란시스코 오라클 파크, LA다저스 스타디움에 입성하였다. 블랙핑크에 뒤를 이어 등장한 뉴진스는 미국 시장에서 K-팝이 여전히 건재함을 보여준다. 미국에서 데뷔 6개월 만에 빌보드 '핫 100'에 진입하고 1년도 되지 않아 '빌보드 200'에 1위로 선정된 것이다. 미국은 여전히 K-팝 아이돌 그룹이 자신의 음악과 예술적 가치를 인정받을 수 있는 나라이다. 북미의 중심인 미국은 한국의 대중음악인 K-팝이 세계적인 시장에서 그 가치를 인정받고, 글로벌 시장으로 나아가는 교두보가 돼 가고 있다.

유럽

유럽 한류의 근원지는 프랑스라고 할 수 있다. 프랑스는 기본적으로 아랍, 아시아, 아프리카 등 다양한 문화에 대해 개방적이다. 따라서 아시아 문화에 대해서도 오랫동안 교류가 활발했다. 특히 일본과 중국과의 교류가 활발했다. 이에 비해 상대적으로 한국 문화에 대한 인지도나 관심은 낮았다. 한국은 일본, 중국 등과 구별되는 특성을 알릴 기회가 많지 않았기 때문이다. 그러나 프랑스에 한국 영화, 드라마, 음악에 관심을 두는 사람들이 많아지면서 이야기는 달라졌다. 유럽에서 대표적으로 인기를 끄는 K-팝 그룹으로는 스트레이키즈가 있다. 스트레이키즈는 이탈리아 밀라노 'I-Days', 영국 런던 'BST Hyde Park', 미국 롤라팔루자 시카고 등 미주, 유럽 지역 중심의 음악 축제 대표 무대 주자로 거듭 낙점되며 트리플 헤드라이닝을 달성하였다.

> 힙합을 좋아해서 주로 미국의 힙합 음악을 듣고 있었는데, 정말 우연히 유튜브에서 한국 그룹 에픽하이와 빅뱅의 뮤직비디오를 보게 되었고, 그때부터 관심 있게 보니 매우 흥미로운 한국 그룹들의 음악이 유튜브상에 상당히 많이 제공되고 있다는 것을 알게 되었다(손승혜, 2011).

인용문에서 알 수 있듯이 프랑스인들은 한류 음악을 통해 한국

문화를 접하였고, 그들 중 일부가 드라마와 K-팝 등을 더 잘 이해하기 위해 한국어를 배우거나 한국 문화에 대한 정보를 얻기 위해 파리 한국문화원을 활용하기 시삭하였다. 그리고 이들이 중심이 되어 만든 소모임이 코리안 커넥션이다. 코리안 커넥션은 단순한 K-팝 팬클럽이 아니라, 영화, 드라마, 전통문화, 음식, 음악에 이르기까지 한국 문화 전반에 대한 이해를 증진시키기 위해 프랑스 현지인들이 자발적으로 만든 공동체라고 할 수 있다. 2011년 11월에 프랑스 파리에서 최초로 열린 K-팝 콘서트는 유럽에서 K-팝 열풍을 일으키기에 충분했다. 이 콘서트에 동방신기, 슈퍼쥬니어, 소녀시대, 에프엑스 등이 출연하였고 이들의 공연을 보기 위해 유럽의 여러 나라에서 팬들이 몰려들었다. 현재 프랑스를 중심으로 한 K-팝은 디지털 미디어 기술을 기반으로 진행되고 있으며, 초국가적 팬덤이 적극적으로 개입하면서 나날이 발전하고 있다. (손승혜, 2011).

중남미

중남미 지역에서의 한류는 K-팝의 인기와 한국 문화에 대한 관심으로 모아진다. 아르헨티나의 K-팝 콘서트장에서 실시한 설문조사에 따르면, K-팝 가수의 가창력과 스타일은 중남미 소비자들의 한국산 의류제품과 화장품의 품질 인식, 추천 의도와 긍정적 상관관계가 있음이 확인되었다(김용주 2015). 특히 중남미 한류 팬클럽의 활동은 K-팝 확산의 중요 요인이었다. 중남미의 한류 팬클럽들은 음악의 1차적 소비에만 머무르지 않고, 자선행사나 안무경연대회를 개최하는 등 능동적이고 적극적인 문화소비자의 역할을 수행하였다. 예컨대 남미의 다른 국가들과는 달리 브라질은 드라마보다는 K-팝에 열광하고 있다. 이는 대부분의 남미 국가와는 달리 브라질이 포르투 갈어를 사용하는 국가이기 때문이며, 드라마를 포르투갈어로 더빙 하는 데 많은 비용이 소요되기 때문이기도 하다. 그러나, K-팝의 경우, 브라질 청소년 10명 중 4명이 한국 음악을 즐기는 K-팝 팬일 정도로 인기가 매우 높다. 또한 K-팝을 중심으로 한 커뮤니티의 활동도 활발하다. 브라질에서 인기 있는 K-팝은 유튜브 등을 통해 자생적으로 빚어진 문화이기 때문에 브라질에 한국 이미지를 한 단계 높일 수 있다. 브라질에서의 한류는 K-팝에 국한되어 있다는 한계에도 불구하고 최근 우리 기업의 활발한 진출과 더불어 현지 사회에 많은 변화를 가져오고 있다(배일현, 2017). 중남미에서 인기를 끄는 K-팝 그룹으로는 K-팝 혼성그룹 카드가 있다. 카드는 멕시코의 과나후아토(Guanajuato)에서 열린 세르반티노 축제에 초청받아 1시간가량의 단독 공연을 펼쳤다. 세르반티노 축제는 세계문화유산에 등재된 중남미 최대 규모의 문화예술축제이다.

아프리카

다른 대륙에 비해 아프리카는 상대적으로 한류가 약하다. 그러나 2004년 드라마 방영을 계기로 한국에 대한 관심이 높아졌다. 이집트에서는 젊은 층을 중심으로 한국 아이돌 그룹의 팬클럽이 형성되었고, 이들이 만든 온라인 모임은 한국 문화의 위력을 실감케 한다. 예컨대 이집트의 아인샴스대학교 한국어학과 학생들은 한국어를 배우고 K-팝을 따라 부른다. 또한 남아공에서 K-팝 커버댄스로 스타

반열에 오른 '라우렌 마이클(Lauren Meikle)'은 K-팝 스토리를 요리와 함께 즐길 수 있는 K-팝 카페를 운영하였다. 2012년에는 아프리카 서쪽 끝에 있는 세네갈에서도 싸이의 강남스타일을 들을 수 있었다. 코로나로 인해 해외여행이 제한된 시기에 아프리카의 마다가스카르에서는 온라인 K-팝 대회가 열렸다. 비대면 대회임에도 700여 팀이 참여할 정도로 열기가 뜨거웠다. 이처럼 한국과 정반대인 지리적으로 가장 멀리 떨어져 있는 아프리카에도 한국의 대중음악인 K-팝 한류 바람이 불고 있는 것이다.

K K-팝이 가져오는 긍정적인 영향

K-팝이 인기를 끌면서 한국에 가져오는 긍정적인 영향으로는 어떤 것이 있을까? 박종철은 아래와 같이 K-팝을 평가하였다.

> 한류에 대한 관심이 전 세계적으로 확산되는 가운데 'K-POP'의 장르가 생겨남으로써 국내 여러 기업들에게 영향을 미칠 수 있는 'K-POP'의 구매 영향력을 고찰하였다. 결과적으로 본 연구 결과를 통해 'K-POP' 선호도가 높아진다고 일반제품 구매 의도가 높아지는 것이 아니라, 'K-POP' 선호도가 높아지게 되면 이로 인하여 한국 문화 이벤트 참여 의도가 높아지고, 그 결과 일반제품 구매 의도가 높아진다는 새로운 사실을 확인할 수 있었다. 또한, 한류 콘텐츠 이용 행태별 차이에 따른 경로별 차이 분석 결과에 따르면, 인터넷을 사용하는 중국 소비자들의 경우에는 'K-POP' 선호도가 일반제품 구매 의도에도 긍정적 영향을 미치는 것으로 나타났다(박종철, 2015).

위 논문 결과에 따르면 K-팝의 선호도가 높아지면서 한국에 대한 관심이 높아지고, 중국 소비자들이 체험 및 이벤트 활동에 참여하게 되는 계기가 마련된 것으로 보인다. 중국인들은 한류와 관련된 다양한 이벤트를 통해 한국의 다른 제품을 접하게 되고, 이에 대한 구매 의도를 높이는 결과를 보임으로써 경제적인 측면에서 한류 문화는 긍정적인 영향을 가져온다고 볼 수 있다.

<사진 4-3. 하이커그라운드>
(출처: 한국관광공사-이범수)

K 한국 음악의 세계화 전략

한국의 전통음악 '국악'

국악의 사전적인 의미는 우리나라의 고유한 전통음악을 일컫는 말이다. 국악을 크게 분류하면 궁중에서 사용된 궁중악, 민간에서

행해진 민속악으로 나누어진다. 궁중악은 보통 가야금, 해금 등의 기악을 주로 사용하며 민속악은 사물놀이와 같은 타악기와 판소리, 민요 등의 노래가 포함된다. 우리의 전통음악은 한국 사람에게도 비주류 문화로 알려질 만큼 대중성이 약하다. 그렇다면 우리나라의 전통음악인 국악이 왜 발전하지 못했을까? 권영찬 교수는 그 이유를 다음과 같이 설명한다.

> 우리는 일제 강점기의 문화 말살정책과 급격한 서구화로 인해 국악에 대한 인식이 낮았으며 쉽게 접할 수도 없었다. 또한 전통은 과거의 모습을 그대로 보존하고 계승하는 것이라 여기고 전통을 활발하게 활용하기보다는 특수문화라는 인식과 함께 대중과의 거리감이 더욱 멀어졌다. 하지만 문화가 경쟁력이 된 시대에 전통문화 콘텐츠가 중요한 자원으로 부각되면서 정책적으로 국악의 대중화 방안을 모색하며 활성화시키는 데 많은 노력을 기울였다(권영찬, 2021).

우리나라의 전통음악이 발전하지 못한 가장 큰 이유는 일제 강점기 시절 국악의 맥을 끊으려는 일제의 민족문화 말살정책과 관련이 깊다. 그러나 해방된 지 80년이 다 되어가는 이 시기에 국악이 발전하지 못한 근본 원인을 외부의 탓으로만 전적으로 돌릴 수는 없다. 따라서 국악을 더 이상 특수분야로 인식할 것이 아니라 모든 국민이 선호하는 음악으로 되살릴 필요가 있다. 예컨대 국악을 접할 기회를 학교 정규수업에 반영하는 것이다. 또한 국악방송을 통해 특정 세대층이나 매니아만 접하는 음악이라는 편견을 버리고 모든 국민이 즐길 수 있는 현대화된 국악을 더 많이 방송하면 좋을 것이다. 최근 K-팝이 아이돌 중심의 음악이라는 편견을 깨고 다양한 장르로 확산돼야 한다는 이야기가 거세지고 있다. 이러한 K-팝 변화에 호응하여 국악을 현대적으로 해석한 잠비나이, 씽씽밴드, 이날치 등이 새롭게 등장하고 있다.

K-팝의 새로운 영토, 국악

오늘날 국악은 TV에서는 자주 볼 수 없으나 유튜브나 SNS를 통해 조회수가 높은 국악 방송을 볼 수 있다. 그 중심에는 국악을 세계에 알리려는 일명 국악 밴드들이 있다. 이 글에서는 잠비나이, 씽씽밴드, 이날치를 소개하고자 한다. 현재 이들은 국악 밴드 붐을 일으키고 있다.

(1) 잠비나이

잠비나이(Jambinai)는 2010년에 데뷔한 국악 기반 5인조 밴드이다. 이들은 전통과 탈 전통, 정형과 비정형, 동양과 서양 같은 대비들이 만들어 내는 기묘한 경험을 청자들에게 들려주는 국악 퓨전밴드이다. 대학에서 국악을 전공한 이일우는 전자기타, 피리, 태평소, 생황을 연주할 수 있는 뮤지션이다. 김보미는 해금 연주가 뛰어나다. 심은용은 거문고를 통해 한국의 전통음악을 소개하고 있다. 잠비나이는 현재 드럼을 치는 최재혁과 베이스를 연주하는 유병구가 유입되어 왕성하게 활동하고 있다. 잠비나이는 자신들이 직접 작곡한 곡을 국악기를 활용해 연주하고 있으며, 새로운 장르의 음악을 보여준다. 잠비나이는 2010년에 EP 앨범 '잠비나이'로 데뷔했고, 유튜브에 올린 영상이 해외에 알려지면서 유명해졌다. 브라질의 국제현대축제(Cena Contemporanea)와 같은 모던아트페스티벌에서 독특한 음악 세계를 보여준 잠비나이는 현재 다양한 록 페스티벌에 꾸준히 참여하면서 한류 음악을 알리고 있다.

(2) 씽씽밴드

씽씽밴드(SingSing Band)는 이희문이 주축이 되어 추다혜, 신승태, 장영규(베이스), 이태원(기타), 이철희(드럼) 등과 함께 결성한 6인조 민요 록 밴드이다. 국악계의 이단아 소리를 듣는 이희문은 중요무형문화재 제57호인 경기민요를 이수했으며 독특한 패션과 무대 퍼포먼스 등으로 '파격의 아이콘'이 되었다. 민요의 틀 안에서 새로운 해석을 하였으며, 새로운 음악을 위해 여러 가지 시도를 했다. 대표적인 예로 남자 멤버들이 여장을 하고 '베틀가', '옹헤야' 등 한국 전통 민요를 현대적 감각으로 편곡해 불렀다. 2023년에 발표한 '스팽글(SPANGLE)'은 한국전통민요를 베이스로 팝, 댄스, 락, 블루스, 발라드, 지루박 등 다양한 장르가 담긴 앨범이다. 타이틀곡 '어허구자'를 포함해 총 8곡이 수록되었다. 리더 이희문에게 '스팽글'은 무대 의상에 반짝임을 뜻하는 동시에 갇혀있던 틀을 깨고 벗어나는 해방과 자유를 상징한다. 전통과 현대의 경계를 허물기 위해 끊임없이 새로운 음악을 시도하는 씽씽밴드의 음악은 우리 민요의 본래 기능과 형태를 복원한 것으로 K-팝이 지향해야 할 새로운 가능성을 보여준다. 씽씽밴드는 한국 민요을 재해석하고 자신만의 독창성으로 한국 예술의 새로움을 보여준 점에서 독보적이라고 하겠다.

(3) 이날치

이날치는 '범 내려온다'로 세상에 이름을 알린 전통적인 소리꾼들이다. 이들은 판소리에 현대적인 팝 스타일을 적절하게 조화시킨 대한민국을 대표하는 팝 밴드이기도 하다. 밴드명인 이날치는 조선 후기 8명창 중 한 명인 이날치(李捺治, 1820 ～ 1892)에서 따왔다고 한다. 수궁가 중의 하나인 '범 내려온다'는 전통악기 대신 드럼과 베이스기타 음이 반복되고 펑키한 리듬에 개성 넘치는 보컬이 어우러져 전통 판소리와는 다른 흥을 선사한다. 특히 후렴구의 가사는 중독성이 짙다. 안무팀 '앰비규어스댄스컴퍼니'의 코믹한 춤이 곁들여진 '범 내려온다' 영상은 2023년 유튜브 누적 조회수 5억 회를 넘어섰다. 이 영상으로 이날치는 국내는 물론 세계 음악 팬들에게 자신들의 음악을 알리는 계기가 됐다. 이날치는 우리 전통음악이 지닌 매력만으로 폭발적인 반응을 이끌어내며 판소리 신드롬을 일으킨 것이다. 랩과 타령의 경계가 무너진 독창적인 음악 세계는 '조선 힙합'이란 또 하나의 장르를 만들어 냈다(이유정, 2020).

K 한류 음악의 미래

K-팝의 전 세계적인 열풍을 두고 몇몇 사람들은 한류는 잠시 스쳐 가는 유행과도 같다고 이야기하였다. 그러나 30년 가까이 한류는 지속되었고 2000년대 이후 K-팝은 이제 한국을 넘어서 전 세계에서 가장 뜨거운 음악 장르가 되었다. K-팝은 이제 전통음악과 현대음악을 융합한 퓨전 음악으로 자신의 가능성을 시험하고 있다. 한국 대중음악을 의미하는 Korean Pop song의 줄임말인 K-팝은 아이돌 중심의 서양음악이라는 한계를 벗어나야 한다. 국악이 한류의 미

래일지는 아무도 모른다. 그러나 과거 한국의 대중음악이었던 판소리 안에는 힙합적 요소가 내재되어 있다. 여기에 현대음악인 발라드, R&B, 힙합, 트로트, 인디 등이 융합된다면 아이돌 중심의 댄스 음악이 극대화될 것이다. 현재 아이돌 댄스 음악 외에도 다른 장르의 좋은 음악을 만드는 뮤지션들도 많다(김은경, 2015). '온고지신'은 옛것을 익히고 새것을 안다는 뜻이다. 국악을 익히고 국악에 K-팝을 접목시킨다면 한국의 대중음악은 폭과 깊이를 가진 퓨전 음악으로 거듭날 것이며, 기존의 음악과 다른 새로운 한류 음악 콘텐츠가 될 수 있을 것이다.

1. 한류 음악의 전성기가 계속해서 이어지고 발전되려면 어떠한 방안이 필요한지 토의해 보자.

2. 현재 K팝은 세대가 교체되어도 꾸준히 인기를 받으며 성장하고 있다. K팝이 한국 및 해외에서도 큰 인기를 얻을 수 있었던 이유는 무엇인지 토의해 보자.

3. 아이돌 그룹이 보여준 퍼포먼스에서 춤과 노래 중 어떤 것이 더 높게 평가되는지 토론해 보자.

4. 아티스트라는 칭호로 부를 수 있는 아이돌 그룹의 특징은 무엇인지 토의해 보자.

5. BTS가 전 세계에 끼친 영향력은 무엇인지 토의해 보자.

6. 어디까지 K-팝이라 부를 수 있는 것일까? (K팝의 기준은 무엇일까?)

7. K-팝 역수출로 얻는 장단점은 무엇인가?

8. 한국스러움을 K-팝에 더 담을 수 있는 방법에는 어떤 것이 있을까?

5장

한류 음식

한류 음식의 개념

한류 음식의 역사

한식의 특징

배달 문화

한식과 관련된 방송 콘텐츠

한식, 세계 속의 K-푸드

외국인에게 사랑받는 한식

한류 음식 대한 외국인들의 시선

한식의 세계화 전략

한식 세계화에 따른 문제점

토의 및 토론

5장

한류 음식

K 한류 음식의 개념

"김치를 아십니까?" 과거 우리는 외국인에게 한국을 소개할 때 한국 음식으로 대표 되는 김치를 예시로 들곤 했다. 이는 음식이 그 나라의 고유한 정체성을 잘 드러내는 요소이기 때문이다. 음식이란 사람이 먹고 마시는 밥이나 국 따위의 물건 또는 사람이 먹고 마시는 것을 통상적으로 일컫는 말이다. 이를 통해 알 수 있듯이 한류 음식을 뜻하는 한식은 주로 한국의 고유문화를 바탕으로 주변의 식 재료를 가지고 조리되어 온 전통음식을 의미한다. 한식은 주식인 밥과 부식인 찬물을 같이 먹는 형태로 발달하여 오늘에 이르고 있다. 현재는 과거의 전통음식부터 지방의 특색 요리, 현대의 다채로운 음식에 이르기까지 광범위한 종류의 한식이 존재한다. 음식은 민족 고유의 전통과 얼을 담고 있는 하나의 문화유산이다. 그중에서도 한국의 음식문화는 약 오천 년의 긴 세월을 거치면서 서구의 영향을 많이 받았음에도 불구하고 고유한 전통음식을 계승하고 있다. 이제 한식은 세계인의 음식으로 자리 잡아가고 있는 것이다. 이 글에서는 한식의 개념을 좀 더 이해하고, 새롭고 다채롭게 범위를 확장하고 있는 한류 음식에 대해 자세히 살펴볼 것이다.

> 한식이란 "우리나라에서 사용되어 온 식재료 또는 그와 유사한 식재료를 사용하여 우리나라 고유의 조리방법 또는 그와 유사한 조리방법을 이용하여 만들어진 음식과 그 음식과 관련된 유형·무형의 자원·활동 및 음식문화(한식 진흥법 제2조)"를 의미한다. 음식 문화의 측면에서 그 범주를 살펴보면 농축수산물과 같은 음식재료, 음청류, 각종 가공식품은 물론이고 조리, 식사 행동, 기호와 영양까지 포함한다. 또한 그릇, 공간, 스토리, 음악, 소품, 디자인, 예절까지 포함하는 포괄적인 의미로 쓰이기도 한다. 한식은 영어로 'Korean Food', 혹은 'Korean Cuisine'이라고 표기한다. 또한 최근 한식이 세계적으로 주목받음에 따라 한글 발음대로 표기하여 'Hansik'이라고도 한다(한식진흥원, 2020).

한류 음식은 이제 전 세계적으로 뻗어나가고 있는 한류 콘텐츠 중에서 주목받고 있는 한 분야가 되고 있다. 최근 한류 음악, 한류 드라마, 한류 영화 등의 한류 콘텐츠들이 세계적으로 큰 인기를 얻으면서 한국은 이제 문화 강대국으로 떠올랐다. 세계 시민으로부터 인정을 받은 아이돌 그룹인 BTS와 영화 〈기생충〉뿐만 아니라 한식도 끊임없이 부상하고 있는 것이다. 현재 국내에서는 과거의 전통음식뿐만 아니라 한식과 양식의 경계를 허무는 퓨전 음식 및 간편식, 웰빙

식 등이 새로운 식문화로 자리 잡고 있다. 외국에서는 한식에 대한 관심이 높아지고 있을 뿐만 아니라 한식 체험을 목적으로 한국을 찾는 외국인도 많아졌다.

한국 국제 문화 교류 진흥원(KOFICE)의 2024 해외 한류 실태조사에 따르면, 한식은 한국 하면 가장 먼저 떠오르는 이미지에 있어 11가지 장르(2014~2021년 10개 장르, 2022년 이후 11개 장르) 중에서 6년 연속으로 2위를 차지했다. 또한, 한류 경험자들에게 자국의 한국 문화 콘텐츠 인기도를 물었을 때, '대중적 인기' 응답률이 52.3%로, 전체 장르 중 10년 연속으로 1위를 기록했다. 이에 더해 경험률 75.2%로 1위를 기록했으며, 한식 경험자 중 72.9%가 '마음에 든다'고 답변했다(한국국제문화교류진흥원, 2024). 이렇듯 한류의 주요 장르이자, 계속해서 새롭고 다채롭게 범위를 확장하고 있는 한류 음식에 대해 좀 더 자세히 살펴보자.

K 한류 음식의 역사

식생활은 인간이 삶을 영위하는 데 있어 가장 기본이 되는 3가지 요소인 의식주에 포함된다. 의식주란 옷, 음식, 집을 통틀어 이르는 말이다. 이렇듯 인간 생활의 삼대 요소 중 하나인 한국인의 식생활은 어떤 변천과정을 거쳐 현재에 이르게 되었을까?

한국인 식생활의 기원은 우리 민족이 한반도에 정착한 구석기시대부터 시작되었다. 그러나 밥, 죽, 면 등을 주식으로 하고 부식으로 여러 식품들을 곁들여 먹는 주·부식의 식사 형태는 농경문화가 시작된 신석기 후기부터 생겨났다. 우리 조상들은 농경 생활에 따른 정착 생활을 함에 따라 가축을 길러 음식 재료로 쓰기 시작했고, 다양한 채소를 재배하여 섭취하였다. 통일신라시대에는 기본 식품인 곡류, 육류, 어패류, 채소류, 과실류, 장류, 술, 소금, 기름 등을 구비하였고, 고려시대에 이르러 주·부식의 식사 형태가 온전히 정립되었다. 조선시대에는 한국인의 식생활 전통이 정비되고 발전함에 따라 아름다운 한식 문화의 시초가 마련되었다. 그 이후 서구 문화가 유입된 개항기와 빈곤한 식생활을 했던 일제강점기, 근대화 과정, 6·25 전쟁을 거쳐 현재와 같은 한류 음식 및 식생활 문화 형태를 지니게 되었다(정혜경, 2009).

한식은 1990년대 이후 세계적으로 퍼져나가기 시작한다. 1990년대 초반, 한국의 외식 기업들이 본격적인 해외 시장 진출을 시작한 것이다. 이를 시작점으로 1990년대 중반에는 해외 시장을 개척하는 국내 프랜차이즈 업체들이 증가했다. 뿐만 아니라 세계무역기구(WTO) 체제가 출범하고, 인터넷 기술이 발달함에 따라 장거리 사업이 가능하게 되어 글로벌 시장이 형성되었다. 이에 한식의 세계화도 비약적인 발전을 할 수 있는 환경이 조성되었다. 2000년대에는 월드컵으로 인해 대한민국의 인지도가 높아지면서 한식의 세계화가 활발하게 이루어지기 시작한다.

한국의 음식은 다양한 한류 콘텐츠들과 결합하며 끊임없이 부상하고 있다. 현재 K-푸드라고 불리는 한식은 모든 이들이 즐길 수 있는 음식이 되어가고 있다. 국내에서는 과거의 전통음식뿐만 아니라 현대인의 입맛을 고려하여 한식과 양식의 경계를 허문 퓨전 음식 및 바쁜 현대 사회를 고려한 간편식 등이 새로운 음식문화로 자리 잡고 있다. 또한 한국의 외식 기업들은 다양한 한국 음식을 적극적으로 개발하여 외국에 수출하고 있다. 외국에서는 한식에 대한 관심 및 수요가 높아짐에 따라 한식을 즐겨 찾는 이들이 많아지고 있다. 최근에는 한식 관련 한국어 표제어 단어가 옥스퍼드 영어사전(OED)에 등재되는 등 그 위상이 나날이 높아지고 있다. 이렇듯 한식은 한국을 넘어서 세계적인 음식으로 그 범위를 확장하며 세계인들의 입맛을 사로잡고 있다.

K 한식의 특징

음식은 문화의 큰 부분을 차지하는 요소로, 동일한 음식을 먹거나 금기하는 사람들은 서로 강력한 연대의식을 갖는다. 이에 각 나라마다 음식이 다르고, 고유의 특성을 갖고 있다. 대한민국의 음식 문화도 오늘에 이르기까지 지속적으로 변화하고 있다. 그러면서도 전통적인 한식 고유의 특징 또한 보존하고 있다. 그렇다면 한식의 특징은 무엇인가?

곡물 음식 및 식물성 식재료 등을 사용한 자연 친화적 식품

<사진 5-1. 전주비빔밥>

한국인에게 곡물 음식인 밥은 식문화의 중심이 되어 농경사회가 본격적으로 시작된 이후부터 오늘에 이르기까지 계속 이어져 오고 있다. 우리나라는 다른 나라와 달리 주식과 부식을 뚜렷하게 구분하고 있다. 주식은 곡류를 이용한 쌀밥, 잡곡밥, 죽, 면 등이고, 부식은 국, 찌개, 김치, 장류 등으로 나눌 수 있다. 또한 한식의 재료에는 채소, 버섯, 종실류, 해조류 등과 같은 식물성 재료를 사용한다는 특징이 있다. 특히 산나물, 들나물, 재배 채소에서 알 수 있듯이 채소 종류가 매우 다양하며 거의 대부분의 음식 조리에 채소를 사용한다.

기후 및 지역에 따른 음식 발달

우리나라는 뚜렷한 사계절의 구분과 기후의 지역적 차이가 존재해 각 지방마다 다양한 식품 자원이 생산된다. 따라서 이러한 지역적 특성을 살린 음식들이 고루 잘 발달되어 있다. 각종 지역적 특산물과 지역이나 집단에 따라 대표되는 각기 다른 향토 음식 등이 이에 해당한다. 산이 많은 강원도는 메밀, 감자, 고구마 등을 심어 먹는 음식문화가 발전했다면, 바다를 끼고 있는 지역에서는 생선, 조개, 젓갈 등이 풍부한 음식이 발달하였다.

한식의 철학

우리 조상들은 음양오행설을 바탕으로 음식을 만들었다. 음양오행은 상호적인 음과 양의 힘이 서로 작용하여 온 만물과 오행(물, 불, 나무, 쇠, 흙)을 발생시키고, 오행의 힘이 순환하며 변화와 생성, 소멸을 이룬다고 보는 것이다. 음식을 대할 때 맛에서는 오미(신맛, 쓴맛, 단맛, 매운맛, 짠맛)의 조화를, 색에 있어서는 오방색(적, 청, 황, 백, 흑)의 조화를 중시했다. 한식의 또 다른 주요 철학은 중국의 영향을 받은 '약식동원(藥食同源)' 사상이다. 이는 "약과 음식은 근본에 있어서는 동일하다."라는 의미로, 밥보다 좋은 약은 없다는 우리 조상들의 식생활에 대한 믿음이다.

발효음식

<사진 5-2. 뒤웅박 장독대>

한국 음식에는 긴 역사를 간직한 김치, 장류, 젓갈류와 같은 발효 음식이 많다. 발효음식은 독특한 맛과 기능이 있어 부식, 혹은 양념 으로 이용되고 있다. 한국을 대표하는 발효음식으로는 김치, 장, 젓 갈과 식해, 막걸리 등이 있다.

탕반 문화 발달

한식은 국물로 된 음식이 많은 편이다. 탕반 문화가 발달한 한국 인의 밥상에는 밥과 국이 일상으로 올라오며 찌개, 전골 등이 나오 는 경우도 있다. 이처럼 한식은 탕반 문화가 다른 국가에 비해 발전 하였기에 탕을 먹기 위한 도구인 숟가락의 사용이 보편화되었다.

복합적인 맛

한식은 음식 재료 자체의 맛을 내기 위해 조미료와 향신료를 사용한다. 이 과정에서 재료와 조미료가 조화를 이루어 복합적인 맛을 낸다. 간장, 파, 마늘, 깨소금, 참기름, 고춧가루, 후춧가루 등을 일컫는 '갖은양념'을 사용하여 한 가지 음식에 적어도 여러 종류의 조미료를 사용함으로써 복합적인 맛을 내는 게 한식의 또 다른 특징이다.

상차림 문화

한식은 서양식의 코스요리와 달리 본래 한 사람 앞에 한 개의 상을 놓는 독상 및 한상차림이 기본적인 상차림이었다. 그러나 현재는 한식이 많이 변화함에 따라 서양식처럼 한식을 코스로 접대하는 상차림도 많이 일반화되었다.

K 배달 문화

한식은 다양한 분야에서 진화하고 그 범위를 넓혀가고 있다. 인터넷과 무선통신 기술의 발전에 따른 배달 모바일 앱 서비스의 등장으로 이제 집에서도 다양한 음식 섭취 및 빠른 서비스를 제공받을 수 있게 되었다. 한국의 배달 앱으로는 '배달의 민족', '요기요', '쿠팡이츠', '위메프오' 등이 있다. 배달 앱은 소비자의 배달 주문을 도와주는 스마트 기기 애플리케이션으로, 배달 음식점의 광고 및 전단지를 보여주는 것에서 배달 주문을 대행하는 것까지 다양한 기능을 제공한다. 배달 대행만을 제공하는 업체로는 '부릉', '생각대로' 등이 있다. 일상생활에서 사람들의 음식에 대한 욕구를 만족시키는 배달 음식 앱 사업이 빠르게 성장함에 따라 각 업체 간의 경쟁도 매우 치열

해졌다. 한 예로 '배달의 민족'에서는 '한 번에 한 집 배달'이라는 슬로건을 내세운 '배민1'을 출시하였다. 줄여서 배민이라고 하는 이와 같은 업체는 신속함을 좋아하는 한국인들의 심리를 잘 파악하여 다른 업체들과 차별성을 두었다.

K 한식과 관련된 방송 콘텐츠

콘텐츠 강국으로 발돋움한 한국은 한류 음식을 다루는 TV 프로그램도 다양하다. 한식과 관련된 방송 콘텐츠로는 한식을 세계적인 음식으로 이끈 드라마로 〈대장금〉을 들 수 있고, 뒤를 이어 〈수요미식회〉, 〈골목식당〉, 〈편스토랑〉, 〈한식대첩〉 등이 있다. 이 외에도 한국은 유명한 한류 드라마를 통한 PPL로 한국 기업의 음식을 홍보하고 있다. 그뿐만 아니라 먹방 콘텐츠 역시 인기를 끌고 있다. 먹방은 '먹는 방송'을 줄인 말로, 출연자들이 직접 나와서 음식을 먹는 장면을 보여주는 방송 프로그램이다. 드라마나 영화에서는 배우가 음식을 먹는 장면을 자주 볼 수 있다. 이 외에도 한류 음식박람회 또는 페스티벌 등이 개최되어 한식을 홍보하고 있다.

K 한식, 세계 속의 K-푸드

세계에서 한국 음식의 위상을 보여주는 지표는 많다. 예컨대 고유명사화된 'mukbang'을 들 수 있다. 유튜브에 MUKBANG을 검색하면 국내외의 먹방 영상을 쉽게 찾을 수 있다. 해외에서도 음식을 먹는 방송을 먹방(MUKBANG)이라 일컫는다. 또한 〈기생충〉 속 짜파구리로 인해 농심은 2020년도 해외 매출 1.1소로 역대 최대를 기록했다. 이외에도 한국식품커뮤니케이션포럼(KOFRUM)에 따르면 러시아의 국영 통신사 〈타스〉와 대표 일간지 〈프라우다〉를 비롯해 우크라이나·벨라루스 등의 언론사 100곳 이상이 "김치가 한국인의 코로나19 발생률과 사망률을 낮추는 비결"이라는 프랑스 학자의 연구 결과를 소개했다(https://news.v.daum.net/v/20210408170533260#none).

최근에 한식은 BTS의 뮤직비디오, 영화 〈기생충〉, 드라마 〈별에서 온 그대〉 등에 나타났는데 이러한 영상을 접한 세계 시민들은 열광했다. 설탕과 베이킹소다를 섞어 불에 가열한 후 모양을 찍어 만드는 달고나는 80-90년대 한국인들이 즐겨 먹던 한국의 전통 간식이지만, 넷플릭스 웹 드라마 〈오징어 게임〉이 선풍적인 인기를 끌면서 전 세계인이 관심을 갖게 되었다. 드라마뿐만 아니라 영화속에 등장한 한국 음식은 이제 한국을 넘어 세계인들에게 한식을 알리는 계기로 작용해 왔다. 예컨대 박찬욱 감독의 영화 〈올드보이〉에 등장하는 산낙지를 먹는 장면에 매력을 느낀 관객들은 한국을 방문하여 수산시장을 찾기도 하였다. 이제 한식은 한국 음식을 넘어 세계인이 먹고 싶은 주류 문화가 되어가고 있다.

한식은 세계적인 음식문화를 이끄는 메가 트렌드로 자리 잡아가고 있다. 한식의 인지도가 높아지며 세계 각국의 현지인들은 한식을 즐기는 단계로 나아가고 있다. 예전에는 외국인들이 즐겨먹는 한식으로 불고기, 비빔밥, 김치 등이 우선순위에 올랐지만, 최근에는 국가별로 선호하는 한식이 조금씩 변화하고 있다. 한식진흥원이 한국 문화콘텐츠 이용 경험이 있는 해외 주요 16개국의 20~59세 남녀 현지인 총 9000명을 대상으로 실시한 『2023해외한식소비자조사』에 따르면, 한식 인지도는 60.0%, 만족도는 92.5%, 향후 한식 취식 의향은 73.3%로 나타났다. 또한 한식당 방문 경험은 64.6%, 가장 선호하는 한식 메뉴는 한국식 치킨(16.5%), 라면(11.1%), 김치(9.8%), 그리고 비빔밥, 불고기, 김치볶음밥, 삼겹살 구이 순으로 나타났다. 한국 음식의 기능적 이미지 측면에서는 '풍미가 있는'(28.6%), '가격이 합리적인'(28.4%), '채소 위주의'(27.2%) 등의 이미지로, 감성적 이미지 측면에서는 '대중적인'(27.7%), '최근에 유행하는'(27.1%), '나에게 잘 어울리는'(26.6%) 등의 이미지로 인식되고 있는 것으로 나타났다.

다음으로는 한국 국제 문화 교류 진흥원에서 조사한 〈2024해외한류실태조사〉에 따른 내용이다. 한국 음식의 호감 요인은 '맛이 있어서'(55.4%)라는 응답률이 가장 높으며, 모든 국가에서 가장 높게 나타났다. 국가별로 응답률이 두 번째로 높은 호감 요인은 '영화, 드라마 등에서 본 한식 문화를 경험할 수 있어서'(25.3%)로 나타났다. 대륙별로 살펴보면 아시아/태평양(28.8%), 중동(25.4%)에서만 두 번째를 차지했고, 미주에서는 '가격이 적당해서'(26.6%), 유럽과 아프리카에서는 '건강에 좋은 식재료나 조리법'(26.5% 동일)이 두 번째로 높은 호감 요인을 차지했다.

반면 한국 음식 호감 저해 요인으로는 '가격이 비싸서'(25.7%), '재료/조리법을 알 수 없어서'(19.0%), '식사 도구의 사용이 어려워서'(18.7%)가 주요 이유로 나타났다. 자세한 내용은 아래 그림을 참고하면 된다.

호감요인 ●1순위 ●1_2순위(중복응답)   ●1순위 ●1_2순위(중복응답) 호감저해 요인

호감요인	1순위	1_2순위		1순위	1_2순위	호감저해 요인
맛이 있어서	55.4	34.7		17.0	25.7	가격이 비싸서
영화,드라마 등에서 본 한식 문화를 경험할 수 있어서	25.3	13.2		11.2	19.0	자료/조리법을 알 수 없어서
가격이 적당해서	24.1	12.3		10.0	18.7	식사 도구의 사용이 어려워서
건강에 좋은 식재료나 조리법	23.9	9.6		8.7	15.4	좋아하는 맛과 향이 아니어서
식당 위행 및 청결 상태가 좋아서	13.6	7.3		8.5	14.5	제공하는 음식이 다양하지 않아서
직원들이 친절해서	12.0	6.0		5.3	11.6	반찬이 많아 식사하기 번거로워서
상차림/식당 분위기가 좋아서	11.9	5.7		4.2	7.1	한국과 자국의 역사/외교적 관계

<2024해외한류실태조사> 한국 음식 호감과 호감 저해요인

K 외국인에게 사랑받는 한식

외국인들은 한류 음식을 어떻게 생각하고 있을까? 외국인들은 대체적으로 '매운, 색다르고 이색적인, 풍미 있는, 대중적인, 반찬 가짓수가 다양한' 등의 이미지로 한식을 인식하고 있다고 한다. 이러한 평가를 받는 한류 음식은 한국인들의 입맛에 맞을 뿐만 아니라 외국인의 입맛도 사로잡았다. 물론 개인마다 입맛이 다르기 때문에 선호하는 한식에는 차이가 있지만 일반적으로 외국인들에게 특별히 인기를 끌고 있는 음식들이 있다. 이는 한국식 치킨, 김치, 비빔밥, 불고기, 삼겹살구이, 떡볶이 등이다. 우리나라뿐만 아니라 세계적으로도 사랑받는 음식에 대해 더 구체적으로 알아보자.

한국식 치킨

<사진 5-3. 수원왕갈비통닭>
(출처: 한국관광공사)

한국식 치킨은 닭에 밀가루 따위를 입히고 튀기거나 구워서 한국
식으로 조리한 요리이다. 그 종류는 프라이드치킨, 양념 치킨, 간장
치킨, 구운치킨, 마늘치킨, 각종 시즈닝 치킨 등 매우 다양하다. 이
처럼 다양성을 지니는 이유는 한국식 치킨은 지속적인 개발 및 모든
이의 입맛을 사로잡기 위해 다양한 한국의 장류 및 양념을 사용하
기 때문이다. 또한 소스나 조리 방식에 따라 한국식 치킨은 다양한
이름으로 바뀌기도 한다. 한국식 치킨은 외국인이 선호하는 한식 1
순위이다. 이는 '2023 해외 한식 소비자 조사'에 의한 순위로, 한식의
대명사였던 김치, 비빔밥, 불고기를 제친 순위이다. 이처럼 외국인들
에게 한국식 치킨이 사랑받는 이유는 닭튀김이 세계 공용 음식이기
때문이다. 닭이라는 재료와 튀김이라는 요리법 모두 세계 어느 나라
에서나 흔히 볼 수 있다. 이에 한국식 치킨은 외국인이 큰 거부감 없

이 도전할 수 있는 음식이기에 비교적 접근이 쉽다고 볼 수 있다.

한류 드라마도 치킨 인기에 큰 기여를 했다. 특히 영화나 드라마 등에서 치맥('치킨'과 '맥주'를 아울러 이르는 말)을 먹는 장면이 자주 등장하면서 치킨에 대한 인기가 급격하게 높아졌다. 예컨대 지난 2014년, 한류 드라마 〈별에서 온 그대〉의 인기로 중국인들 사이에서 치맥 열풍이 분 것이 대표적인 예이다. 한국식 치킨이 해외에서 큰 인기를 끌고 있다는 것을 보여주는 증표는 이것 말고도 또 있다. 예를 들면 KFC를 보면 알 수 있다. KFC(Kentucky Fried Chicken)는 미국의 대중적인 치킨 체인점이다. 해당 치킨은 한국식 치킨의 인기로 인해 전 세계인들 사이에서 'Korean Fried Chicken'으로 불리고 있다. 사실 김치나 불고기 등 한글 발음 표기 방식에 따른 이름을 기억하는 외국인들은 많지 않다. 그러나 한국식 치킨은 미국의 대중적 치킨 체인점인 'Kentucky Fried Chicken'에서 '켄터키' 대신 '코리안'을 넣으면 되니 기억하기가 쉽다. 실제로 KFC는 괌 등에서 실제로 원래 뜻인 '켄터키 프라이드 치킨'이 아닌 '코리안 프라이드 치킨'이라는 문구를 내걸고 광고하기도 했다. KFC가 브랜드 이름에 맞추면서까지 한국식 치킨이라는 이름의 제품을 내걸고 홍보했다는 것은 새롭게 성장하는 한국식 치킨의 대세에 따라 편승한 마케팅이라 할 수 있다. 농림축산식품부에 따르면 2019년 해외에 진출한 치킨 프랜차이즈 기업은 모두 36곳으로 매장 1166개를 냈다고 한다. 전년(34개 기업 991개 매장)보다 기업 및 매장 수가 늘어나는 추세이다.

김치

<사진 5-4. 광주세계김치축제 내 김치명품마켓>
(출처: 한국관광공사)

한국인이 즐겨 먹는 김치는 소금에 절인 배추에 무, 고춧가루, 파, 마늘 등의 양념을 넣어 만든 발효 음식이다. 한국인의 대표 음식인 김치에 대한 인식과 위상이 세계적으로 높아진 것은 비교적 최근의 일이다. 불과 얼마 전까지만 해도 김치는 특유의 냄새와 매운 맛으로 인해 외국인들에게 부정적으로 각인된 음식이었다. 그러나 한국의 국가적 위상의 높아지면서 김치의 독특한 맛과 기능이 세계적으로 주목을 받기 시작하면서 그 가치를 인정받고 있다. 해외에서 김치(Kimchi)는 1976년에 옥스퍼드 영어사전에 한국어 발음 표기대로 등재될 정도로 세계적으로 우리나라의 역사와 전통, 그리고 고유성을 잘 보여준다. 그뿐만 아니라 김치를 담그는 행위인 '김장 문화(Kimjang: Making and Sharing Kimchi)'가 2013년에 유네스코 인류 무형 문화유산으로 등재되었다. 김장은 김치를 담그는 일련의 모든 과정과 행위를 의미하며 한국 공동체 문화의 산물이기도 하다. 이를 통해 김치의 위상과 인식에 대해 세계적으로 급격한 변화가 생겼다. 국내에서는 2017년 '김치 담그기'가 국가무형문화재로 지정되었고, 2010년 법정기념일로써 매년 11월 22일을 '김치의 날'로 제정했다. '김치의 날'은 김치 산업의 진흥과 김치 문화를 계승 및 발전하고, 국민에게 김치의 영양학적 가치와 우수함을 알리기 위해 제정된 법정기념일이다. 11월 22일이 김치의 날로 선정된 것은 김치 소재 하나하나(11월)가 모여 22가지(22일)의 효능을 나타낸다는 의미를 담고 있기 때문이다.

김치는 세계로부터 인정받은 건강 음식이기도 하다. 코로나바이러스감염증-19(COVID-19)는 세계인의 건강을 위협하는 전염성이 높은 신종 바이러스로서 전 세계를 공포에 빠트렸다. 하지만 한국은 낮은 감염률과 사망률로 인해 K-방역의 우수성이 전 세계로부터 극찬을 받은 바 있다. 독일 베를린 샤리테대학교의 알레르기학과 장 부스케(Jean Bousquet) 교수 연구팀은 세계김치연구소와의 공동 연구를 통해 김치의 재료에 함유된 영양 성분들이 인체 내부의 항산화 시스템을 조절하여 코로나-19 증상을 차단하고 완화시킬 수 있다는 연구 결과를 발표하였다. 김치가 세계인의 면역을 증진시키는 건강 음식이라는 사실은 하버드대 보건대학원(T.H. Chan School of Public Health) 영양학과의 'COVID-19 예방 식생활 지침(2020.5.14.)'에서도 찾아볼 수 있다. 이는 면역력 증진을 위해 섬유소가 풍부한 식품을 섭취하라는 지침으로, 발효식품인 '요구르트'와 '김치'를 언급하고 있기 때문이다. 이제 김치는 요구르트처럼 세계인의 발효음식으로 자리 잡았다(이덕환, 2021).

김

한국에서 생산되는 김은 크게 5가지 종류가 있는데, 재래김, 돌김, 파래김, 김밥김, 화입김이 있으며, 주로 남서해안 전남, 신안지역이 주 원산지이다. 김의 역사는 신라시대 때부터 시작되는데, 『삼국유사』에는 신라시대 때부터 김을 먹었다는 기록으로 보아 가장 최초의 기록이라 할 것이다. 김의 양식은 1650년 전남 광양의 김여익(金汝翼)이 최초라고 하는 설이 있으며, 일설에는 그 이전에 경남 하동지방에서 한 노파가 떠내려오는 김을 보고 섶 양식을 시작했다는 이야기가 전해져 온다. 조선시대에는 충청도 태안군, 경상도 울산, 통래현, 영덕현, 전라도 일부 지역에서 김을 진상품으로 올렸다는 기록이 남아있으며, 이러한 정황 등으로 보아 조선시대부터 김을 양식했다고 볼 수 있다.

한국에서 김은 검은 반도체, 바다의 반도체라고 불릴 정도로 수출 효자 식품이다. 2023년 김 수출은 3만 5천여 톤, 7억 9천만 불(약 1조 894억)을 기록했으며, 금액으로는 미국(1억 6천 불), 일본(1억 4천 불), 중국, 태국, 러시아 순으로 수출액 TOP5를 기록했다. 김은 한국에서 생산되는 수산 식품 중 수출량이 가장 많으며, 전 세계 김 시장에서 70% 이상의 점유율을 자랑하고 있다. 이는 경쟁 상대가 중국과 일본뿐이며, 김 가공 기술이 중국과 일본에 비해 뛰어나다는 점이 크게 영향을 끼친 것으로 보인다. 최근에는 해수면 기온 상승으로 인해 일본에서의 김 생산량이 급격히 줄어들어 한국 김 수출이 크게 늘어나고 있다.

해외에서 김은 한국에서 주로 소비되는 밥에 싸 먹기보다는 간식 용으로 많이 소비된다. 김 부각·김 스낵·김 칩 등 다양한 형태의 신상품과, 겨자 맛, 김치 맛, 씨 솔트맛, 데리야키 맛 등의 다양한 맛으로 외국인들의 입맛을 사로잡았다. 또한 김의 제품적 특성이 세계적 식문화 트렌드에 부합한다는 점 또한 수요 증가에 영향을 미쳤다. 김은 건강·다이어트 식품이며, 비건 식품이기도 하고, 할랄 음식이기도 하다.

그러나 김은 어촌 고령화와 인구 감소로 인한 노동력 문제로 인해 앞으로는 김 원료 생산, 더 나아가 제품 생산과 수출에 타격이 발생할 수 있다는 우려가 심각하게 제기되고 있다. 이 외에도 지구온난화로 인한 수온 상승으로 양식 김의 생산 가능 기간이 축소되고, 채묘 시기가 지연되는 등 생산성에 영향을 미치고, 서식지 변화 또한 일어날 것이라는 문제도 있다. 이제는 이와 같은 김의 생산성에 영향을 주는 문제점들에 대한 종합적인 논의가 필요한 시점이다.

K 한류 음식 대한 외국인들의 시선

모든 나라에는 각기 다른 식문화가 존재한다. 한식 문화 역시 우리나라 고유의 식생활 문화로써 다른 나라의 식문화와 차별성을 지닌다. 이러한 한식 문화와 관련하여 외국인의 관점에서 보았을 때 신기해하는 것은 무엇일까?

팁 문화가 없는 대한민국

팁(Tip)이란 자신이 받은 서비스에 대한 대가이다. 팁의 유래는 18세기 영국의 어느 펍(Pub)에서 시작되었다. 펍에 붙어있던 '신속하고 훌륭한 서비스를 위해 지불을 충분하게'라는 문구가 'To Insure Promptness'(신속함을 보장받기 위하여)로 간소화되었고 앞 글자를 따서 팁(Tip)이 되었다. 팁 문화는 국가별, 지역별, 장소별로 차이가 있으나 보통 레스토랑이나 카페의 경우에는 음식이나 음료 값의 10~15%를 팁으로 지불한다. 반면, 우리나라는 팁 문화가 없다고 볼 수 있다. 발레 파킹이라 하여 주차를 대행해 주면 약 1~2천원의 팁을 주는 경우가 있긴 하지만 이 역시 의무가 아닌 선택 사항이다. 그래서인지 일부 외국인들은 한국에 팁 문화가 없다는 것을 신기해하며 편리함에 긍정적인 반응을 보인다. 팁은 지불 정도를 고려함에 있어서 불편하기 때문이다.

덤 문화 또는 리필 문화

한국을 방문한 외국인들은 평범한 식당에 방문해도 계속해서 차려지고 리필이 되는 밑반찬에 당황하거나 놀라워한다. 단 한 가지 메뉴를 시켰을 뿐인데도 김치, 나물 등 다양한 밑반찬이 제공되기 때문이다. 게다가 이러한 밑반찬은 원하는 만큼 리필 서비스를 받을 수 있다는 사실에 더욱 감탄한다. 또한 시장에 가면 구매한 물건 이외에도 한 두 개의 물건을 챙겨주는 덤 문화도 이와 같은 맥락으로 신기해한다. 이는 한국의 정 문화에서 비롯된 것이라고 볼 수 있다. 한편, 일본의 경우 리필 문화는 없고 물도 공짜가 아닌 경우도 있다고 한다.

K 한식의 세계화 전략

스마트폰과 같은 모바일은 빠른 속도로 전 세계의 소식을 접할 수 있게 하였다. 이로 인해 글로벌 문화 시대가 도래했다. 우리나라는 한국 음식을 세계화하기 위해 여러 전략을 세우고 있다. 한국 음식의 세계화 전략을 짜기에 앞서 우리는 몇 가지 고려할 사항이 있다. 먼저 한국 음식을 통한 경제적 이익을 추구할 것인지 아니면 세계와 문화로 소통할 것인지에 대해 진지한 성찰이 필요하다. 한식은 오천 년의 역사를 지닌 우리 민족의 자랑스러운 문화유산이다. 한식의 세계화를 논의하기에 앞서 이러한 사실에 대한 인식이 있어야 할 것이다.

한식의 세계화는 각기 다른 세계의 문화와 한식의 접점에서 이루어질 수 있는 문화적 소통의 장임을 인식하고 고려해야 한다. 세계화된 음식들의 공통적인 특징을 한국 음식과 접목시켜 개발하려는 노력도 필요하다. 한국 음식이 현지화된 과거 성공 사례들에 대한 검토가 필요하며, 그 과정에서 어떤 방향성을 갖고 어떻게 타 문화와 한식이 결합하였는지에 대한 철저한 조사 및 연구를 필수적으로 수반해야 할 것이다. 이것은 한식 세계화를 위해 우리가 나아가야 할 방향이자, 세계인이 즐기는 한식으로 자리 잡게 하는 주요 요인이 될 것이다.

이제 한식은 세계인이 즐기는 음식이 되어가고 있다. 이는 2008년 이후 전폭적 지원을 받으며 추진됐던 한식 세계화 정책과 문화 강국으로서의 한국 위상과 직결되는 문제이다. 과거 시식, 체험 등 홍보 위주의 한식 세계화 정책이 최근에는 전문인력 양성과 해외 우수 한식당 지원 등 한식의 경쟁력을 높이는 것에 초점을 맞추어 한식의 확산, 세계화에 속도를 내고 있다(노승길, 2019).

해외에서 한식의 위상을 높이기 위해서는 한식에 대한 친숙함을 높이는 정책이 우선적으로 필요하다. 현지 음식 재료를 활용한 다양한 한식 메뉴 개발, K-팝 등 한국 인기 문화와 연계한 한식 체험 프로그램도 긍정적인 효과가 있을 것으로 기대된다. 또한 기존에 실시하던 한식당 경쟁력 강화 사업은 전문가 집단의 지속적인 지원이 필요하다. 예컨대 현지인들의 기대를 충족시키기 위한 지속적 메뉴 개발이 필요할 것이다. 또한 현대 식문화 트렌드를 분석하고 계발하는 것도 중요하다. 몇 년 전부터 슬로푸드(Slow Food), 로컬 푸드(Local Food)와 같은 건강한 식품 섭취 운동이 전 세계적으로 확산되고 있다. 해당 운동들의 지향점은 지속 가능성과 환경 보존, 건강 등이다. 한식은 이러한 시대적 요구에 적합한 음식이라 할 것이다. 김치와 같은 발효음식을 세계적으로 홍보하는 전략을 세운다면 효과적일 것이다. 코로나로 인한 팬데믹 시대 및 1인 가구의 증가 등에 따라 쉽고 간편하게 요리하여 먹을 수 있는 밀키트의 수요 역시 늘어나고 있다. 이를 잘 활용한다면 한국 음식의 세계화가 이뤄질 것이다.

K 한식 세계화에 따른 문제점

첫째, 한식 세계화와 병행하여 우리가 지양해야 할 태도도 있다. 한국의 음식이나 문화 전반의 것들을 설명할 때 '우리 것은 무조건 좋은 것'이라는 태도이다. 즉, 한식의 객관화를 통해 한식의 세계화를 도모해야 자민족 우월주의에 빠지지 않을 것이다. 이를 위해서는 한식을 다른 나라의 음식들과 비교해 보는 것도 효과적인 방법일 것이다. 또한 한식의 세계화를 위한 다양한 전문가들의 의견을 경청할 필요가 있다. 예컨대 한식 산업의 지속적 성장을 위해 개최된 〈2019 한식산업 정책 포럼〉에서 경희대학교 이규민 교수는 한식이 고전적이고 전통적인 이미지에 갇혀있어 현재 한식당에 적용할 수 있는 푸드테크 카테고리화가 필요하다고 하였다. 푸드테크란 음식(food) + 기술(technology)의 합성어로 음식이나 식품 산업에 정보통신기술(ICT)를 접목하여 새로운 산업을 산출하거나 기존 사업에 부가가치를 더하는 것이다.

둘째, 김치 종주국 논란이다. 한식의 세계화는 순조롭기만 한 일이 아니다. 김치가 세계적으로 높은 가치를 지닌 음식이 됨에 따라 김치 종주국에 대한 논쟁이 일고 있다. 김치 종주국 논쟁의 해당 국가는 일본과 중국이다. 일본에서는 1990년대 중반부터 일본의 절임 채소인 아사즈케(あさづけ)의 일종으로 생산된 일본식 김치가 '기무치(Kimuchi)'라는 이름으로 수출함에 따라 우리나라 김치의 고유성을 훼손했다. 최근 중국에서도 김치의 근원이 한국이 아닌 중국의 채소 절임 음식인 '파오차이(泡菜)'라고 주장함에 따라 김치 종주국에

대한 논쟁이 일고 있다. 우리나라 전통 의복인 한복뿐만 아니라 전통음식인 김치까지 자국의 문화유산이라고 주장하는 중국의 문화계 동북공정이 거세지는 가운데 경계심을 갖고 지켜봐야 할 것이다. 이미 유네스코가 2013년에 김장 문화를 세계 인류 무형문화유산으로 등재했음에도 불구하고 김치가 중국의 음식 문화라고 주장하는 것을 보면서 아직 김치의 세계화는 우물 안에 머물러 있는 것은 아닌지 되돌아보아야 한다.

이러한 문제들을 해결하기 위해서는 우리의 문화 주권을 지키는 방법을 검토할 필요가 있다. 과거 우리는 국내에서의 신문광고나 책 등 고전적인 수단을 통해 문화를 퍼뜨리려고 했다. 그러나 시대는 변화하고 있다. 이에 따라 우리는 유튜브나 넷플릭스와 같은 글로벌 플랫폼을 통해 관련 콘텐츠 제작 등 온라인 매체를 적극 활용하여 홍보해야 할 것이다. 즉, 한국 고유의 문화는 지키되 시대의 변화를 수용하는 것이다. 이에 대한 예시로는 '김치'를 들 수 있다. 한국 사람들에게 김치란 음식 그 이상의 가치를 지니고 있다. 온 국민이 김장 문화를 통해 김치의 가치를 세대에 걸쳐 발전시키고 계승하고 있다. 그러나 김치는 반찬 또는 사이드 음식이라는 인식이 강한 음식이다. 김치 그 자체가 음식 메뉴가 될 필요가 있다. 우리나라를 대표하는 음식에 김치를 잘 녹여낸 메뉴를 개발해야 한다. 그뿐만 아니라 시대의 흐름에 맞춰 밀키트 등 혼자서도 만들기 쉽고, 예쁘게 사진을 찍어 SNS에 업로드할 수 있는 다양한 김치 퓨전 음식 메뉴를 개발하면 더 좋을 것이다. 이를 통해 SNS 안에서 젊은 층들이 잘 모르는 한식 문화를 알리고, 이들을 통해 한류 음식이 세계로 퍼져나가게 해야 한다.

1. 한국 음식이 세계 각국의 음식문화에 어떻게 영향을 미치고 있는지 토의해 보자.

2. 한국의 대표적인 음식인 김치가 최근 외국인들이 선호하는 음식이 되고 있다. 김치의 매력이 무엇인지 토의해 보자.

3. 한류 음식이 현지화되면서 생겨나는 문제점에는 어떤 것이 있는지 토의해 보자.

4. 한류 음식인 한국식 치킨이 한식 최고의 음식이 된 이유에 대해 토의해 보자.

5. 한식이 문화산업으로 세계적인 인기를 얻기 위해서는 어떤 홍보 전략이 필요한지 토의해 보자.

6. 김치의 가장 큰 매력은 무엇인가?

7. 외국인들에게 알리고 싶은 한식은 무엇인가?

8. 외국에 한식을 알리기 위해선 어떤 홍보 전략이 필요한가?

9. 앞으로 한식, 한식당들은 어떤 이미지를 추구해나가야 하는가?

10. 한국 음식의 호감 저해 요인을 해결하는 방안으로는 무엇이 있을까?

6장

한류 관광

한류 관광의 개념

한류 관광의 필요성

한류 관광의 역사

한류 관광의 주요 도시

한류 관광의 매력

한류 관광의 성공 비결

한류 관광의 문제점

새로운 관광 상품 개발의 필요성

토의 및 토론

6장

한류 관광

K 한류 관광의 개념

한류 관광은 한국의 문화를 직접 체험하는 방한 관광을 의미한다. 대한민국을 관광하기 위해 방문하는 외국인들은 해마다 늘어나고 있다. 2021년 기준 대한민국은 국가별 관광경쟁력에서 16위를 차지하고 있는 상위권의 국가이다. 코로나19의 유행으로 인한 전 세계적인 관광산업 침체기인 2020~2022년을 제외한 2010~2019년에는 약 1억 3000만 명이 대한민국을 방문했으며 이 중에서 1억 명 정도가 관광 목적을 가지고 입국했다. 2012년 최초로 방한객이 천만 명을 돌파했으며 고점은 코로나19 창궐 직전인 2019년으로, 17,502,756명이 한국을 방문했다. 그중에서 대다수인 14,432,275명이 관광객이었다. 대한민국은 코로나19 대응을 위한 엄격한 방역 및 격리 조치로 인해 전 세계에서 안전한 여행지로 점차 인식되고 있다. 이러한 이미지는 대한민국을 방문하려는 외국인들에게 큰 장점이 될 것이다. 이로 볼 때 한류 관광은 앞으로 등락은 있으나 꾸준하게 발전할 것으로 기대된다.

대한민국을 찾은 한류 관광객은 K-콘텐츠에 상당한 관심을 가지고 있다. K-팝을 비롯하여 드라마, 음식, 뷰티, 패션 등에 이르기까지 관광상품에 대한 수요는 높아지고 있다. K-팝을 체험하기 위해 한국을 방문한 외국인은 K-팝 콘서트 관람, 한류 스타 팬미팅, 굿즈 구매에 이르는 다양한 경험을 선호한다. 10~20대 외국인은 K-댄스에 관심이 많아 기획사에서 제공하는 댄스 프로그램에 참여하기도 한다. 이제 한류 관광은 단순 관람이 아닌 팬덤 형태의 체류형 관광으로 바뀌고 있다. 외국인 관광객 중에는 K-드라마의 매력에 빠져 드라마 촬영지를 방문하고 싶어하는 사람도 있다. 또한 한국의 음식을 맛보기 위해 한국을 방문하는 일반 관광객 중에는 드라마나 영화에 나온 음식을 맛보고 싶어하는 사람들이 늘어나고 있다. 이른바 음식 및 미식 탐방은 한국 방문 고려 요인 중 가장 높은 비중을 차지한다. 광의의 관광 개념으로 보자면 이 또한 한류의 영향에 따른 것으로 볼 수 있다. 그러나 전반적으로 한류를 목적으로 한국을 방문하는 숫자는 많지는 않으나 점차 증가하는 추세이다. 한국관광공사 2019년 자료에 따르면 한류 관광객과 일반 관광객의 비중은 7.4%, 92.6%로 일반 관광객이 압도적으로 많음을 알 수 있다(한류백서. 2021).

K 한류 관광의 필요성

2024년은 코로나 이후 본격적으로 한국을 마케팅하여 외국인들이 한국에 오게 하는 '한국방문의 해'이다. 문화체육관광부에서는 'K-컬처 관광이벤트 100선'과 연계된 지역관광을 홍보하고 상품 개발을 추진중에 있다. 예컨대 한국을 방문한 외국인 관광객을 위해 한국의 문화, 예술, 게임, 스포츠, 음식 등 다양한 K-컬처를 전국 각 지역에서 체험할 수 있는 상품을 개발하고 있는 것이다. 또한 외국인 관광객을 유치하기 위해 대형 한류 페스티벌을 기획하고 적극적으로 홍보하고 있다. 예를 들면 전 세계에 있는 관광공사와 해외 지사를 활용해 '2024 키아프 서울, 프리즈 서울', '2024 웰컴 대학로' 등을 통해 공연, 예술, 축제와 연계된 방한 상품도 적극 홍보하고 있다. 지역적으로 보면 대만, 중국 등 중화권에서의 참여도가 높다.

문화체육관광부에서는 2024년에 서울보다는 지역 경제를 살리기 위한 '지역관광 활성화 특별프로모션'을 실시할 계획이다. 이를 위해 방한 관광 전문기업과 협업해 지역에서 즐길 수 있는 문화, 음식, 자연환경, 지역적 특성을 살린 체험 등 외국인이 즐겨 찾는 관광상품을 운영할 계획이다. 앞으로 지역과 연계한 한류 관광은 장기관광, 투숙관광, 단체관광의 형태를 띤 고부가가치 산업이기에 지역 경제에도 큰 도움이 될 것이다. 2024년 한국방문의 해 주요 10대 사업 내용은 아래와 같다.

2024 한국방문의 해
주요 10대 사업

VISIT KOREA YEAR 2023·2024

1 K-컬처 관광이벤트 100선

지역별로 문화예술, 콘텐츠, 스포츠, 음식 등
특화 이벤트 100선을 선정하여
관광상품화 및 집중 홍보
(연중, 전국)

2 K-POP 플레이그라운드

지역별 관광지에서 랜덤플레이 댄스 이벤트와
K-컬처 상품 등을 즐길 수 있는 팝업 운영
(4월, 서울 / 5~10월, 전주·경주 등)

3 코리아뷰티페스티벌

K-뷰티, 패션, 헤어, 의료·웰니스와 관련된
제품과 서비스를 할인된 가격으로
구매하고 체험하는 대규모 프로모션
(6월, 서울)

4 대형 한류 페스티벌

대규모 한류 콘서트 개최 및
공연장 주변 K-컬처 체험존 조성으로
다채로운 이벤트 마련
(10월, 서울)

5 코리아 버킷리스트

방한 항공권을 구매한 외래관광객 1만명 대상
광광 버킷리스트* 실현 기회를 제공(9~11월)
*한국 스타일링&메이크업 체험권, 치맥체험 이용권 등

6 지역관광 활성화 특별 프로모션

각 지역에서 테마별(문화, 음식, 자연환경,
익스트림 체험 등)로 즐기는 한국방문의 해
특별 지역 관광상품 개발 및 판매

7 인바이트유

한국과 특별한 인연을 지닌
외국인 30여명을 한국에 초청하여
개별 맞춤형 방한관광 프로그램 지원 및
하나의 콘텐츠로 홍보 (5월)

8 코리아그랜드세일

방한 관광 비수기에 더 많은 외국인 관광객이
한국을 찾도록 항공·숙박·쇼핑·식음·체험·편의서비스
관련 혜택을 제공하는 쇼핑문화관광축제
(1~2월)

Korea Grand Sale

9 환영주간

주요 입국 관문인 국제공항(인천·김포·제주·김해)에
환영부스* 운영 (4, 9월)
*다국어 관광안내, 관광지·교통·맛집·쇼핑 정보 등 제공

10 K-관광협력단 프로모션

약 113개 기업이 참여하는 K-관광협력단을
활용하여 참여기업 간 테마별·업종별
협업을 통해 다양한 관광상품·서비스를
발굴하고 공세적 마케팅

www.visitkoreayear.kr

코로나 팬데믹 이후 관광산업을 활성화시키기 위해서는 기존의 관광 정책에서 벗어나 K-문화를 활용한 한류 관광이 적극 홍보되어 많은 외국인이 한국을 찾을 수 있게 해야 한다. 수도권에 집중된 기

존의 관광 패턴에서 벗어나 지방 관광이 살아난다면 앞으로 더 많은 외국인이 한국을 재방문할 것으로 기대된다.

K 한류 관광의 역사

2000년대 이전의 역사

대한민국 관광의 역사는 대략 1960년대 말부터 시작되었다. 당시 박정희 대통령은 〈관광산업진흥법〉(現관광진흥법)을 통해 관광산업에 시동을 걸었다. 1970년대에 들어서면서 중문관광단지 조성을 통해 본격적인 관광 인프라 개선이 시작되었다. 대한민국은 관광산업을 일으키면서 최빈국에서 벗어나 선진 개발도상국으로 비약할 수 있는 계기를 마련한 것이다. 1980년대 관광산업은 해운대 등 부산의 해양관광자원을 개발하였고, 경주의 불국사를 통해 한국의 대표 관광지들을 방문하는 국내 관광이 활성화되었다. 1980년대 접어들면서 일부 상류층을 대상으로 해외여행도 조금씩 증가하였다. 1990년대는 해외여행 자유화가 단행되었다. 정부의 관광 정책도 물리적인 인프라를 확충하기보다는 관광객의 지역적 특성에 맞게 시설을 정비하고, 국내 관광을 적극 홍보하는 수준으로 변화되었다.

2000년대 이후의 역사

국내 관광 인프라는 강원, 부산, 제주 등 유명한 관광지들을 제외하곤 여전히 부족한 실정이다. 관광객들은 여전히 관광지에서 바가지 요금과 서비스 부족과 같은 문제점을 지적하고 있다. 이러한 상황에서 국민들은 점차 해외 유명 관광지들을 선호하기 시작하였다. 2010년대 들어서면서 본격적인 한류 열풍과 더불어 국내 관광객도 폭발적으로 증가하였다. 한류열풍이 전 세계에 불기 시작하면서 한국을 찾은 방문객은 기하급수적으로 늘어났다. 특히 중국인 관광객의 폭발적 증가에 힘입어 관광객 수는 매년 10% 수준으로 늘어났다. 하지만 해외여행을 떠난 국민들이 늘어나면서 전체적인 관광수지는 적자 수준이다. 특히 2017년에 전격적으로 단행된 중국의 사드 보복(한한령) 때문에 중국인 관광객은 급감한 반면 내국인의 해외여행은 관광수지 통계 작성 이래 최대치의 적자를 기록하였다. 최근의 관광산업은 국내 관광을 위해 입국하는 외국인 관광객도 많고, 해외로 나가는 국민도 많아지면서 적정한 수준에서 관광산업이 유지되고 있다. 2023년 이후에는 코로나19 이후 침체된 관광산업이 활기를 띠고 있다. 그러나 여전히 한국을 방문하는 외국인 관광객에 비해 해외로 나가는 한국인 관광객의 숫자가 많아지고 있는 것은 사실이다.

K 한류 관광의 주요 도시

외국인들이 선호하는 주요 관광도시들은 주로 수도권을 중심으로 형성된 것이 사실이다. 서울, 부산, 제주도와 같은 도시들은 관광인프라가 잘 되어있어 접근성과 편리성이 좋다. 그러나 한류가 전 세계인들에게 잘 알려진 것을 감안할 때 한류 관광의 이미지를 드러낼 수 있는 관광 콘텐츠 개발이 필요하다. 예컨대 K-팝과 K-드라마를 본 외국인 관광객들에게 한국은 매력적인 국가가 아닐 수 없는 것이다. 따라서 한국의 문화를 기초로 한 한류 관광의 주요 도시들이 갖는 특성을 파악할 필요가 있다.

서울

서울은 대한민국의 수도이다. 예로부터 백제, 조선의 수도이기도 했던 서울은 시대에 따라 위례성, 한산, 한성, 한양, 양주, 남경, 경성 등 여러 명칭으로 불려왔다. 1945년 8월 15일 해방과 동시에 일제 식민지 수도였던 경성은 대한민국의 수도 서울로 명칭이 바뀌었다. 서울은 어디를 가나 아름다운 도시의 위용을 자랑한다. 세속을 잊은 산속 별천지와 같았던 부암동에는 신선이 노니는 별서 석파정과 대한민국 최고의 화가를 만나볼 수 있는 환기미술관이 있다. 정동에는 빼앗긴 나라를 되찾기 위해 애쓰다 돌아가신 경교장과 연인들이 거닐었던 경운궁이 있다. 북촌에는 한복을 입은 외국인들이 즐겨 찾는 북촌한인마을과 개화기 지식인들의 치열한 삶을 엿볼 수 있다. 서촌에는 근대문화예술을 꽃피운 윤동주문학관과 화랑들을 체험할 수 있다. 동촌에는 문화지킴이 전형필이 세운 간송미술관과 편안한 낙타 등허리와 같은 낙산공원이 있다. 이외에도 유홍준 교수가 서울을 궁궐의 도시라 할만큼 서울에는 5대 궁궐을 구경할 수 있다. K-드라마 중에 하나인 사극을 본 외국인이라면 조선왕조 500년의 역사를 한 눈에 체험할 수 있을 것이다. 종로에서 벗어나면 역사문화지구로 지정된 성북동이 나온다. 이곳은 근현대문화유산의 자취를 경험할 수 있는 곳이기도 하다. 그곳에 가면 만해 한용운 선생이 살았던 심우장을 만나볼 수 있다. 이곳 성북동에는 조선 시대에 축조된 성곽을 볼 수 있는데 조선시대뿐만 아니라 현재도 많은 사람들이 한양도성을 따라 거닐며 봄을 만끽하고 있다.

부산

현재 부산광역시의 이름이 된 부산은 1910년 부산부의 탄생에서 비롯되었다. 그 이전에는 동래부로 불리었다. 한국전쟁 당시 피란 수도였던 부산은 현재 외국인들이 즐겨 찾는 한류 관광의 명소로 불릴 만하다. 그중에서도 따닥따닥 붙어 있는 집들이 인상적인 감천마을은 한류 관광 1번지로 꼽을 만큼 아름다운 도시이다. 우리나라의 대표적인 해수욕장의 대명사는 부산 해운대이다. 5성급 호텔과 맛집을 경험할 수 있는 최적의 장소이다. 부산의 랜드마크 중에 하나는 '부산 엑스 더 스카이(BUSAN X the SKY)'이다. '엑스 더 라운지'에 가면 바다를 한 눈에 내려다볼 수 있다. 이밖에도 부산에서 가장 번화한 지역인 남포동에는 화장품 가게와 식당, 카페 및 영화관 등이 있어 젊은이들의 발길이 끊이지 않는다. 국제도시 부산은 부산국제영화제로 유명하다. 부산국제영화제 전야제는 매년 BIFF 광장에서 개최되는데 이곳에 가면 한류 스타들을 가까이서 만날 수 있다. 보수동 책방골목을 지나다보면 국제시장이 나온다. 전 세계 모든 물건을 판다는 국제시장은 1,000만 관객을 넘어선 영화 〈국제시장〉의 영화촬영지이며 '꽃분이네'는 관광객이 몰려가는 명소이기도 하다. 또한 영화 〈별에서 온 그대〉가 중국에서 방영되면서 유명세를 떨친 치맥집 거인통닭도 부평동시장 안에 있다. 한류 관광을 즐기고자 하는 외국인이라면 국제시장에서 쇼핑을 하고 옆에 있는 부평동 시장에서 요기를 할 수 있다. 부평동 시장은 저녁 6시가 되면 포장마차가 열을 지어 등장한다. 이름하여 부평동 깡통야시장이다. 이곳에 가면 베트남 튀김만두 짜조, 인도네시아 볶음국수 미고랭, 일본 튀김 이끼슈마 등을 맛볼 수 있다. 부산에서의 한류 관광은 밤에도 이어지는 것이다.

인천

<사진 6-1. 짜장면 박물관>
(출처: 한국관광공사-김지호)

인천은 고구려 때 미추홀(彌鄒忽)이라 했다. 인천은 조선시대 태종 13년에 인천군(仁川郡)으로 불리다가 개항전에는 제물포(濟物浦)로 남았다. 조선은 개항하면서 제물포라는 이름 대신에 인천으로 바꾸었다. 인천은 부산과 원산에 이어 세 번째로 개항한 도시이다. 또한 인천은 한국전쟁 당시 인천상륙작전을 감행하여 승리를 가져오게 한 도시이다. 이곳은 예로부터 우리나라에 개신교가 뿌리내린 곳이다. 1885년 4월 5일 인천 제물포에 첫 감리교회인 내리교회가 세워졌다. 내리교회 언덕 뒤편에는 성공회가 세운 내동성당이 있다. 우리가 좋아하는 한국 짜장면의 역사는 중국의 북방상인 우희광 (1886~1949)이 세운 공화춘에서 시작된다. 2012년에 짜장면 박물관으로 재탄생했다. 우리가 먹는 짜장면은 막 삶은 따뜻한 면에 카라멜이 들어있는 볶은 짜장이다. 이밖에 개항의 거리를 거닐다 보면 삼국지벽화거리도 볼 수 있다. 이밖에도 개항박물관, 자유공원, 동화마을도 외국인들에게 인기 있는 한류 관광 코스라 할 것이다. 인천 하면 과거에는 월미도가 떠오를 정도로 이곳 월미도는 다채로운 놀거리와 바다를 볼 수 있다. 1987년 월미도에는 문화의 거리가 조성되어 각종 버스킹 공연과 행사가 진행되고 있다. 이밖에 월미문화관, 한국이민사박물관, 인천갑문 등 다양한 명소가 있어 인천을 방문하는 외국인들의 눈길을 사로잡고 있다.

수원

예로부터 수원은 '매홀(買忽)', '수성(水城)', '수주(水州)' 등으로 바뀌었는데 이름에 항상 '물'이라는 뜻이 담겨 있었다. 수원의 대표적인 명소는 수원화성이다. 1796년에 완공된 수원화성은 정약용이 설계자이다. 수원화성은 거중기, 활차, 녹로 등을 사용하여 축조하였으며, 동서양 축성술을 집약한 축성방법 등을 인정받아 1997년 유네스코 세계유산으로 등재되었다. 수원화성은 팔달문, 남수문, 봉돈, 방화수류정, 화홍문, 장안문 등 볼거리가 많은 것이 특징이다. 또한 수원에는 수원화성행궁이 있어 아름다움과 웅장함을 느낄 수 있다.

화성행궁은 임금님의 행차 시 거처하던 임시 궁궐로 모두 576칸이나 되어 국내 최대 규모를 자랑한다. 10월 초에 수원에 가면 수원화성 문화제를 볼 수 있다. 9월과 10월에는 초내형 수원화성 미디어아트가 밤에 열리는데 볼거리가 풍성하여 대표적인 한류 관광지로도 손색이 없다. 왕이 만든 팔달문 전통시장이라든가 통닭거리에 가면 맛있는 통닭을 먹을 수 있어 외국인에게도 인기가 많다.

춘천

옛날 맥국의 고도였던 우수주는 1403년 태종 3년에 현재의 이름인 춘천으로 개편되었다. 춘천은 축제의 도시로 알려져있는데 대표적인 축제로는 춘천마임축제, 춘천인형극제, 춘천연극제, 춘천막국수닭갈비축제 등을 들 수 있다. 춘천은 서울과 가까워 많은 외국인 관광객을 유치하기에 지리적 요건이 좋다. 외국인 관광객은 주로 남이섬을 즐겨 찾는다. 그곳에 가면 많은 연인들을 볼 수 있는데 남이섬은 〈겨울 연가〉 촬영지로 유명하다. 한때 일본인 관광객이 한국에 오면 필수 관광지로 알려질 만큼 남이섬은 일본의 드라마 한류 열풍이 한국 관광으로 이어진 대표적인 명소이기도 하다. 또한 춘천의 핫 플레이스 중에 하나인 김유정 문학촌도 한류 관광지로 알려지고 있다. 이곳에 가면 30편이 넘는 소설을 집필한 한국의 대표적인 작가 김유정을 만날 수 있다. 그의 대표작 「봄봄」, 「동백꽃」 등은 한국의 언어인 한글의 아름다움을 잘 드러낸 작품이다. 춘천은 레일 바이크라든지 자전거를 이용해서 느린 여행을 체험할 수 있어 좋다. 춘천의 대표적인 음식은 닭갈비와 막국수이다. 외국인에게 춘천의 닭갈비와 막국수는 한류 음식으로 소개할 수 있을 것이다. 춘천은 호반의 도시로도 알려져 있다. 춘천 시내를 흐르는 소양강에서 따온 〈소양강 처녀〉는 반야월이 작사하고 이호가 작곡한 대한민국의 가요이자 한국인의 좋아하는 곡이기도 하다. 춘천시 근화동에 가면 소양강 처녀상을 볼 수 있다. 춘천은 외국인 관광객에게 남이섬이 있어 많이 알려진 도시이다. 앞으로 더 많은 한류 관광객이 올 수 있기를 기대해본다.

강릉

강릉은 조선왕조의 몰락, 식민지 지배, 한국전쟁, IMF라는 경제위기 속에서도 끊임없이 발전하고 있는 도시이다. 강릉에는 예로부터 인문학과 관련된 인물들이 유명하다. 김시습, 허균, 이이, 허난설헌, 신사임당 등은 오늘날에도 많은 사람들의 삶에 영향을 주고 있다. 강릉에는 커피문화축제가 유명하고, 해맞이 장소로 알려진 정동진은 한때 드라마 〈모래시계〉 촬영지로 유명하여 많은 국내 관광객이 몰려들기도 했다. 최근에는 드라마 〈도깨비〉 촬영지가 알려지면서 많은 젊은이들이 주문진을 찾는다고 한다. 강릉시의 또 다른 명소로는 강릉 아르떼뮤지엄이 있다. 이곳에 가면 미디어아트의 세련됨을 느낄 수 있다. 강릉에는 하슬라아트월드라는 빼놓을 수 없는 명소가 있다. 이곳은 자연, 사람, 예술이 조화롭게 공존하는 종합예술공간이다. 이곳에 가면 멋진 작가들의 예술 작업 및 공연전시가 열리는데 예술에 목마른 외국인 관광객에게는 특별한 경험과 잊지 못할 추억을 쌓을 수 있을 것이다. 주문진항은 회를 좋아하는 외국인에게 한류 음식을 맛볼 수 있는 명소일 것이다. 강릉에는 대한민국 3대 해변으로 알려진 경포해수욕장이 있다. 동해안의 푸른 바다와 해변가에 이어진 모래사장은 삶의 여유로움을 가져다 준다.

<사진 6-2. 영진해변 드라마<도깨비> 촬영지>

(출처: 한국관광공사-김지호)

K 한류 관광의 매력

한류 바람을 타고 한국에 온 외국인 관광객이 세계 여러 나라 중에서 특별히 한국을 방문하는 이유는 무엇일까? 미국의 온라인 경제지인 〈BUSINESS INSIDER〉(2015.4.16.) '지금 아시아에서 서울이 가장 멋진 도시인 이유 25가지'에 따르면, 인터넷의 발달로 한국이 점차 알려지자 한국을 방문하려는 외국인 관광객이 급격하게 늘었음을 알 수 있다. 25가지 이유 중 10가지 정도만 내용을 요약하자면,

1) 굉장한 음식, 2) 한국의 '정', 3) 미래도시 서울, 4) 국제적인 중심지 서울, 5) 한국 소주, 6) 전통과 현대의 최장점(고궁, 성형수술), 7) 잘 알려지지 않은 서울, 8) 생활의 편리(대중교통 시스템), 9) 깨끗한 녹지, 10) 자고 싶은 곳(온돌 문화)을 들 수 있다(최윤곤·전초롱, 2016).

그렇다면 최근에 불고 있는 한류의 영향에 따른 한국 관광의 매력에 대해 알아보자. 1) 먹방 가능한 다채로운 먹거리, 2) 한국에서만 체험 가능한 문화, 3) 쇼핑 천국인 한국, 4) 자연과 어우러진 현대적인 도시, 5) K-팝의 본고장, 6) 아름다운 자연환경, 7) 빠르고 편리한 도시 인프라, 8) 낮은 범죄율과 좋은 치안, 9) 친절한 한국인, 10) 과거·현재·미래가 공존하는 도시 등이다(장대환, 2023). 이와 관련된 설명을 하면 다음과 같다. 1)과 관련해서 보자면 한국은 전통 음식과 길거리 음식 모두 맛있다. 특별히 한국식 치킨을 맛보기 위해 한국을 찾는 중국인도 늘어나고 있다. 2)와 관련해서는 K-팝을 경험할 수 있는 노래방, 식당에 가지 않아도 먹을 수 있는 배달 문화를 들 수 있다. 3)은 24시간 안에 필요한 물건을 구매할 수 있는 온라인 쇼핑을 들 수 있다. 4)와 관련해서는 잠실 롯데월드타워와 인접한 북한산을 볼 수 있다. 5) 싸이에서 BTS에 이르기까지 뮤직비디오에 나오는 장소들을 관광할 수 있다. 6)과 관련해서는 정원의 도시 '순천', 동양의 나폴리 '통영', 화산섬 '제주' 외에도 아름다운 곳이 많다. 7)의 예로는 지하철, 버스, 고속철도(KTX) 등 편리한 교통과 공공장소에서 제공되는 무료 와이파이 등을 들 수 있다. 8)과 관련해서는 범죄지수 세계 116위에서 알 수 있듯이 국제적인 기준으로 봐도 대한민국은 안전한 나라이다. 9)와 관련해서 보자면 대한민국은 예로부터 '동

방예의지국'으로 불렸다. 그만큼 친절함이 몸에 배어있다. 10)의 예로
는 경복궁과 서빙로봇을 포함한 AI 상품 추천을 들 수 있다.

K 한류 관광의 성공 비결

한류 관광이 성공하기 위해서는 다양한 분야의 문화상품 및 한류
관광상품의 개발이 필요하다. 또한 한국을 다녀간 외국인들의 의견
을 수렴하여 한류 관광의 장점을 파악하는 것도 중요하다. 한류 관
광의 장점에 어떤 점이 있는지 알아보면 다음과 같다.

연중무휴의 편리함

해외 관광도시들은 대부분 이른 저녁이나 주말에 많은 상점들이
휴무한다. 그러나 대한민국은 휴일에도 영업하는 곳이 많다. 도시의
상점들은 보통 저녁 8~10시까지 영업하고, 밤늦게까지 운영하는 식
당, 주점, 노래방들도 제법 많은 편이다. 최대의 명절인 설날이나 추
석에도 1~2일 정도만 휴무하고 평소와 다름없이 영업하는 곳이 많
다. 이처럼 연중무휴의 편리함 때문에 외국인 관광객들은 관광 시기
에 상관없이 한류 관광을 즐길 수 있다.

가성비가 좋은 관광시설

한국의 관광지는 각 물품을 사용하면서 내야 하는 대여료라든가
팁이 없다. 한국은 관광지를 방문할 경우 무료가 많은 편이다. 게다
가 외국어로 소통이 가능한 문화해설사가 있어 한국 문화의 특성을

무료로 안내해 준다. 또한 관광지와 인접한 한국 식당에서는 반찬 추가가 무료인 경우가 많다. 이와 같은 인프라를 갖고 있기에 외국인 관광객들이 한국의 관광지를 즐겨 찾는다. 관광지를 방문할 때 필요한 교통비 또한 부담이 적은 편이다. 광역시 단위의 도시에서는 환승시 대중교통 요금이 절감되는 혜택을 누릴 수 있다. 해외 관광객이 한국에 와서 놀라는 것 중에 하나는 택시비가 저렴하다는 것이다. 이밖에도 관광 케이블카, 타워 전망대, 유원지, 각종 체험시설 등 만원이 넘어가는 사용료는 한국인 입장에서는 비싸다고 생각하는 시각도 있지만 해외관광객 기준으로는 저렴하다고 느낀다.

편리한 대중교통

<사진 6-3. 전철>
(출처: 한국관광공사)

앞서 이야기한 교통비와 관련해서 한국의 대중교통을 좀 더 알아보면 다음과 같다. 대한민국은 대중교통이 잘 갖춰져 있으며, 대중교통 요금도 매우 저렴한 편이다. KTX, SRT 등의 고속열차 또한 일본의 신칸센, 프랑스의 테제베에 비해 값이 싼 편이며, 가장 속도가 느린 무궁화호를 타더라도 서울—부산이 5시간 이내에 도착할 수 있다. 따라서 자가용 및 렌트카가 없더라도 큰 불편함 없이 한류 관광이 가능한 수준이다. 수도권, 부산, 대구, 광주, 대전과 같은 대도시들은 택시 수도 많고, 우버 택시, 카카오 택시와 같은 택시 앱을 사용하여 편리하게 택시를 잡을 수 있다. 예컨대 한국어가 가능한 외국인이라면 카카오 택시 앱으로 어디서든 택시를 탈 수 있는 것이다. 이외에 티머니 같은 교통카드 한 장이면 외국인도 별도의 등록 없이 여행하는 동안에 전국 어디서나 교통 및 편의점 등을 이용할 수 있다. 다른 선진국(일본 지하철 등)에서는 지역마다 교통수단 운영 주체의 교통카드가 달라서 이용에 불편을 호소하는 사람이 많다.

독특한 관광자원

<사진 6-4. 직지사>

한국에 오는 외국인 관광객은 한국에서 체험할 수 있는 찜질방, 한복체험, K-댄스 프로그램, 노래방 등을 선호한다. 또한 한국의 불

교 문화를 체험할 수 있는 템플스테이도 관광객들이 즐겨 찾는 일정 중에 하나이다. 외국에도 잘 알려진 찜질방은 관광객들로부터 인기가 많아 다른 나라와 차이가 나는 한국 관광 프로그램으로 개발하면 좋을 것이다. 이 밖에도 등산, 갯벌체험, 전통공연 등도 반응이 좋다. 특히 외국인 관광객이 즐겨 찾는 북한산을 포함한 전국 대분분의 산에서 외국인 관광객을 쉽게 볼 수 있다. 또한 축제를 즐기고 싶은 관광객은 서울 빛초롱축제, 수원화성 문화제, 화천산천어축제, 보령 머드축제, 진해 군항제, 자라섬 재즈축제, 남원춘향제, 함평 나비축제, 안동 탈춤축제, 대구 치맥 페스티벌, 진주남강유등축제 등 다양한 축제에 참여할 수 있다. 최근에는 여행서적, 그리고 해외여행 유튜버들을 통해 한국의 문화유산을 소개하고 있는데 이를 통해 한류 관광을 즐기려는 사람들이 늘고 있다. 예를 들어 부산의 감천 문화마을, 서울의 이태원동이나 홍대거리 등은 우리에겐 흔한 주택가 골목이지만, 외국인 관광객에게는 한국적 분위기를 담은 사진 촬영 장소이다.

매우 빠른 인터넷 속도

최근 디지털 환경이 구축되면서 온라인상에서 관광과 관련된 여러 정보들을 제공하고 있다. 그뿐만 아니라 모바일을 통해 소통할 수 있는 디지털 환경을 구축하면서 젊은 관광객들이 한국을 찾는 경우가 늘고 있다. 한국의 인터넷 속도는 세계에서도 최상위권이다. 국내 여행을 해본 외국인들은 인터넷과 관련된 불만 사항이 없다고 한다. 외국인 관광객은 언제 어디서나 WIFI 및 스마트폰 데이터를 이용하여 SNS 등의 서비스를 즐길 수 있다. 관광객은 여행에 필요한 정보를 현장에서 바로바로 수집할 수 있기에 한류 관광을 편하게 즐길 수 있다.

우수한 치안

대한민국의 치안은 세계 최고 수준이다. 한국은 법적으로 민간인의 총기 휴대를 금지함과 더불어 밤에도 불야성을 방불케 하는 밝은 도시를 갖추고 있다. 도처에 CCTV가 깔려 있어 강력범죄가 드물다. 반면 외국에서는 관광객을 노린 범죄가 사라지지 않고 있다. 예컨대 세계적인 관광지인 유럽 대부분의 국가에서는 소매치기를 조심하라고 광고한다. 관광산업으로 유명한 유럽이 이 정도 수준이라면 열악한 지역에서는 관광객 납치, 피살 등이 심심치 않게 일어나기도 한다. 대한민국은 지하철, 공원, 붐비는 거리, 늦은 밤에도 안심하고 여행을 즐길 수 있는 국가이다.

K 한류 관광의 문제점

한류 관광의 문제점은 무엇인가? 해마다 한국에 오는 여행객은 늘고 있지만 이웃한 일본에 비하면 여러 면에서 고쳐야 할 점이 많다. 최근 일본으로 해외 관광객이 몰리고 있다. 이는 단순한 엔저 현상으로 볼 수도 있지만, 정부의 강력한 정책 추진 체계도 내재되어 있다. 이 글에서는 한류 관광의 문제점에 대해 좀 더 살펴보자.

바가지 요금

한국의 유명 관광지역에 해당하는 서울, 제주, 경기, 부산 같은 곳에서도 여전히 바가지 요금 문제가 끊이지 않고 제기되고 있다. 바가지 요금은 내국인 관광객뿐만 아니라 외국인 관광객의 재방문을 낮추는 심각한 문제이다. 여행 성수기만 되면 가격을 2배씩 올리는 것은 문제가 아닐 수 없다. 바가지 요금으로 문제가 되는 사업체는 지자체 수준에서 철저한 단속과 엄정한 법 집행이 필요하다(유창근, 2013).

홍보 부족

대한민국이 관광입국으로 가기 위해서는 한류 관광지를 대대적으로 홍보할 필요가 있다. 특히 지자체에서는 홈페이지를 통해 외국인 관광객이 자신이 원하는 정보를 얻을 수 있는 외국어 소개 홍보영상을 지속적으로 보여줄 필요가 있다. 그 지역을 제대로 알릴 수 있는 관광 인프라를 지자체만큼 체계적으로 알릴 수 있는 플랫폼이 많지 않기 때문이다. 예컨대 서울의 궁궐, 부산의 감천마을, 제주도의 둘레길, 경주의 불국사, 경기도의 수원화성 등은 여행자의 수요에 맞게 다양한 언어로 홍보영상을 만들어 온라인 상에 제공하면 좋을 것이다. 이외에도 기존에 많이 알려진 설악산, 전주 한옥마을, 한국 민속촌 등은 홍보 영상 속에 외국인 할인 혜택을 넣어 재방문의 기회를 제공하면 좋을 것이다. 최근 외국인들이 선호하는 보령 머드축제, 자라섬 재즈 축제처럼 체험 중심으로 프로그램을 만들어 홍보하는 전략도 필요하다. 특히 한류 관광에 있어 홍보 및 유치 방안은 매우 중요하다. 대한민국은 문화·역사·음식·자연 등 다양한 분야에서 뛰어난 매력을 가지고 있으며, 이러한 매력을 더욱 널리 알리고 외국인 관광객을 유치하기 위해서는 적극적인 홍보와 마케팅 전략이 필요하다. 홍보 및 유치 방안으로는 다양한 채널을 활용한 디지털 마케팅, SNS를 통한 소셜 미디어 마케팅, 국내외 이벤트 및 프로모션 등 다양한 방법을 활용할 수 있다. 또한, 대한민국의 각 지역별 특색과 매력을 국내외 소셜 미디어를 통해 소개하여 대한민국의 관광 홍보를 강화할 필요가 있다.

구글 지도 서비스의 상대적인 미흡

대한민국은 분단국가이기에 국가안보상 구글 지도는 제한된 형태로만 지원이 된다. 외국을 여행하는 여행객들이나 해외여행을 나가는 한국인들 대다수가 구글 지도를 통해 길찾기를 하는 것을 생각하면 문제점으로 지적될 수 있는 부분이다. 수도권이나 부산과 같은 광역시는 외국 여행객들이 불편함 없이 관광을 즐길 수 있다. 반면 구글 지도를 통해 지방의 소도시를 여행하려는 관광객은 관광지를 찾는 과정에서 어려움을 겪을 수도 있다. 따라서 네이버 지도와 카카오맵 등을 사용하는 외국인 관광객에게 영어지원을 늘릴 필요가 있다. 한국에 머물면서 관광을 즐기는 외국인들은 이들을 적극 추천하는 편이다.

분단으로 인한 안보 불안

대한민국은 분단국가이기에 북한과 대치중에 있다. 우수한 도시

치안과는 반대로 분단으로 인한 안보 불안은 한류 관광에 위협적인 요소이다. 게다가 휴전 이후 계속되는 북한의 대남도발은 안전국 순위에서 한국이 순위가 내려가는 가장 큰 원인이다. 인구의 절반가량이 거주하는 수도권이 북한과 가깝고 유사시에는 서울을 우선적으로 공격할 가능성이 높은 것은 한류 관광의 잠재적인 문제점이다. 이런 이유로 한국에 오는 외국인 관광객들은 한국 방문을 주저하게 된다. 2020년과 2021년에 일어난 대남도발인 공무원 피살과 남북공동연락사무소 폭파, 국군초소 사격, 수차례의 미사일 발사는 계속해서 안보에 위협을 가하며 한류 관광에 악영향을 미치고 있는 것이다.

K 새로운 관광 상품 개발의 필요성

대한민국은 매년 많은 외국인 관광객들이 방문하는 대표적인 문화관광국이다. 그러나 이제는 더욱 창의적이고 다양한 새로운 관광 상품을 개발하여 외국인 관광객들의 눈길을 끌어야 한다. 이를 위해서는 지역별 특색과 매력을 찾아내고, 지속적인 연구와 조사를 통해 외국인 관광객들의 수요를 파악해야 한다. 무엇보다도 새로운 관광 상품 개발을 위해서는 기존의 관광상품과 차별화된 새로운 아이디어를 고안해야 하며, 한류 관광 상품의 기획과 개발에 대한 전문적인 인력과 자금 지원이 필요하다. 이를 위해서는 정부와 기업, 지방자치단체 등이 서로 협력하여 새로운 관광 상품 개발에 적극적으로 나서야 한다. 또한, 외국인 관광객들의 다양한 수요를 충족시킬 수 있는 맞춤형 상품을 개발하여 제공하는 것이 필요하다.

대한민국이 인접한 아시아 지역들과 경쟁하기 위해서는 한류 관광산업을 육성시켜야 한다. 이를 위해 지역간의 협력과 국제적인 협력을 적극적으로 추진하며, 국내외 기업들과의 협력을 통해 대한민국을 세계에 알려야 한다. 이를 위해 대한민국의 홍보 및 유치 방안 중 하나인 한류 콘텐츠를 적극 활용해야 한다. 대한민국의 문화, 역사, 자연 등을 주제로 한 새로운 관광 상품을 개발하여 관광객을 유치하는 방안도 적극 고려해야 한다. 대한민국의 유명한 K-팝, K-뷰티, K-음식 등을 적극적으로 활용하고, 관광객들이 대한민국에서 느낄 수 있는 다양한 체험 프로그램을 제공해야 한다. 예를 들어, 대한민국의 전통문화를 체험할 수 있는 한복 체험, 대한민국의 풍경을 감상하며 걷는 트레킹 투어, 대한민국의 전통음식을 체험하며 배우는 요리 체험 등을 들 수 있다. 이러한 프로그램들은 관광객들에게 대한민국에서 느낄 수 있는 독특한 경험을 제공하며, 한류 관광산업을 발전시키는데 기여할 수 있다(유창근, 2013).

최근에는 MICE 산업이 하나의 화두로 떠오르고 있다. MICE 산업은 Meetings(모임), Incentives(보상), Conventions(회의), Exhibitions/Event(전시회/행사)의 약어로, 기업이나 단체에서 주최하는 다양한 행사와 관련된 산업을 일컫는 말이다. 이 산업은 경제 활동과 문화 교류를 촉진하고, 지역경제의 발전에 큰 기여를 할 수 있다는 특성을 가지고 있다. 예컨대 대한민국에서 개최하는 국제회의와 전시회를 들 수 있다. 국제회의와 전시회는 대한민국 경제에 큰 영향을 미치고, 관광 산업의 발전에도 크게 기여할 것이다. 앞으로 MICE 산업과 관련하여 대한민국은 다양한 관광 상품이 개발될 것이다. 그중에서 전시회와 관련된 관광 상품으로는 '전시회 패키지'가 있다. 이 패키지는 전시회장과 인접한 호텔에서 숙박하며, 전시회장까지 무료 셔틀버스를 이용할 수 있는 혜택을 제공한다. 또한 MICE 산업과 연계된 다양한 체험 프로그램이 제공되기도 한다. 회의 참석자들이 현지 문화를 체험하며 자연과 문화를 즐길 수 있는 'MICE 투어'가 대표적이다. 이와 같이 MICE 산업은 앞으로 대한민국의 경제 활성화와 관광 산업 발전에 매우 중요한 역할을 맡게 될 것이다.

<사진 6-5. 강남 마이스 관광특구>

1. 문화관광과 한류관광의 차이점은 무엇인가?

2. 제주도가 한류 관광도시로 발전하기 위해 필요한 홍보 전략은 무엇인가?

3. 우리나라를 대표하는 축제는 무엇인가?

4. 한류 관광객을 유치하기 위해서는 지방자치단체에서 어떤 노력을 기울여야 하는가?

5. 한류 관광 홍보물 중에 가장 인상적인 것은 무엇인가?

6. 관광산업 면에 있어서는 한국보다 일본이 더 우세하다는 평이 대부분인데 그 이유는 무엇일까?

7. 외국인 관광객을 대상으로 하는 가격 바가지 문제를 개설할 수 있는 방안은 무엇이 있을까?

8. 구글 맵, 우버, 애플페이와 같이 외국인들이 주로 사용하는 서비스가 상용화되어 있지 않은 문제를 어떻게 해결할 수 있을까?

9. 기존의 한류 관광 콘텐츠를 제외한 새롭고 신선한 한류 관광 콘텐츠에는 어떤 것이 있을까?

10. 한국만의 고유한 특성을 가진 관광 콘텐츠로 개발할 수 있는 방안은 무엇인가?

11. 한류 관광의 단점에서 발생하는 문제들을 어떻게 해결할 수 있을까?

7장

한류 패션

패션의 개념

한류 패션이란?

서울, 패션의 도시

한복의 세계화

한복의 특징

한복의 장·단점

생활 속의 한복 변천사

한국의 대표적인 패션 컬렉션

토의 및 토론

7장

한류 패션

K 패션의 개념

코코 샤넬은 일찍이 "패션은 변하지만 스타일은 영원하다"라고 했다. 옷, 패션, 스타일 등은 다 똑같은 단어 같지만, 의미에 있어서 약간씩 차이가 난다. 우리는 세 단어 간의 차이를 인식하고 있지만 정확하게 구분하기는 쉽지 않다. 이 세 단어를 간략하게 구분하자면 옷은 말 그대로 우리가 몸을 가리거나 보호하기 위해서 걸치는 것을 뜻한다. 스타일이란 복식이나 머리 따위의 모양을 뜻한다. 패션을 생각해보기 전에 현재 한국에서 유행하고 있는 옷의 유형이 무엇인지 생각해보자. 봄철에 입는 가디건, 여름에 입는 크롭티(크롭crop: '배어내다/잘라내다'와 '티셔츠(tee shirt)'의 합성어로, 아래 선이 잘린 듯 약간 짧은 형태의 티셔츠를 말한다.) 등은 흔히 보는 옷이다. 가을과 겨울에는 후리스와 숏패딩을 자주 볼 수 있다. 이처럼 우리 주위에서 유행하는 옷은 패션의 범주로 볼 수 있다. 많은 사람들이 패션을 옷과 동일하게 보는 경우가 많다. 그 이유는 명품 브랜드들이 선보이는 패션쇼에서 패션이라는 단어를 많이 접했으며 여러 의류 매장에서도 패션이라는 단어를 많이 볼 수 있기 때문이다.

그렇다면 패션의 정확한 의미는 무엇일까? '패션'의 개념은 생각보다 넓은 범주를 갖고 있다. 영어 사전에서 패션(fashion)은 '(의상, 머리형 등의) 유행(하는 스타일), 인기'를 뜻한다. 패션이란 라틴어 '팍티오(fatio)'에서 유래된 말로 팍티오는 만드는 일 또는 행위, 활동 등을 뜻한다. 패션의 개념을 사전에서 인용해보면 다음과 같다.

> 원래는 상류층 사람들 사이에서 볼 수 있었던 유행으로, 매너를 비롯하여 폭넓은 생활풍습을 일컫는 말이다. 따라서 프랑스어의 모드도 동의어이다. 일반적으로는 복식을 중심으로 한 유행현상, 및 유행하고 있는 복식 그 자체를 말한다. 또한 복식뿐만 아니라 인테리어, 취미 등을 포함할 때도 있고 파생적으로는 유행에 관계없이 복식과 동의어로 말할 때도 있다. 복식 디자인이나 감각, 또 어떤 복식이나 인테리어의 디자인을 받아들인 가치관 내지는 미의식을 말한 경우도 있다(패션전문자료사전, 1997).

쉽게 말하자면 주로 우리가 입는 의복이나 복식(몸에 착용하거나, 옷에 달거나, 손에 들거나 하여 복장에 장식적 효과를 더하는 물건. 브로치, 핸드백, 장갑, 스카프, 넥타이, 핀, 목걸이 따위가 있다.)의 유행을 뜻한다고 볼 수 있다.

K 한류 패션이란?

패션의 개념에 대해 알아보았다면 이제 한류 패션을 이야기해보자. 한류 패션이란 한류와 패션이 결합된 합성어로 K-패션이라고 한다. 한류 패션은 한국 드라마, 영화, 음악방송에 연예인들이 입고 나온 패션을 외국인들이 따라 하면서 생긴 신조어이다. 이와 같은 한국의 패션이 전 세계적으로 유행하려면 어떤 과정을 거쳐야 할까? 앞에서 언급했던 한류의 열풍에 기대어야 한다. 한류 열풍의 주된 장르인 드라마, 영화, 음악이 그 중심에서 기둥 같은 역할을 해주어야 하는 것이다. 그중에서도 핵심 역할은 여전히 K-팝이다. K-팝 아이돌의 무대 의상, 혹은 유튜브나 티비 프로그램에 입고 나오는 패션은 팬덤을 자극하고 유행을 선도한다. 예컨대 K-팝 스타들이 사복 패션, 남친룩, 여친룩 등 여러 이름으로 불리우는 패션들을 선도하면 팬들 사이에서 유행으로 번지며, 급기야는 해외에서 온라인으로 한국 의류를 구매하게 된다. 다시 말해 국내 팬뿐만 아니라 해외에 있는 팬들 또한 여러 매체를 통해 접해온 K-팝 스타들의 패션을 따라 입는 것이다. 케이팝 아이돌 외에도 〈도깨비〉, 〈오징어 게임〉, 〈사랑의 불시착〉 등의 드라마와 〈기생충〉, 〈20세기 소녀〉와 같은 영화를 통해서도 한국의 교복 패션, 레트로 패션, 오징어 게임의 운동복, 가면 등과 같이 특정할 때 입는 옷들도 점점 유행하기 시작한다.

앞서 얘기했던 오징어 게임의 운동복, 진행요원 옷, 가면 등과 같이 일반적인 패션 외에도 특정한 옷도 유행이 된다. 예컨대 방탄소년단 멤버인 뷔는 미국 로스앤젤레스 소파이 스타디움에서 진행된 방탄소년단 콘서트 'BTS PERMISSION TO DANCE ON STAGE - LA'에서 해당 의상을 입고 등장해 화제를 불러일으켰다(뉴스앤미디어, 2021). 국내 연예인뿐만 아니라 해외 스포츠 선수, 미국 피겨 챔피언인 알리사 리우(Alysa Liu)도 오징어 게임 진행요원 복장을 하고 쇼를 진행했다.

> 미국 피겨스케이팅 국가대표로 동계 올림픽에도 출전했던 알리사 리우(Alysa Liu·16세)는 최근 일본에서 개막한 'Stars On Ice Japan Tour 2022'의 8일 공연에서 스테이씨의 두 번째 미니앨범 타이틀곡 'RUN2U'를 선곡해 공연을 펼쳤다. 이날 넷플릭스 오리지널 <오징어 게임> 코스프레로 등장한 알리사 리우는 'RUN2U'의 포인트 안무 '주춤주춤'을 비롯해 대부분의 안무를 그대로 재현해내며 단번에 글로벌 팬들의 이목을 집중시켰다(뉴스핌, 2022).

이렇듯 K-팝 스타에 의해 특정한 옷이 인기를 얻을 때도 있다. 때로는 한류 스타가 입은 옷이 유행할 때도 있다. 예를 들자면 드라마 속 주인공의 스타일로 인해 오피스룩, 니트 조끼, 크롭티 혹은 블랙핑크 멤버 제니가 들고 다녀 인기를 얻은 스웨덴의 패션 브랜드인 코스(COS)사의 퀼티드백(누빔 가방, quilted bag) 등이 있다. 특히나 이 퀼티드백은 엄청난 인기를 얻어 매장에 입고되는 대로 매진되는 인기 제품으로 부상했다.

이렇듯 한류 열풍에 힘입어 한류 패션도 점차 인기를 얻고 있다. 특히 패션의 여러 장르 중에서도 한국의 전통 패션인 한복은 외국인들이 선호하는 옷이다. 일본에서 기모노를 입는 체험이 인기가 있듯이 한국에 관광을 온 외국인들은 궁궐을 방문하여 한복을 입고 사진찍기를 좋아한다. 이는 경복궁을 포함한 궁궐이나 북촌 한옥마을, 인사동에 가면 흔히 볼 수 있는 풍경이다. 외국인들이 한복에 대해 어떻게 알게 되었을까? 한복이 외국인들 사이에서 인기를 얻게 된 것은 미디어의 발전에 따른 것이다. 미디어 속에서 릴스나 쇼츠와 같은 숏폼 컨텐츠를 통해 한복의 아름다움이 세계적으로 퍼지게 되었다. 미디어의 영향도 막대하지만 또 하나의 영향은 K-팝 아이돌 혹은 배우들이 뮤비 속에서나 시상식 등에서 한복을 입음으로 세계에 그 이름을 널리 알린 것이 주요했다. 예컨대 방탄소년단의 경우, 앨범 〈LOVE YOURSELF 結 'Answer'〉의 수록곡인 〈IDOL〉에서 입었던 퓨전 한복과 방탄소년단 멤버인 슈가의 부캐(본래 게임에서 사용되던 용어로, 온라인 게임에서 본래 사용하던 계정이나 캐릭터 외에 새롭게 만든 부캐릭터를 줄여서 부르는 말이다. 이후 일상생활로 사용이 확대되면서 '평소의 나의 모습이 아닌 새로운 모습이나 캐릭터로 행동할 때'를 가리키는 말로 사용되고 있다(시사상식사전).)인 'August D'에는 우리나라의 군례악의 일종인 '대취타'를 소재로 한 것이다. 슈가는 뮤직비디오에서 조선시대 왕의 옷인 곤룡포를 입어 한복을 널리 알리기도 했다. 방탄소년단뿐만 아니라 블랙핑크 또한 아래 인용문에서 알 수 있듯이 한복을 입어 큰 인기를 끌었다.

> 2020년 6월 26일 걸그룹 블랙핑크가 미국 NBC TV쇼에서 한복 스타일 의상을 입고 곡 <How You Like That>의 무대를 선보였다. 이들의 무대가 공개되자마자 구글에서 '한복(Hanbok)'의 검색양이 근 1년 중 가장 높은 수치를 기록했으며, 해당 의상을 만든 온라인 쇼핑몰에는 미국·유럽·아시아 등 글로벌 소비자의 방문이 폭증했다(최영현 외, 2020).

〈오징어 게임〉의 배우, 정호연이 미국 로스앤젤레스에서 열린 제74회 에미상 시상식에 참여했을 때와 제28회 미국배우조합 시상식에서 입었던 패션은 외신의 이목을 끌기에 충분했다. 다음은 각각 신문 기사에 나온 내용이다.

(1) 정호연은 화려한 드레스와 함께 한국적인 분위기를 더한 스타일을 선보여 눈길을 끌었다. 정호연은 복주머니 형태의 작은 가방을 들었으며, 앞머리 위 가르마 부분에 핑크빛 꽃 모양 머리 장식을 더해 '첩지'처럼 연출했다. 첩지는 조선시대 왕비를 비롯한 내외명부가 쪽머리의 가르마에 얹어 치장하던 장신구다. … 첩지 형태의 머리 장식은 드레스의 화려한 자수와 금빛 국화의 꽃잎에서 영감을 받았다. 영롱한 빛을 내기 위해 시퀸, 크리스탈, 자개를 사용했으며, 일부 국화 꽃잎에는 붉은 시퀸으로 그라데이션을 더했다. 이날 한국 전통이 더해진 스타일을 선보인 정호연은 패션 매거진 『보그』 미국판(Vogue US), 「하입베이」(Hypebae), 미국 연예 매체 『피플』(People) 등이 선정한 에미상 베스트 드레서에 이름을 올리는 등 극찬을 받았다(이은, 2022).

(2) 각종 외신에 따르면 댕기 머리에 어울리는 머리장식은 정호연의 아이디어. 정호연은 레드카펫 위에서 한국적인 유산을 잘 드러내는 방법으로 머리 장식을 택했고, 이는 곧 해외 팬들을 사로잡았다. 영국 글래머지는 "정호연이 레드카펫에 등장하는 순간, 트위터가 그녀의 스타일을 전파하느라 들썩였다. 한국적 댕기 머리로 아름다운 이야기를 써내려갔다'고 전했다. 미국 보그 역시 정호연의 댕기 머리에 높은 점수를 줬다. 보그는 "드레스

도 눈부시지만, 그보다 더욱 환상적으로 아름다운 건 정호연의 윤기 흐르는 머리를 장식한 헤어 디테일"이라면서 "수세기 동안 내려온 한국의 전통적인 댕기 머리 리본에서 영감받은 스타일"이라고 전했다(최보윤, 2022).

<사진 7-1. 비녀>

(출처: 한국관광공사-윤위정)

(1)과 (2)에서 알 수 있듯이 정호연 배우의 댕기 머리와 첩지와 같이 장신구 혹은 헤어 스타일도 패션의 한 종류이다. 이들은 우리가 입는 의복과 조화를 이루며 패션이라는 단어를 완성시킨다. 세계로 뻗어나가는 한류의 열풍으로 사람들은 처음 겪게 되는 스타일에 관심을 갖게 된 것이다. 〈오징어 게임〉에 등장한 운동복은 해외 연예인뿐만 아니라 일반인들도 입고자 했으며, 한국의 동대문의류도매시장에 와서 단체로 주문해서 사가기도 했다. 일반적인 팝과는 다른 느낌의 K-팝이 유행하기 시작하면서 팬들은 자신이 선호하는 스타들의 스타일을 따라 했다. 한류 패션 열풍이 분 것이다.

K 서울, 패션의 도시

한류 열풍이 전 세계에 퍼지게 된 것은 K-팝의 영향이 크다. K-팝 스타들이 세계적인 명품 브랜드의 글로벌 앰배서더로 활동하면서 아시아 시장 전체에 큰 영향력을 행사하는 것은 어제오늘의 이야기가 아니다. 예컨대 K-팝 아이돌 스타들이 패션쇼에 참석하게 되면 곧이어 SNS상에는 다양한 각도의 사진이 공유되기 시작한다. 루이비통모에헤네시 그룹의 북미 지역 회장 출신인 폴린브라운 컬럼비아대 경영대학원 교수가 "K-패션이 기쁨을 판다"라고 말한 것은 결코 과장된 레토릭이 아니다. 이제 한국의 패션 브랜드는 글로벌 시장에서 자리를 잡아가고 있는 것이다. 세계적 패션의 성지인 뉴욕, 파리, 밀라노, 런던에 이어 서울이 인터넷과 기술의 발달로 인해 최단 시간 안에 패션계의 영토에 명함을 내민 것이다. 2015년 Fashion Institute of Technology 박물관에서 진행된 전시회에 서울은 도쿄, 상해, 뭄바이 등의 아시아 도시들과 함께 선택되었다. 뉴욕 패션 업계뿐만 아니라 세계적인 패션 도시들과 나란히 서울은 패션의 중심지로 인정을 받은 것이다. 이제 세계적인 패션 디자이너들이 매년 한국을 방문하여 자신의 작품을 선보이는 패션쇼가 늘고 있으며 이와 같은 현상은 이제 낯설지 않다. 세계 패션에 막강한 영향력을 행사하는 패션 전문기자 수지 멘키스는 서울을 '미래의 패션 도시'로 정의했다. 그는 동대문 디자인 플라자(DDP)와 인근 쇼핑몰을 둘러보면서 "동북아 패션 중심으로 부상하는 도시답게 패션 산업 현장 곳곳에 활기가 넘친다"라고 말하였다. 그러나 아직 한국의 패션은 갈 길이 멀다. 한국의 패션 산업은 이탈리아, 독일 등 패션 주요국의 제품과 비교하여 브랜드 이미지가 약하고 품질 경쟁력에 있어서 열세라는 평가를 받아왔다. 한류스타를 통해 한국 패션을 이끈 것은 사실이지만, 한국 제품이 세계시장에서 인정을 받는 것은 쉽지 않는 여정이 기다리고 있다.

Ⓚ 한복의 세계화

이제 본격적으로 한류 패션에 대해 알아보자. 한류 패션하면 떠오르는 옷이 무엇인가? 한복일 것이다. 그렇다면 한복의 본격적인 세계화는 언제 시작되었을까? 한복에 대한 관심이 국내 차원을 넘어 세계 차원으로 확장되는 새로운 전환점을 맞게 된 시기는 1990년대 중반 이후다. 한류 바람이 시작될 즈음, '한복의 세계화'라고 하는 용어가 사용되기 시작하였다. 1998년 문화관광부는『한복의 세계화 이미지』라는 책자를 발간하였는데, 이는 세계화라는 관점에서 한복의 이미지를 검토한 것이다. 이 책은 그동안 전통문화의 보존 및 대중화라는 차원에서 접근되었던 한복에 대한 논의가 세계화라는 차원으로 확장되었음을 보여준다(김세훈 외, 2017). 예컨대 1994년에 프랑스 파리에서 개최된 패션쇼는 한복을 중심으로 진행되었다. 패션쇼에 참가한 이영희, 박술녀와 같은 디자이너들이 한복의 세계화를 위해 노력했음을 알 수 있다. 한복을 세계화시키려는 노력도 많았지만, 한국적인 패션 디자인을 세계화시키려는 노력도 계속 이어지고 있다.

이신우 디자이너는 1990년부터 세계 5대 컬렉션으로 자리매김한 도쿄컬렉션에 참가하여 한국의 자연과 시골 풍경에서 볼 수 있는 질감과 색상을 바탕으로 하여 인체를 구속하지 않으면서도 시간과 공간에 자유로운 무위자연적인 디자인을 선보여 주목을 받았다. 예를 들어, 1990년 도쿄에서 발표한 1991 SS 컬렉션에서 이신우는 "섬세한 백색의 씨줄과 날줄의 엮임, 백색 수직선의 중첩 효과"를 통하여 한국적인 디자인을 표현한 것으로 평가받았다. 1993년부터는 활동 무대를 파리로 옮겨 한국의 산, 한글의 현대성 등을 주제로 한 컬렉션을 발표하여 한국적인 패션 디자인의 세계화에 박차를 가하였다. 이외에도 같은 해에 한복 디자이너로 알려진 이영희와 진태옥 디자이너도 파리컬렉션에 참여해 한국 패션의 진면목을 보이는 데 일조하였다(김세훈 외, 2017).

위의 사례에서 알 수 있듯이 한류 패션은 '한복의 세계화'와 '한국적인 패션 디자인'으로 나뉠 수 있다. 한 가지 더 추가해보자면 한국 문화의 일부가 패션으로 재탄생한 것이다. 우리나라 전통 문양이나 단청의 색깔과 같은 오방색이 한국적인 패션으로 알려지게 된 것이다. 한국 문화의 패션화 부분에 있어서는 대표적인 인물로 이상봉 디자이너를 들 수 있다. 이상봉 디자이너는 한국 문화 중 한글을 디자인의 소재로 삼고 있다. 이상봉 디자이너는 1985년에 디자이너로 데뷔했다. 2006년 파리에서 개최된 패션쇼에서 이상봉 디자이너는 한글 소재의 패션을 컬렉션에 선보이면서 해외 패션계의 주목을 받게 되었다. 그는 한글 이외에도 한국적 오리엔탈리즘을 토대로 옷을 디자인하기도 했다.

한류 패션은 이제 K-드라마, K-영화, K-팝이 성장함에 따라 같이 발맞추어 성장해 온 하나의 산물이다. 한류와 동반 성장한 한류 패션의 대외 인지도는 한복으로 대표할 수 있다. 한류를 좋아하고 관심 있어 하는 사람들의 인식뿐만 아니라 국내 민·관에서도 한류 패션을 알릴 때 한복을 이용하여 패션쇼나 체험행사 등 이벤트를 하는 경우가 많기 때문이다. 해외에 위치한 대사관 혹은 한국문화원에서 개최하는 한류 행사나 한국을 주제로 하는 전시회, 홍보부스, 세미나 등의 현장에서 한복을 내세우는 경우가 많다. 이러한 행사를 통해 한복이 우리나라 고유의 미를 품고 있으며 우리나라의 정체성이 자연스레 녹아들어 있는 것을 보여준다. 이러한 노력은 한복이 한국의 역사 속에 뿌리를 내린 전통과 문화, 역사가 깃들어 있다는 것을 널리 알리고 있다.

12월 2일(현지시간) 미국의 뉴욕 타임스퀘어 대형 전광판에 세계적인 피겨 스타 김연아의 한복 화보집 영상이 송출됐다. 이는 '한복 웨이브'라는 프로젝트의 일환으로 국내 한복 기업이 세계 무대에 진출할 수 있도록 한류 문화예술인과 협업해 지원하는 한복 분야 콘텐츠 기획개발 사업의 결과물이다(장은영, 2022).

한복은 실제 입는 옷뿐만 아니라 다양한 분야에서 그 두각을 드러냈다. 요즘 젊은 사람들이라면 SNS를 통해 흑요석 작가의 그림을 한 번쯤은 봤을 것이다. 흑요석 작가(본명 우나영)는 해외의 유명 동화나 영화 주인공 캐릭터들이 한복을 입은 모습을 그리는 일러스트레이터이다. 흑요석이 그린 마블 캐릭터 '스파이더맨'을 비롯하여 '미녀와 야수', '겨울왕국', '크루엘라' 등 해외의 유명 작품을 한국의 이미지로 재해석하여 많은 사람들의 사랑을 받고 있다. SNS가 발달한 요즘, 많은 매체를 통해 알려진 일러스트레이터들의 작품은 해외에서도 많은 사람들의 호응을 얻었다.

우 작가의 작품은 디자인 전문 사이트에도 게재됐고, 프랑스·덴마크·브라질·일본 등 해외 곳곳에서 전시회를 열며 '한복 입은 서양 동화'라는 참신한 방식으로 한복의 아름다움을 세계에 널리 알렸다. 우 작가는 한복을 해외에 홍보하고 한복 생활화에 힘쓴 공로를 인정받아 2019년 문화체육관광부로부터 '한복사랑 감사장'을 받은 바 있다. 이제는 디즈니·마블·어도비·넷플릭스·조니워커 등 해외 유명 기업들이 우 작가에게 먼저 협업을 제안해오며 홍보 프로모션을 기획할 때 한복과 한류를 역이용하는 수준에 이르렀다(장은영, 2022).

한복은 이제 우리가 얘기하는 저고리나 치마 외에도 배우 정호연이 했던 댕기머리, 첩지를 통해 전 세계적으로 이름을 알리기 시작했다. 또 하나의 예를 들자면, 노리개가 있다. 노리개란 여자들이 몸치장으로 한복 저고리의 고름이나 치마허리 따위에 다는 물건이다. 전통 노리개에는 우리나라 고유의 전통 매듭이 있다. 노리개의 외형이 여성스럽고 특유의 우아한 멋이 있어 인기가 많다고 한다. 전통 매듭의 경우 변화하는 시대에 맞춰 액세서리나 타투로 쓰이기도 하는 등 다양한 면에서 세계인들의 관심을 받고 있다.

<사진 7-2. 노리개>

(출처: 한국관광공사-김지호)

K 한복의 특징

이제 한 걸음 더 들어가서 한복의 특징에 대해 알아보자. 한복은 우리에게 한국적인 옷, 한국 전통의 옷, 전통 복장으로 인식되고 있다. 그렇다면 한복의 유래는 어떠한가?

"한복은 우리 민족의 의식구조와 기후, 풍토에 알맞게 변형되고 정착된 고유의상으로 한국이라는 특정한 지역 안에서 고대로부터 현대에 이르기까지 오랜 세월 착용해온 전통복식을 의미한다(윤진아외, 2011)."

우리가 우리 고유의 옷을 한복이라고 칭한 시점은 조선시대로 거슬러 올라간다. 조선시대 때부터 한복이라는 말이 쓰이기 시작했으며 조선옷이라고도 불리기도 하였다. 우리가 흔히 알고 있는 한복의 특징에는 곡선미가 있다. 한복은 입었을 때 몸에 딱 달라붙지 않고 팔 부분이나 치마 등 곡선의 아름다움을 엿볼 수 있다. 또 다른 특징은 우리 몸의 특징에 알맞게 디자인되었다는 것이다. 이 외에도 한복은 체형을 보완해준다는 특징이 있으며, 여름에는 여름 날씨에 알맞게 통풍이 잘되며 겨울에는 겨울에 알맞게 따뜻하게 입을 수 있다는 특징이 있다. 한복의 경우 여성과 남성의 의복 구성이 다르게 되어있는데 그 이유는 남녀의 몸의 형태에 알맞게 한복이 구성되어 있기 때문이다.

여자 한복의 경우, 크게 분류했을 때는 치마와 저고리로 분류할 수 있다. 더 세세하게 나누어 보면 치마, 저고리, 속치마, 속저고리, 속바지, 배자, 버선, 마고선, 두루마기 등으로 구성되어 있다. 여기서 두루마기의 경우 방한과 예의를 차리기 위한 목적이어서 실내에서는 입지 않는다. 남자 한복의 경우, 기본적으로 상의 저고리와 하의 바지가 기본 구성이다. 추가적으로 조끼(저고리 위에 입는 옷으로 앞이 벌어지는 것을 예방하고 저고리 모양을 정리해 준다), 마고자(깃이 없으며 조끼 위에 입는 옷), 두루마기(외출하거나 예의를 갖출 때 입는 것), 버선 등으로 구성되어 있다. 남성 저고리의 경우 여성 저고리와 가장 크게 구분되는 것이 기장이다. 여성 저고리는 시대를 걸쳐오며 점점 짧아져 흉부까지 오는 반면에 남성의 저고리는 허리 아래까지 내려오는 것이 가장 큰 특징이다. 한복의 특징은 색깔에서도 나타난다. 한복의 색깔은 의미가 하나하나 담겨져 있다. 한복의 색이 갖는 의미에 대해 조금 얘기해보고자 한다.

① 녹의홍상

녹의홍상은 여성 한복의 색으로 녹색의 저고리와 홍색의 치마를 뜻한다. 여기서 녹색은 열매를 뜻하는데 이는 사식을 많이 낳아 번성함을 의미한다. 홍색은 나쁜 기운이나 잡귀를 물리친다는 의미를 담고 있다.

② 색동 한복

색동 한복은 주로 어린아이들이나 결혼하지 않은 소녀들이 많이 입는 한복이다. 색동 한복에는 오방색을 띠며 이는 나쁜 기운을 물리치고 잡귀를 물리친다는 뜻이 담겨 있고, 무탈하다는 뜻도 있다. 오방색은 흑, 청, 적, 백, 황으로 구성되어 있다. 이때, 흑은 북쪽, 물, 현무를 뜻한다. 적은 남쪽, 불, 주작을 뜻한다. 청은 동쪽, 나무, 청룡을 뜻한다. 백은 서쪽, 금, 백호를 뜻한다. 마지막으로 황은 중앙, 흙을 의미한다. 색동 한복에 쓰이는 오방색은 우리 전통문화에서 흔하게 볼 수 있으며 단청에도 쓰인다. 단청은 건물의 격과 쓰임에 따라 내용을 달리했으며 단청에 사용되는 각종 문양은 화재와 잡귀를 막아주는 상징적인 의미를 담고 있다(김왕직, 2007).

③ 노란색 저고리와 다홍치마

노란색 저고리와 다홍치마는 시집을 가지 않은 여성들이 입던 색깔로 미혼의 의미를 지니고 있다.

④ 남색 끝동

끝동이란 한복 옷소매의 끝에 따로 이어서 댄 동(Basic 중학생을 위한 기술·가정 용어사전, 2007)이다. 남색은 아들을 기원하는 뜻이 담겨 있어 결혼한 여성의 한복에 쓰인다. 또한, 아들이 있음을 뜻하기도 한다. 아들을 귀하게 여겼던 과거에는 한복에도 의미를 부여했다.

⑤ 자주색 고름

고름이란 저고리나 두루마기의 깃 끝과 그 맞은편에 하나씩 달아 양편 옷깃을 여밀 수 있도록 한 헝겊 끈이다. 이때 자주색은 남편이 살아있음을 뜻하고 자식을 많이 낳는 것을 기원하는 의미가 담겨 있으며 무병장수의 뜻을 품고 있다.

이외에도 혼주 한복이라 하여 결혼식에서 신랑의 어머니와 신부의 어머니가 입는 한복에도 색깔이 정해져 있다. 신랑의 어머니 쪽은 푸른색 계열을, 신부의 어머니는 붉은색 계열의 한복을 입는다. 푸른색과 붉은색을 혼주 한복으로 하는 이유는 푸른색과 붉은색의 음과 양의 조화, 합일을 의미하기 때문이다.

K 한복의 장·단점

1) 한복의 장점

우리 한복에는 위의 특징에서 엿보았던 것과 같은 장점들이 있다.

또한 우리 한복은 우리나라의 사계절과 기후와 환경에 알맞게 제작
되었다. 주변환경과 잘 어우러지는 우리 한복의 장점은 다음과 같다.

① 직선과 곡선이 잘 어우러져 있기 때문에 선의 아름다움을 잘 표현
   한다.
② 오방색을 사용하여 화려하면서도 단아한 매력이 있다.
③ 옷의 폭이 넓고 넉넉해서 체형에 맞는 옷을 아무나 입을 수 있다.
④ 한복은 기본적으로 품이 크고 여유롭기 때문에 행동반경이 크고
   활동하기 편하다.
⑤ 건강에 좋다. 한복의 상반신은 대님 소재로 만들어져 추운 바람
   을 막아준다. 따라서 한복은 겨울에는 따뜻하게, 여름에는 시원
   한 느낌을 준다.

<사진 7-3. 한복>

2) 한복의 단점

한복은 장점이 단점이 될 수도 있다. 우리에게는 특수하고 우아한
소재이고 단아한 디자인이지만, 우리가 음식을 먹고, 잠을 자고, 일

상생활을 하는 데에는 불편한 면이 있다. 또한 소재로 인해 피부에 닿을 때 까칠하며 옷 입는 과정이 복잡하고, 면 소재가 아니라 늘어나지 않는다는 단점이 있다. 이외에도 몇 가지 단점이 있는데 서술하면 다음과 같다.

① 활동성에 취약하다: 전통적인 구조로 움직임에 제약이 있고, 요즘의 옷과 비교했을 때 운동하거나 몸을 크게 움직여야 할 때 제약이 있다.

② 관리에 어려움이 있다: 한복은 디자인이나 소재 면에서 특수한 소재로 제작되기 때문에 보관과 관리가 다른 옷에 비해 어렵다.

위의 단점들을 보완하여 새롭게 개량하여 나온 한복이 바로 '개량 한복'과 '생활한복'이다. 개량 한복이란 전통적인 한복의 모양이나 재료 따위에 변화를 주어, 활동하기에 간편하도록 실용적으로 만든 한복을 뜻한다. 생활한복이란 1990년대 전통한복을 현대 생활에 적합하도록 간략하게 변화를 준 한국적 양식의 의복을 지칭하는 용어로 개량 한복과는 그 발생 배경에서 차별화된다.

K 생활 속의 한복 변천사

앞서 얘기했던 것처럼 한복은 우리나라 고유의 멋과 우아함을 담고 있지만 현대 의복과 비교했을 때는 생활 방면에 있어 불편한 점이 많다. 이를 보완하고자 현대에는 생활한복이 개발되었다. 우리나라에서는 19세기 말에 한복과 양복의 구조로 나뉘게 되었으며, 한국

전쟁과 한국의 산업화로 옷이 자연스레 양복으로 대체되었다. 한복은 점차 예복에 쓰이는 의복으로 전환되었고 고급화되었다. 1980년대 경제가 회복되고 1986년 아시안게임, 1988년 올림픽 게임 등 문화교류가 증가하며 자국 문화의 정체성에 관심이 급증했다. 이 관심은 대학가를 기준으로 '우리 옷 입기 운동'으로 퍼져나갔다. 이 운동으로 인해 개량 한복을 보급하는 브랜드가 급증했다. 이에 대해 주보림 교수는 다음과 같이 개량한복의 출현 배경을 요약하였다.

> 한국 사회의 국제화로 1990년대에 정부는 "한국적인 것이 세계적인 것이다."는 슬로건을 내세워 전통문화 살리기 운동을 전개하였다. 1996년 문화체육부에서 제정한 '한복 입는 날'을 계기로 한복의 대중화와 고급화라는 두 가지 화두가 등장하였다. 그중 한복의 대중화의 측면에서 현대화된 한복이 등장하였으며, 개량 한복이라는 이름으로 다양한 의류 브랜드들이 출현하였다. 한복을 변화시키는 과정에서 실용성의 측면에서는 긍정적인 평가를 받은 개량 한복 브랜드들도 전통한복의 아름다움의 현대화라는 측면에서는 부정적인 평가를 받았다. 따라서 새롭게 확산되고 있는 변화된 유형의 한복에 대해 새로운 명칭이 요구되었다(주보림, 2016).

새롭게 퍼져나간 한복은 일상에서도 실용적으로 입을 수 있다는 의미에서 생활한복으로 쓰이게 되었다. 개화기 시절부터 개화사상이 드러난 간소화된 한복이 개량 한복이라면, 현대인의 일상에 따라 실용성 및 활동성에 적합한 형태의 한복을 생활한복이라고 부른다. 생활한복이 점차 일상생활 속에서 퍼져나가고 보편화되자 민족사관학교처럼 생활한복을 교복으로 택한 학교들도 생겨났다. 천연 재료,

천연 염색 등을 생활한복에 더하여 바뀌는 시대상에 따라 한복은 웰빙 트랜드로 자리잡기도 했다.

생활한복은 남녀노소 할 것 없이, 유아부터 성인, 노인까지 심지어는 반려동물의 옷까지 퍼져 있다. 한복이 우리 사회 속에 녹아든 면모는 나날이 발전하는 SNS에서 알 수 있다. 21세기에 들어서면서 양복이 흔한 현재, SNS를 통해 한복의 아름다움 등이 퍼지기 시작했다. 한복은 점차 학생들의 교복으로, 체육대회 속 반티(한 공동체 내에서 공통으로 맞춰 입는 티셔츠)로 혹은 직장인 유니폼으로 자리잡기 시작했다. 이는 민속촌이나 궁궐에서 한복 체험을 한 관광객들이 SNS에 사진을 올리며 유행을 타기 시작했다. 한국인이라면 생활한복을 입어보고 싶다는 생각을 해본 적이 있을 것이다. 기존 한복의 단점을 보완한 생활한복을 입어보면 편리함을 느낄 수 있다. 생활한복이 좀 더 우리 생활 속에 녹아있으려면 생활한복 사업이 와디즈나 텀블벅과 같은 펀딩이 아닌 브랜드로 확산되어야 할 것이다. 이는 한복이 세계화로 가기 위해 넘어야 할 산이다.

K 한국의 대표적인 패션 컬렉션

한류 패션이 세계화되기 위해서는 어떠한 노력이 필요할까? 우리나라에서는 각각의 부서에서 저마다의 노력을 통해 한류 패션의 세계화를 위한 길을 열어나가고 있다. 정부는 해외에서도 한류를 알릴 수 있는 길을 열어주고, 신입 디자이너 등을 모집하고 지원해주는 프로그램을 통해 한류 패션의 세계화를 꿈꾸고 있다.

2011년도부터 살펴본 우리나라의 주요 패션산업 중흥정책은 크게 지식경제부 (현 산업통산자원부)의 브랜드 기업 육성, 디자인산업 발전, 봉제 산업 발전 중심의 정책이 있고, 문화체육관광부의 '콘셉 코리아 2012' 사업에 따른 창의력 있는 디자이너의 뉴욕컬렉션 지원과 패션문화 수출 정책을 들 수 있다. 또한 서울시의 디자이너 지원을 위한 서울 패션위크, 글로벌 패션 브랜드지원 사업, 의류 패션 지원 센터 운영, 탑클라스 디자이너 지원사업 등을 통해 한류 패션 활동을 지원하고 있다(주보림, 2016). 예컨대 서울특별시에서 주최하고 서울 디자인 재단이 주관하여 매년 봄과 겨울에 동대문에 위치한 DDP(동대문디자인플라자)에서 '서울패션위크(SFW, Seoul Fashion Week)' 행사가 개최된다. 이 행사는 2012년에 개최되어 지금까지 이어지는 한국의 대표적인 컬렉션이다. 2023년을 기준으로 60개가 넘는 브랜드가 참여하고 있으며 K-패션을 알리고 국내 디자이너들을 육성하는 데 큰 도움이 되고 있다. SFW는 '서울 컬렉션'과 '제너레이션 넥스트'로 구성되어 있다. SEOUL COLLECTION은 대한민국 최상의 디자이너들의 비지니스 행사이자 정상급 디자이너 패션쇼로 자리매김하고 있다. 서울컬렉션은 패션산업의 중심을 이루고 있는 꽃 중의 꽃으로 지난 2000년 시작되어 한국 패션산업과 함께 성장한 국내 최대의 컬렉션이다. GENERATION NEXT은 신진 패션디자이너 육성 프로그램으로 성장하고 있다. '제너레이션 넥스트'는 독립 브랜드 1년 이상에서 7년 미만의 디자이너를 대상으로 진행되는 컬렉션이다. 제너레이션 넥스트는 차세대 디자이너의 등용문 역할을 하고 있다 (https://www.seoulfashionweek.org/document/about_SFW/). 이처럼 대한민

국 내에서는 한류 패션을 세계로 널리 알리기 위해 K-팝 콘서트와
패션쇼를 결합하기도 하며, 한류 스타와의 의상 협찬 및 콜라보, 연
예기획사와 패션 기업이 서로 협업을 하는 등의 노력을 기울이고 있
다. 한류 패션이 세계화가 되기 위해서는 여러 인기 브랜드 등과 경
쟁하기 위한 우리만의 특별한 브랜드가 필요하다.

1. 한류 패션이 세계화가 되기 위해서 가져야 할 자세는 무엇이라고 생각하는가?

2. 생활한복의 실용성을 높이기 위해서는 어떻게 해야하는가?

3. 한국의 대표적인 한류 브랜드 무엇인가?

4. 한류 패션을 온라인 쇼핑몰에 알리기 위한 홍보 전략은 어떻게 만들어야 하는가?

5. 한류 패션을 선도하는 대표적인 한국의 도시는 어디라고 생각하는가?

6. 한국 패션 산업이 해외 시장에서 성공하기 위해서는 어떤 전략이 필요할까?

7. K-패션이 환경을 보호하고 사회적 책임을 다하기 위해 어떤 노력이 필요할까?

8. 한국 패션 산업의 문제점은 무엇인가?

8장

한류 게임

게임의 개념

게임의 역사

한국 게임의 역사

국가별 한류 게임의 동향

한류 프로게이머의 최고봉 '리그 오브 레전드'

게임산업 분류

한국의 프로게이머

한국은 게임 강국

한류 게임산업의 문제점

토의 및 토론

8장

한류 게임

K 게임의 개념

　요한 하위징아(Johan Huizinga)는 『호모루덴스』(1938)에서 문화 그 자체가 놀이의 성격을 가지고 있다고 말하였다. 한국인은 예로부터 놀이를 즐겼다. 한류 열풍의 근원은 사실 한국인의 흥을 즐기는 문화에 있다고 해도 틀린 말은 아니다. 이러한 한류 문화를 경제적 관점에서 조망하면 어떻게 될까? 2021년 상반기 콘텐츠산업 매출 순위는 출판, 방송, 게임 순이다. 그러나 수출액을 기준으로 보면 결과는 달라진다. 한류 콘텐츠 산업 수출액은 52억 7,855만 달러(약 6조 2,851억 원)으로 추정되며, 수출 산업 1위는 게임이다(한류백서, 2021). 캐릭터, 음악, 영화, 방송 전체 다 합쳐도 게임산업이 1년에 벌어다주는 수입의 절반에도 못미친다. 그럼에도 불구하고 한류에 대한 인식은 K-팝에서 알 수 있듯이 한류 음악이 대세이다. 왜 이런 인식이 가능한가? 그것은 문화가 가지고 있는 상징성 때문이다. K-팝이 한류 문화를 대표하는 콘텐츠라면, 게임은 수출 1위에서 알 수 있듯이 국익에 큰 도움을 주는 종목이다. 그렇다면 우리가 게임에 관심을 가져야 하는 이유로 부족함이 없다.

　게임 중에서도 온라인 게임은 실제로는 하기 어려운 모험이나 칼, 총, 마법 등을 이용하여 가상 세계를 재현한다. 온라인 게임의 가장 큰 장점은 인간이 실제로는 할 수 없는 것들을 게임 속에서 할 수 있도록 하여 대리만족을 시켜주는 것이다. 이와 같은 온라인 게임을 줄여서 게임이라고 통상 부른다. 이 글에서는 온라인 게임을 줄여 게임이라고 표기하고자 한다. 세계 여러 나라에는 오래전부터 게임이 존재해 왔다. 일본, 중국, 동남아 등에서 유행하기 시작한 한국의 게임 문화를 줄여서 한류 게임이라고 정의한다. 한류 게임은 현재 많이 활성화된 K-드라마, K-팝 등과는 달리 아직 연구가 진척되지 않은 한류 콘텐츠라 할 수 있다. 이는 게임에 대한 부정적 인식과 그에 따른 지원이 부족한 것이 가장 큰 원인이다.

　현재 글로벌 게임 시장에서 가장 인기가 높은 게임 중에는 한국에서 만든 게임이 적은 편이다. 그러나 게임 실력 면에서 볼 때 한국은 세계 최강국이다. 주지하다시피 한국 프로게이머의 게임 실력은 세계가 인정할 정도로 아주 강력하다. 각종 세계 게임 대회에서 한국은 항상 높은 성과를 보여왔기 때문이다. 그에 따라 세계적인 스타가 된 프로게이머도 많으며 게임을 하는 사람은 고사하고 게임을 잘 모르는 사람도 한 번쯤은 들어본 프로게이머도 있을 것이다. 지금부터 게임의 역사를 살펴보고, 한국 게임이 해외에서 어떤 식으로 성과를 보여왔고 또 한국의 게임 실력은 어느 정도인지, 한류 게임이 앞으로 더 발전하기 위해서는 어떤 노력이 필요한지 알아보자.

K 게임의 역사

게임의 역사는 전자오락의 역사라 해도 과언이 아니다. 역사상 최초의 전자오락은 요세프 케이츠(Josef Kates)가 1950년에 만든 '버디 더 브레인(Bertie the Brain)'이다. 이 게임은 틱택토게임의 시초이다. 틱택토(tic-tac-toe) 게임은 두 명이 교대로 O와 X를 3×3판에 써서 같은 글자를 가로, 세로, 혹은 대각선상에 놓이도록 하는 것이다. 버디 더 브레인은 사람과 컴퓨터 기계인 버디가 오목의 축소판인 삼목을 완성하기 위해 진행하는 게임이다. 그 이후 1962년에 최초의 컴퓨터 게임이자 슈팅 게임인 '스페이스 워(Space War)'을 개발한 스티브 러셀이 나타났다. 이 게임은 상업적으로 출시된 최초의 비디오게임이기도 하다. 최초로 모니터 장치를 이용한 비디오게임이 출시되자 게임 프로그래머라는 직업이 생겨났다. 대표적인 사례가 아타리를 창업한 놀란 부쉬넬(Nolan Bushnell)이다. 한때 스티브 잡스도 일했던 이 업체는 닌텐도 이전에 세상을 지배했던 세계 최초의 비디오게임 회사이다. 인류 최초로 상업적으로 성공한 게임은 1972년에 아타리에서 만든 퐁(Pong)이라는 탁구 게임이다. 아타리가 게임 산업에 기여한 것은 게임팩이다. 게임팩은 게임기는 그대로 있고 게임카트리지를 바꿔서 가정에서도 여러 종류의 게임을 즐길 수 있는 장치이다. 그러나 질 낮은 게임 개발의 결과는 시장에서 혹독한 평가를 받아야만 했다. 이른바 아타리 쇼크 이후 게임 시장은 미국이 아닌 일본으로 이동하게 된다.

일본 타이토에서 1978년에 제작 발매한 '스페이스 인베이더(Space Invader)'는 선풍적인 인기를 얻었다. 외계인이 적으로 등장하는 이 게임은 최초로 하이 스코어 제도를 도입하였으며, 초기 아케이드 슈팅 게임의 원시적인 형태를 보여주었다. 그러나 게임이 단순히 점수를 획득하는 데서 그치지 않고 더 나아가 게임의 프롤로그에 스토리를 구축하고, 그 토대 위에 게임을 설계한 사람이 일본에서 출현한다. 그가 바로 일본의 게임 시장을 이끈 현대 비디오게임의 아버지로 불리는 미야모토 시게루(Shigeru Miyamoto)이다. 그는 닌텐도를 세계적인 기업으로 성장시킨 장본인이자 게임을 예술로 승화시킨 사람이다. 그는 게임의 재미뿐만 아니라 게임에다가 하나의 세계관을 구축해서 유저로 하여금 왜 게임을 해야 하는지를 깨닫게 한 장본인이다. 예컨대 그를 통해 야수 동키콩에게서 공주를 구출하는 플레이어가 탄생한 것이다. 그의 대표작으로는 마리오 시리즈, 젤다의 전설 시리즈, 동키콩 시리즈, 닌텐도 Wii, 닌텐도 Fit 등이 있다. 닌텐도는 2016년에 포켓몬Go를 개발하여 건재함을 과시하고 있다. 닌텐도의 아성을 무너뜨린 것은 소니였다. 소니는 파이널 판타지7을 플레이스테이션으로 발매함으로써 게임계의 절대 강자로 등극하게 된다. 플레이스테이션 시리즈 제품들은 이제 단순한 게임기를 넘어 게임도하고 음악 재생도 가능한 가전제품이 된 것이다.

하드웨어의 발달로 인해 가정용 콘솔게임에서 PC게임으로 패러다임이 바뀌게 된다. 그 대표적인 주자가 북미 시장의 마이크로소프트

회사이다. 일본의 게임 개발사 캡콤(CAPCOM)은 스트리트파이터2를 출시하면서 대전액션게임의 시대를 열었다. 1990년대에는 오락실 어디를 가나 스트리트파이터를 하는 사람들로 넘쳐났다. 이후 대전액션게임은 버추어 파이터(Virtual Fighter), 텍켄, 철권 등으로 이어진다. 그러나 가정용 비디오게임이 보급되면서 오락실은 쇠락하게 되고 대전액션게임 또한 하락하게 된다. 그 이후 나타난 것이 콘솔게임과 PC방이다. 참고로 한국에서는 1997년부터 PC방이 전국에 성행하게 되었다. 이에 따라 인터넷게임 시장이 급격하게 증가한다. 리니지, 바람의 나라, 카트라이터 등이 활성화되면서 프로게이머들이 사람들의 관심과 사랑을 얻게 된다. 그중에서 가장 압권은 1998년 블리자드에서 출시한 스타크래프트이다. 동시에 E-Sports가 출범하게 된다. 당시 가장 유명한 프로게이머는 임요한이었다. 전 세계적으로 가장 큰 게임으로 손꼽는 것은 리그 오브 레전드(League of Legend)이다. 2012년부터 지금까지 전 세계에서 가장 많은 사람들이 이 게임을 즐기고 있다. 이제는 게임계에서 한국인의 위상이 최고임을 부정할 수 없다.

현재 세계 최고의 글로벌게임사는 텐센트이다. 유저와 개발자들이 더 나은 게임을 만들기 위해 공조하고 협조하는 것이 보통이다. 블리자드에서 만든 오버워치가 출시 한 달 만에 PC방 점유율을 30%를 기록하면서 업계 1위를 차지하였지만 아타리, 닌텐도와 같은 쇠락을 피할 수 없었다. 그런 면에서 게임사들이 새로운 제품을 개발하는 것 못지않게 중요한 것은 소비자들의 기호를 잘 파악해서 기존 제품들을 업그레이드시켜야 한다는 점이다. 게임 콘텐츠의 질적 수준을 높이는 것이 무엇보다 중요하다. 앞으로 개발되는 게임들은 가상현실을 바탕으로 하는 로블록스와 같은 것이 될 것이다. 로블록스는 2004년에 설립된 미국의 게임 플랫폼이자 메타버스의 대표주자이다. FPS 게임에서부터 단체로 하는 격투 게임에 이르기까지 다양하다. 하지만 미래의 게임 못지않게 마이크로소프트가 2020년에 인수한 마인크래프트같은 게임도 주목해야 할 것이다. 이 게임은 남녀노소 모든 계층에서 창의력을 펼칠 수 있기 때문이다.

ᴋ 한국 게임의 역사

한국 게임의 역사는 언제부터 시작되었는가? 이제부터 본격적으로 한국 게임의 역사를 알아보자. 〈한국 게임의 역사에 관한 연구〉를 집필한 윤형섭, 권용만은 한국 게임의 역사를 9단계로 나누어 고찰하였다. 이 글에서는 〈한국 게임의 역사에 관한 연구〉 중에서 중요한 단계만을 요약해서 정리하고자 한다.

한국 게임사의 여명기(1970~1984년)는 1970년대부터 시작되었다. 이 시기는 국내 최초로 전자오락 게임기가 도입되었고 전자오락실이 번창했던 시기이다. 1971년 한국에서는 미국에서 만든 전자오락실용 아케이드 게임기를 어린이회관에 설치하면서 과학교육의 활용이라는 표현을 썼다. 이로써 게임기의 공식적인 국내 도입이 시작된 것이다. 그러나 게임 관련 법령과 제도에 대한 준비가 없던 상태였기에 전자오락식은 1980년대 말까지 불법으로 운영되었다.

1980년대 중반은 외국산 게임의 유입 및 국산 게임 개발기(1985~1987년)에 해당한다. 이 시기는 외국산 게임기의 도입, 그리고 외국산 PC게임의 도입기에 해당하며, 이 시기에 들어와서 전자오락 게임과 더불어 PC 기반의 게임이 유입되었다. 1987년에는 고등학생 남인환이 국내 최초로 국산 게임을 개발하고 상용화하였다. 한국에도 국산 게임기 개발이 본격적으로 시작되었던 것이다.

한류 게임사에서 중요한 시기는 국산 PC게임 확산기(1991~1993)인 1990년대 초반이다. 이 시기에는 다양한 PC게임 개발사들이 설립되었고, 다양한 장르의 게임들이 출시되었다. 〈폭스레인저〉, 〈그날이 오면〉 등의 게임은 출시되자마자 흥행하였다. 또한 이 시기에는 국내 최초로 컴퓨터 게임 시나리오 공모전이 등장하였다.

1990년대 중반은 온라인 게임 태동기(1994~1996)이다. 이 시기는 PC 통신을 통해 온라인 게임들이 개발되어 서비스되었기 때문이다. 1993년 마리텔레콤이 〈단군의 땅〉 게임을 개발하여 서비스하기 시작하였고, 1994년에 삼정 데이터 시스템은 천리안에서 머드게임의 상용화를 시작하였다. 같은 해 나우누리에서 〈단군의 땅〉도 상용화를 시작하면서 온라인 게임의 시대를 개척하였다. 1995년부터는 게임 심의제도도 한국공연예술진흥협의회에서 영상물등급 위원회로 이관되었다.

1990년대 후반은 온라인게임 확산기(1996~1998)에 해당한다. 이 시기는 그래픽 기반의 온라인 게임이 국내 최초로 개발되어 서비스되었던 시기이다. 대표적인 게임으로는 넥슨의 〈바람의 나라〉이다. 곧이어 엔씨소프트의 〈리니지〉가 출시되면서 온라인 게임의 대중화가 시작되었다. 이때부터 온라인 게임 산업의 발전이 시작된 것이다. 또한 이 시기에 블리자드사의 〈스타크래프트〉가 유저들로부터 폭팔적인 인기를 얻기 시작하면서 조금씩 성장하던 게임방이 전국적으로 확산되기 시작하였다. 1996년에는 국내 최초의 게임 전시회가 열리기도 하였다. IMF 경제 위기도 온라인게임 산업에 큰 변화를 제공한 것으로 보인다. 이 시기부터 대한민국의 게임 산업이 확산되기 시작한다.

2000년대를 전후의 시기는 온라인 게임 발전기(1999~2001)에 해당한다. 한국에 국내 최초로 온라인 게임 포털이 도입되었고, 리니지 성공의 영향으로 다양한 온라인 게임이 개발되어 서비스되기 시작하였다. 이때부터는 다양한 MMORPG 게임이 개발되어 서비스되기 시작하였다. 이때부터 프로게이머라는 직업이 탄생하였다. 또한 이 시기에 포털 게임 서비스 개념이 처음 도입되었다. 이에 따라 캐주얼 게임으로 불리는 〈포트리스〉, 〈퀴즈퀴즈〉 등의 온라인게임 서비스가 시작되었다.

이재홍은 〈한류 확산에 따른 게임의 확장 가능성 연구〉라는 글에서 1990년대 후반부터 불기 시작한 한류는 2000년대 이후 중국에서 폭발적인 인기를 얻었다고 하였다. 이 시기에 〈리니지2〉(2003)가 출시되면서 중국에서는 본격적인 온라인 게임 붐이 일어났다.

현재는 온라인게임의 세계화기(2006~현재)에 해당한다. 2006년에 접어들면서 정부는 드디어 규제 중심이던 법령과 제도를 개선하여 〈게임산업진흥에 관한 법률〉을 제정하고 게임산업을 집중적으로 육성하기 위해 박차를 가하였다. 또한 동남아 중심이던 온라인게임의 수출을 미국, 유럽까지 확장시켜 나갔다. 한국문화산업교류재단에서 발표한 데이터에 따르면, 게임 분야는 관광 분야 다음으로 연평균 31.9%라는 꾸준한 성장률을 보여준다. 한국의 게임 산업은 단순히 게임에 국한되지 않고 한국의 경제력 향상에 큰 도움을 주고 있는 것이다.

K 국가별 한류 게임의 동향

2000년대 초반, 한류 게임은 온라인 게임의 수출로 막을 올렸다. 2003년 게임분야 수출은 중국 및 동남아 진출로 인해 흑자기조로 돌아섰다. 특히 미국에서 한국산 온라인게임이 통하기 시작했다는 사실은 고무적인 일이었다. 2020년이 되면서 한국 게임 시장은 18조 8,855억 원 규모로 성장했다. 2020년 한국 경제성장률이 −1%였기에 게임 시장이 전년 대비 21.3% 성장한 것은 기적과 같은 일이었다. 그 중에서도 모바일게임이 한국 전체 게임 시장 규모의 57.4%를 차지했다(KOFICE, 2021). 현재 한류 게임은 일본, 중국, 미국에 이어 대만, 베트남, 태국 같은 동남아시아 지역까지 확장하고 있다. 아세안 지역은 PC환경이 낙후되고 부족한 인터넷 인프라로 인해 비교적 낮은 사양의 온라인 게임이 인기가 많다. 그러나 시스템 수준과 소비자의 수준이 향상된다면, 앞으로 더 큰 시장이 형성될 것이다. 이 글에서는 이자영의 논문을 중심으로 아시아 주요국의 한류 게임 현황을 알아보고자 한다.

일본에서의 한류 게임

일본은 캐릭터 꾸미기 아이템 판매율이 높은 편이다. 일본 게임

이용자들은 자기만의 캐릭터를 꾸미는 커스터마이징에 대한 욕구가 큰 편이라고 한다. 따라서 일본 게임이용자들이 선호하는 캐릭터 아이템을 개발할 필요가 있다. 또한 일본은 오랜된 비디오게임 강국답게 비디오게임 컨트롤러를 선호하는 경향이 있다. 예컨대 한국의 비행슈팅 시뮬레이션게임인 Ace online 역시 비디오게임 장르에서 인기를 끄는 슈팅게임 장르에 게임패드 콘트롤을 지원하여 인기를 얻고 있다. 한국의 넥슨에서 개발한 생활형 MMORPG인 마비노기는 2005년에 일본 서비스를 시작하였는데 일본 고유의 의상인 유카타와 게다, 일본부채 아이템을 명절 이벤트로 업데이트해서 좋은 반응을 얻었다(이자영, 2010). 넥슨이 2023년 6월에 출시한 데이브 더 다이버가 2024년 1월까지 300만 장 이상 팔리면서 많은 게임 기업들이 넥슨식의 영업을 진행하고 있다. 예컨대 참신한 아이디어를 자주 만들 수 있는 시스템을 갖추기 위해 노력하고 있는 것이다.

중국에서의 한류 게임

중국에서의 온라인게임 산업은 빠른 경제성장을 기반으로 해마다 발전을 거듭하고 있다. 수많은 중국의 젊은이들이 온라인게임에 열광하고 있으며, 한국의 온라인게임 기업들도 중국 진출을 위해 많은 노력을 기울이고 있다. 한국의 스마일게이트에서 개발하고 네오위즈에서 서비스한 크로스파이어(Crosfire)는 1인 슈팅 게임이다. 이 게임은 중국의 대표적 퍼블리셔인 텐센트가 퍼블리싱을 맡아 스마일게이트와 함께 현지화에 성공하였다. 중국에서 서비스를 개시한 2009년에는 11월 동시 접속자수가 160만 명을 기록하기도 하였다. 월 수백

억원의 아이템 판매수입을 올리는 대표적인 게임이라고 할 수 있다. 또한 총기를 사용하는 FPS는 중국 게임이용자들의 취향에 맞게 캐주얼게임 수준으로 현지화되고 있다. 크로스파이어가 중국시장에서 성공한 요인은 게임의 쉬운 난이도화, 클라이언트의 가벼운 용량, 안정적 서버유지 등을 꼽을 수 있다.

대만의 한류 게임

대만의 온라인게임 문화는 중국에 비해 아기자기한 비주얼적 요소를 선호하는 경향이 있다. 대만에서는 가족을 꾸미거나 커뮤니티를 형성하는 게임을 선호한다. 이에 발맞추어 한국의 MMORPG게임인 '열혈강호'나 '루나 온라인'이 대만시장에서 성공할 수 있었다. 여기에 결혼시스템이 추가되었으며, 여러 명이 함께 하는 가족, 농장 시스템, 다양한 문파전 등 커뮤니티를 강조하는 게임이 다양하게 출시되었다. 예컨대 앞서 소개한 루나 온라인은 2007년 개발한 환타지 MMORPG 게임으로 대만 매크로웰과 함께 2008년 현지화에 성공했다. 2009년 전반기에는 대만의 최고 인기 게임이 되었다. 특히 대만 교과서에서 한국을 대표하는 게임으로 소개되기도 하였다. 대만 루나 온라인은 한국에는 없는 결혼시스템이 도입되었는데 이는 대만의 현지 문화를 잘 파악했기 때문이다. 여기에 중화문화권에서 인기가 높은 상징적인 동물, 행운의 숫자, 무협이나 전설 속의 인물을 대상으로 한 의상아이템이나 꾸미기 아이템을 추가한 것은 현지로부터 좋은 호응을 얻어냈다.

태국에서의 한류 게임

태국은 PC온라인 시절부터 많은 게임 사용자를 보유한 국가이다. 2024년 넷마블에서 내놓은 신작 RPG '나 혼자만 레벨업:어라이즈'은 현재 태국에서 인기가 높다. 한류 웹툰에서 소개된 바 있는 '나 혼자만 레벨업:어라이즈'는 게임으로 다시 탄생하여 해외에서 좋은 반응을 얻고 있다. 태국에 소개된 이 게임은 IP를 활용한 최초의 게임으로, 작품에 등장하는 다양한 무기와 캐릭터를 잘 구현하였으며 수준 높은 액션과 타격감으로 한류 게임을 리드하고 있다. 앞으로 카카오 웹툰은 태국 현지에서 발굴한 웹툰을 중심으로 다양한 IP 흥행 사례를 만들어갈 계획이라고 한다.

K 한류 프로게이머의 최고봉 '리그 오브 레전드'

세계에서 가장 인기가 많은 게임은 무엇일까? 현시점에서는 당연 리그 오브 레전드(2011)라고 볼 수 있다. 아마 리그오브레전드를 안 해본 사람은 있을 수 있어도 못 들어본 사람은 거의 없을 것이다. 세계에서 가장 인기가 있는 게임인 만큼 리그오브레전드의 성공 이유를 분석해 본다면 앞으로 한류 게임 개발의 방향성을 알아볼 수 있을 것이다.

먼저 리그오브레전드의 장르는 MOBA(Multiplayer Online Battle Arena)로 적진을 점령, 혹은 파괴하는 것을 목표로 상대 플레이어와 대결하는 방식이다. 원래 리그오브레전드가 게임 시장을 장악하기 전에는 MOBA 장르가 그렇게 경쟁력이 강하지 않았다. 본론부터 얘기하자면 리그오브레전드는 모방 능력이 매우 뛰어나다. 리그오브레전드의 뿌리는 '도타'라는 게임에 있다. 도타는 워크레프트3의 인기 있던 MOBA 장르의 유즈맵인 도타 올스타즈를 말한다. 이 게임을 모티브로 제작된 것이 바로 리그오브레전드인데 출시 당시 사람들은 도타의 짝퉁 취급을 했다. 하지만 출시 이후 2년도 채 되기 전에 큰 인기를 끌며 수면 위로 떠오르게 된다. 그 이유는 바로 진입장벽에 있다. 도타와 비슷한 게임 장르지만 새롭게 플레이하는 유저들이 이용하기에는 도타는 매우 진입장벽이 높았다. 반면 리그오브레전드는 그런 진입장벽을 낮추고 처음 이 장르를 접하는 사람들도 재미있게 게임을 즐길 수 있는 환경을 마련한 것이다. 리그오브레전드 열풍이 일기 시작하자 도타를 하던 사람들도 점차 리그오브레전드로 넘어 갔고, 도타를 아예 해보지 않은 사람도 입소문을 통해 게임을 접하게 됐다.

또 다른 사례를 살펴보자. 2019년 리그오브레전드 게임 안에서 출시된 전략적 팀 게임인 전투(TFT)는 도타2라는 게임의 커스텀 유즈맵에서 선풍적인 인기를 끌던 오토 체스라는 게임을 모티브로 제작되었다. 리그오브레전드는 어떤 한 장르가 크게 인기를 끌면 그것을 자신들의 IP로 새롭게 각색해 제작하는 것을 매우 훌륭하게 해내었다. 결국 전략적 팀 게임인 전투는 처음에는 오토 체스의 아류작 취급을 받았으나 지금은 그 어떤 오토 체스 장르 중에서도 가장 인기를 끄는 게임이 됐다. 사실 리그오브레전드라는 게임이 새롭고 창의적인 콘텐츠로 게임 시장에서 승부를 본 적은 거의 없다. 대부분 기존에 존재하던, 인기 있던 장르를 끌어와 자신들의 스타일로 덧입힌 사례가 대다수다. 하지만 사람들에게 아류작, 짝퉁 소리를 들을지언정 기존 그 게임 장르의 문제점, 아쉬운 점을 개선하여 진입장벽을 낮추고 더 쉽고 재밌게 즐길 수 있도록 만들어 준 것은 리그오브레전드의 탁월한 전략이라 할 것이다.

모방은 창조의 어머니라는 말은 리그오브레전드와 딱 어울리는 말이다. 대략 10년을 이런 방식으로 운영해온 리그오브레전드는 온라인게임 순위 1위 자리를 거의 내려놓지 않고 있다. 리그오브레전드의 사례를 보면 사람들이 좋아하고 인기 있는 장르를 자신만의 방식으로 각색하는 작업이 특징이라고 할 수 있는데 이것은 우리 한류 게임에도 필요한 덕목이다. 꼭 새롭고 창의적인 게임으로 승부를 보기엔 이미 너무도 많은 장르의 게임들이 존재한다. 멀티플레이 게임이 아닌 솔로로 플레이하는 스토리 위주의 게임이나 퍼즐 장르 등의 게임도 충분히 인기를 끌지만 지속적인 콘텐츠로 쓰기엔 어려운 장르이다. 앞서 말한 것과 같은 장르의 게임은 일회성이 강하기 때문에 한 번 하고 나면 더 이상 플레이할 콘텐츠도 이유도 사라져버린다. 지속가능한 온라인게임을 제작하기 위해서는 현재 가장 강력한 게임인 리그오브레전드의 운영 방식을 충분히 참고할 만하다. 자신들의 정체성을 유지한 채로 다른 장르를 포섭할 수 있는 능력이 한류 게임에도 필요한 것이다. 비록 한국에서 개발한 게임은 아니지만 리그오브레전드 게임의 진정한 승자는 바로 한국의 프로게이머이다. 한국이 게임강국이 될 수 있는 이유는 전 세계인의 주목을 받고 있는 게임을 주도하기 때문이다. 한류 게임은 한국의 프로게이머의 활약상과 맞물려 있는 것이다.

K 게임산업 분류

게임산업은 다양하게 분류할 수 있다. 여기서는 플랫폼별과 내용 특성이라는 2개의 분류체계로 나누어 살펴보고자 한다.

플랫폼에 따른 게임 분류

게임 콘텐츠를 이용하기 위해서는 플랫폼이 필요하다. 아케이드 게임은 오락실과 게임장에 제공되는 게임이다. 특정 게임을 위한 전용기기가 제작되어 활용된다. 콘솔게임은 전 세계 게임 시장에서 가장 큰 비중을 차지하는 게임 플랫폼이다. 가정 내 TV나 모니터에 게임 전용 기기(콘솔)을 연결하여 이용하는 게임이다. PC게임은 PC에서 구동되는 형태의 게임을 말한다. 인터넷 네트워크를 통해 서버에 접속한 다음 진행한다. 모바일게임은 스마트폰 등의 휴대용 단말기를 통해 제공되는 게임이다. 모바일게임은 휴대폰, PDA(개인용 휴대 정보 단말기)에 기본적으로 게임이 내장되어 있고, 인터넷 접속을 통해 게임을 다운받아 이용하는 게임을 말한다.

내용 특성에 따른 게임 분류

게임은 일정한 형태를 가지고 있다. 멀티플레이 게임 기준으로 가장 인지도 있는 게임 장르 몇 가지를 먼저 소개하고자 한다.

RPG(Role Playing Game): 게임 내에서 자신에게 주어진 문제들을 해결하면서 성장한다는 점이 특징이다. RPG는 유저들에게 역할이 주어진다. 여기서 말하는 역할이란 게임 속 직업, 직위 등을 말하며 해당 캐릭터를 계속 육성시키는 방식이다. MMORPG는 대규모 인원이 함께 즐기는 게임이다.

액션 게임: 상대방과 격투를 벌이는 게임이다. 폭력성이 큰 편이며 순간적인 몰입과 긴박감을 느낄 수 있다. 1인칭 슈팅 게임인 FPS(First Person Shooting)와 3인칭 슈팅게임인 TBS(Third Persos Shooter) 등이 있다. 예컨대 많은 게이머들에게 인기 있는 '언 레코드'는 복잡한 대화와 도덕적 딜레마를 갖춘 이야기 중심의 슈팅 게임이다.

MOBA(Multiplayer Online Battle Arena): AOS이라고 불리는 MOBA는 리그 오브 레전드와 같이 여러 명의 유저들이 같은 전장에서 전투를 벌이는 전략 게임을 말한다. 이때 미리 정한 목표와 각자의 역할을 수행하기 위해 팀원들은 게임 상황을 실시간 공유하면서 플레이를 진행한다. 게임이 끝나면 개개인의 기록을 확인할 수 있다. 게이머들은 객관적인 평가에 따라 보상을 받는다.

전략 게임: 전투와 같은 모의 상황에서 유저들이 전략을 가지고 싸우는 두뇌 게임이다. TBS와 RTS(Real-Time Strategy)가 대표적이다. 전략 게임에는 턴제 전략 게임(TBS)과 실시간 전략 게임(RTS)의 두 가지 방식이 있다. TBS는 RTS 게임과 정반대 게임이라 할 수 있다. TBS의 턴제를 실시간으로 변경한 것이 RTS이다. RTS는 건물과 유닛의 생산, 제어와 파괴가 주된 내용이다.

시뮬레이션 게임: 현존하거나 존재할 가능성이 높은 사건을 대상으로 유저들이 가상 체험하는 내용을 담고 있는 게임이다. 예컨대 맥시스가 개발한 심시티 시리즈는 유저들이 자신들이 원하는 특별한 미래도시를 만들 수 있다.

어드벤처 게임: 가상 세계에서 주인공들은 미리 완성된 게임 시나리오에 따라 문제를 해결하는 과정을 즐길 수 있다. 대표적인 게임은 마인크래프트이다.

캐주얼 게임: 난이도가 쉬운 것이 장점이다. 유저들은 비교적 간단하게 플레이를 할 수 있다. 대표적인 게임은 앵그리버드이다.

Ⱪ 한국의 프로게이머

한국 프로게이머는 이미 세계적으로 그 위상이 매우 높다. 과거 한국 e스포츠에서 스타크래프트가 주류이던 시절에 스타크래프트 세계 랭킹 1위는 단연코 한국인이었다. 더불어 랭킹 100위 안에 있는 유저 대부분이 한국인이었다. 이 당시부터 한국인은 게임을 잘한다는 인식이 세계에 본격적으로 퍼지기 시작했다.

현재 한국 e스포츠의 주류는 리그오브레전드이다. 리그오브레전드라는 게임에서도 한국 팀의 성과는 가히 놀라웠다. 세계 리그오브레전드 대회 일명 롤드컵에서 총 10번의 대회 중 6번을 한국팀이 우승했다. 스타크래프트에 이어 다시 한번 한국인이 게임을 잘한다는 인식이 이로 인해 더욱 크게 퍼져나갔다.

한국 e스포츠를 빛낸 프로게이머 선수를 꼽아보자면 이영호, 이윤열, 임요한, 홍진호, 페이커, 엠비션, 벵기 등이 있다. 그들은 한국 e스포츠 명예의 전당에 이름을 올린 프로게이머들이며 한국의 게임 실력을 전 세계에 알리는 데 큰 기여를 하였다.

한국 프로게이머들의 존재는 한류 게임 발전에 있어 매우 중요한 부분이다. 여타 다른 한류 문화들이 발전할 때의 양상을 살펴보면 바로 해당 분야 스타의 탄생이다. 드라마의 경우 배용준, K-팝의 경우 BTS가 있다. 게임에서 그 정도의 인지도와 스타성을 가진 사람이 바로 페이커(이상혁)이다. 해외 게임 팬 중 페이커를 모르는 사람이 거의 없을 정도로 그 인기가 하늘을 찌르며, 이미 한국 게임계를 넘어 세계 게임계를 흔들고 있는 전설적인 인물로 평가받고 있다. 한 문화 속에서 이렇게 눈에 띄는 스타가 탄생하면 그 분야는 그 전보다 훨씬 많은 발전을 하게 된다. 더욱이 스타의 탄생은 한류 게임이라는 사업이 해외에서 얼마나 성장 가능성이 있으며 인지도가 높은지 알게 된다. 이렇게 세계적인 게임 스타까지 갖춘 한류 게임은 현재까지도 많은 변화와 발전을 거쳤으나 그 수치가 기대에 아직 못 미치고 있다.

Ⱪ 한국은 게임 강국

수많은 게임 장르를 불문하고 한국 프로게이머들은 많은 분야에서 기대 이상의 성과를 보여줬다. 대회뿐만 아니라 대회로는 잘 진행되지 않는 RPG 같은 게임 장르에서도 한국인들은 놀라운 실력을 보여주었다. 미국의 게임 회사 블리자드의 게임 중 디아블로라는 아주 유명한 게임이 있다. 디아블로 시리즈 중 디아블로3는 국내 출시 6시간 만에 게임 개발자를 격파한 사건이 있었다. 한국인이 게임에 대한 열정과 끈기 그리고 실력을 동시에 입증받은 대표적인 사례다.

스타크래프트에 대한 한국인의 실력은 오래전부터 잘 알려진 바

있으나 이를 감안하고도 정말 특별한 사건이 있었다. 스타크래프트2의 전종범 선수는 2015년 스타크래프트2 대회 WCS 북미예선전에서 일명 '맵핵'을 사용한 미국 선수와 붙었다. 상대방의 맵을 다 볼 수 있는 맵핵을 사용했음에도 한국의 전종범 선수는 2:0으로 완승을 하여 화제가 되었던 것이다.

본래 FPS 장르는 북미 나라 사람들이 잘한다. 한국인은 FPS는 취약하다는 분위기가 게임계에 불고 있었다. 하지만 이런 편견을 깨는 사건이 있었다. 2021년 2월 2일에 열린 PUBG 배틀그라운드 파트너리그 한중전에서 중국팀이 핵을 사용했다는 사실이 밝혀졌다. 그럼에도 해당 경기는 한국인이 승리를 차지했다. 경기의 내용도 한국의 압승이었다. 지금도 한국 게이머들은 한국이 왜 게임 강국인지를 대회를 통해, 게임 속 기록을 통해 전 세계에 보여주고 있다. 한국인들이 유독 게임이라는 장르에서 세계 최강을 보여주는 이유는 무엇일까?

한국인이 게임을 잘하는 이유

앞서 말했듯이 한국은 게임 강국이라는 인식이 강하다. 해외에서 우리나라 프로게이머들의 모습을 보면서 한국은 왜 게임을 잘하는지에 대해 연구하기 시작했다. 그 결과 한국인이 게임을 잘하는 이유는 크게 세 가지로 정리할 수 있다.

우선 e스포츠를 통해 프로게이머의 실력이 성장한다는 점이다. 한국 프로게이머들은 e스포츠 대회의 여러 경험과 긴 숙련도를 갖추었기에 다른 나라 프로게이머보다 게임을 잘한다고 할 수 있다. 또 다른 이유는 한국에 게임 인프라가 잘 갖추어졌기 때문이다. 한국의 인터넷은 전 세계적으로 가장 빠른 인터넷 환경을 갖추고 있어 자연스레 PC방이라는 문화가 생겼고 전국적으로 빠르게 보급되었다. 이러한 이유로 한국은 PC방 문화가 당연시하게 자리 잡고 있지만 해외에는 이런 문화가 흔하지 않다. 때문에 다른 나라에 비해 게임에 쉽게 접할 수 있는 인프라 환경이 된 것이다. 한국에서 게임에 재능이 있는 사람이 많이 나오는 것은 게임을 쉽게 접할 수 있는 접근성 때문일 것이다. 마지막으로 한국 프로게이머 감독들은 선수의 게임 성적, 토너먼트 통계가 아닌 책임감, 인성을 중요하게 본다. 단순히 게임을 잘하는 것만 아니라 프로게이머의 인성적인 부분을 항상 고려한다는 점이다. 프로게이머의 인성은 놀랍게도 게임 실력에 영향을 준다고 한다. 한국에서 아이돌은 춤과 노래도 잘해야 하지만 인성도 매우 중요하게 보는 것과 같은 이치이다.

<사진 8-1. e스포츠 명예의 전당>
(출처: 문화체육관광부-김혜원)

K 한류 게임산업의 문제점

이제부터는 한국 게임산업의 문제점을 살펴볼 차례이다. 한국은 게임 인프라를 잘 갖추었음에도 여전히 게임 산업은 괄목할 만한 성과를 거두지 못하고 있다. 게임 산업이 현재의 문제점을 해결하고 미래로 가기 위해 우리는 무엇을 준비해야 하는가?

게임 산업의 편중성

한국은 게임 강국이라는 인식은 이미 해외에도 널리 알려진 사실이다. 하지만 게임을 잘하는 것 말고 게임을 잘 만드는 일은 게임 산업에 있어 매우 중요하다. 국내에서 만든 게임 중 세계적으로 인기를 끈 게임은 크래프톤의 자회사인 PUBG 스튜디오에서 제작한 배틀그라운드 게임이다. 배틀그라운드가 탄생하기 전 h1z1이라는 비슷한 장르의 게임이 게임 시장에서 유행하였다. 베틀그라운드는 같은 장르의 배틀로얄 게임에서 스토리, 접근성, 모바일 제작 등의 여러 가지 사업적 전략을 융합하여 큰 인기를 끄는 데 성공한 게임이다.

훌륭한 게임 제작 사례도 있지만, 한국이 게임 산업을 육성시키기 위해서는 게임 편중성이라는 장애물을 극복해야 한다. 예컨대 한국의 게임 시장이 모바일 게임에 치중돼 있다는 것은 사실이다. 한국의 온라인 pc게임을 만드는 회사들은 항상 예산이 부족하거나 제대로 된 지원을 받기 어렵기 때문에 게임 개발 투자에 인색하며, 게임 개발 회사도 한정적이다. 모바일 게임의 경우는 찍어내는 양산형 게임들이 점점 늘어나며 독창성, 재미보다는 돈을 벌 수 있는 수

단으로서의 게임만 제작하고 있다. 이러다 보니 게임 하나하나의 질이 점점 떨어지고 있는 상황이다. 따라서 게임투자사들이 제대로 된 게임에 대한 인식 변화가 시급하다. 게임을 만드는 사람들이 충분한 재정 지원을 받아 게임을 제작할 수 있도록 제작 환경이 개선되어야 할 것이다.

게임 인식의 전환 부족

해외에서는 게임을 돈 주고 사는 문화가 자연스럽지만 유독 한국에서는 게임을 돈 주고 사는 문화로 인식하지 못한다. 사람들이 돈을 내고 사서 플레이하는 게임들을 피하다 보니 게임을 운영하는 회사 측에서는 적자가 날 수밖에 없는 것이다. 게임에 돈을 쓰는 것이 자신의 여가생활을 위해 필요하다는 인식의 전환이 필요하다. 게임 문화는 여타 다른 취미생활과 같다는 인식이 생겨야 게임 산업이 더욱 안정적으로 발전할 수 있다(이지훈, 2010).

무시하고 방치된 게임법

한국은 프로게이머를 일종의 직업이라고 생각하고 있다. 하지만 몇 년 전까지만 해도 해외 사람들은 프로게이머 자체가 직업이라고 생각하지 않았다. 다른 나라에 비해 한국은 e스포츠가 오래되기도 하였다. 하지만 이런 한국인들이 게임을 대하는 인식과 대조되는 것이 게임을 부정적으로 바라보는 시각이다. 여전히 한국 사회에는 게임을 단순한 오락으로 치부하고 공부에 방해되는 골칫거리로 생각하는 사람들이 많다. 또한 게임의 중독성을 강조하며 취미로 게임을 하는 사람과 프로게이머들을 게임 중독자로 취급하기도 한다. 해외에서는 한국의 게임을 인정하고 있는 추세이지만 정작 한국에서는 게임에 대한 지원, 법 개성 등이 제대로 이루어지지 않고 있다. 한류 게임이 더욱 발전하기 위해서는 아직까지 남아있는 게임에 대한 부정적 인식을 개선할 필요가 있다. 게임문화를 받아들이고 그에 맞는 인식이 확산되다 보면 우리나라 게임 산업은 발전할 여지가 높다(최중빈, 2016).

최근 게임법 관련 이슈가 늘고 있다. 지금껏 무시하고 방치한 게임법의 취약함이 드러나면서 많은 사람들이 게임법 개정을 요청하고 있다. 한류 게임의 발전에 있어 게임법은 시급히 개정되어야 한다. 게임과 관련된 법이 잘 갖춰져 있지 않으면 그것을 악용하는 사례가 점점 늘어나고, 그리되면 한류 게임이 쇠퇴하는 지름길이 된다. 제대로 된 게임법과 게임 산업의 가능성을 열어두고 충분한 지원과 관심을 쏟는다면 한류 게임은 분명 한류 드라마, 한류 음악만큼 전 세계인의 주목을 받는 한류 콘텐츠가 될 것이다.

1. 국내 게임산업이 경쟁력을 갖추기 위해서는 어떤 노력이 필요한가?

2. 중국 등 해외업체들의 국내 게임 개발사 투자가 어떤 결과를 초래할 것인가?

3. 모바일 게임의 장점과 단점은 무엇인가?

4. 청소년에게 게임셧다운제와 같은 게임법이 필요한가?

5. 가상현실을 바탕으로 하는 미래의 게임 산업의 가능성은 어떠한가?

6. 한류 게임 개발이 앞으로 나아갈 방향은 무엇인가?

7. 국내 게임 중 가장 한국다운 게임은 무엇이고, 그렇게 생각한 이유는 무엇인가?

8. 게임에 대한 부정적 인식 개선을 위해 어떤 노력이 필요한가?

9. 모두가 게임을 즐길 수 있는 방법을 토의해 보자.

10. 한류 게임 콘텐츠로 활용하고 싶은 소재가 있는가? 있다면, 그것을 구체적으로 어떻게 활용하고 싶은가?

9장

한류 웹툰

웹툰의 개념

한류 웹툰의 역사

한류 웹툰의 장르

한류 웹툰의 대표작

한류 웹툰의 특징

한류 웹툰의 해외 동향

한류 웹툰이 대중문화에 미치는 영향

한류 웹툰의 도전 과제

토의 및 토론

9장

한류 웹툰

K 웹툰의 개념

웹툰(웹툰, Webtoon)은 웹(web)과 카툰(cartoon)의 합성어로 온라인 상에서 연재되는 만화를 일컫는 말이다. 이는 종이나 책이 아닌, 웹사이트나 모바일 앱을 통해 독자가 열람할 수 있는 형태의 만화이다. 웹툰은 특히 한국에서 활발하게 제작되고 있는데, 2000년대 후반부터 시작되어 현재까지 꾸준한 성장을 거듭하고 있다. 웹툰은 종이로 인쇄된 만화와는 다른 특징을 가지고 있다. 첫째, 웹툰은 독자들에게 정기적인 콘텐츠 업데이트를 제공한다. 둘째, 종이가 아닌 디지털 플랫폼을 제공하기 때문에 독자들은 모바일 기기나 컴퓨터를 통해 언제 어디서나 웹툰을 볼 수 있다. 셋째, 웹툰은 화면을 스크롤하여 이전 또는 다음 씬으로 이동하기 때문에 언제 어디서나 읽을 수 있다. 넷째, 웹툰은 독자들의 참여가 가능하기 때문에 실시간으로 스토리를 변경할 수 있다. 마지막으로 웹툰은 다양한 장르와 스타일의 작품이 제공되기 때문에 독자들은 선택하여 읽을 수 있다. 이제 한국의 웹툰 산업은 국내를 넘어서서 해외에서도 관심이 높아지고 있다. 인기가 높은 작품들은 다양한 언어로 번역되어 해외 독자들에게도 읽히고 있다. 이러한 웹툰을 발명한 나라가 대한민국임을 모르는 사람은 드물 것이다. 오늘도 전 세계적인 팬덤을 보유한 웹툰 기업인 네이버 웹툰과 카카오 페이지는 무료와 유로 결재 시스템을 통해 빠르게 성장하고 있다. 작가 친화적인 시스템을 구축하여 운영중인 네이버 웹툰은 웹투니스트 데이를 매년 개최하여 작가들에게 정보를 공유할 수 있게 도와준다. 반면 카카오페이지는 작가와 직접 계약하지 않고 웹툰 스튜디오로부터 작품을 공급받아 운영하고 있다.

K 한류 웹툰의 역사

한류 웹툰의 역사는 그리 오래되지 않았다. 논자에 따라 웹툰의 역사를 정의하는 것이 다른 것이 사실이지만 대략 2000년대 초반에 시작된 것으로 보고 있다. 한국만화가협회 부설 만화문화연구소에 따르면 크게 네 단계로 나누어 고찰할 수 있다.

첫째, 웹툰 초창기에 해당하는 2000~2004년은 플랫폼이 활성화되기 이전이기에 작가들이 주로 개인 매체를 활용해 만화를 그렸다. 이 시기에 나온 웹툰은 주로 개인 블로그나 인터넷 커뮤니티 사이트에서 만들어지고 공유되었다. 2003년이 되면서 인터넷상에서 웹툰을 배포하고 수익화하는 웹툰 플랫폼들이 등장하였다. 웹툰 산업이 본격적으로 시작된 것이다. 이 시기의 대표적인 웹툰 플랫폼은 2003년에 설립된 카카오 페이지와 2004년에 나온 네이버의 네이버 웹툰이다. 강풀의 〈순정만화〉, 〈타이밍〉 등이 이 시기에 나왔다.

둘째, 웹툰 태동기인 2005~2009년은 본격적으로 플랫폼이 구축되는 시기로 이 시기에 네이버, 다음 등에서 정통 극화, 스릴러, 추리물, 로맨스 등이 연재되기 시작하였다. 이 시기는 드라마나 영화로의 웹툰 작품 제작이 활발하게 이루어지면서, 한류 드라마나 한류 영화의 인기에 편승하여 한류 웹툰의 인기도 동반 상승하였다. 대표작으로는 〈이끼〉, 〈지금 우리 학교는〉을 들 수 있다.

셋째, 웹툰 확장기인 2010~2017년은 한국 웹툰 산업이 빠른 성장을 이어가면서 점차적으로 국내외에서 큰 인기를 얻게 된 시기이다. 이 시기는 웹툰이 돈이 된다는 것을 수치로 확인할 수 있는 유료화의 시대로 볼 수 있다. 특히 2010년대 중반부터는 한국의 웹툰이 해외 시장에서도 큰 인기를 얻으면서 한류 웹툰의 시대가 열리게 되었다. 이 시기에 나온 작품으로는 〈신의 탑〉, 〈은밀하게 위대하게〉, 〈신과 함께〉 등이 있다.

넷째, 글로벌 웹툰 시대인 2018~현재는 스튜디오 체제와 집단 창작 체제가 본격화되기 시작한 시기이다. 웹툰 작품들이 대량 생산되고 있으며 그중에서도 웹소설에 기반한 노블 코믹스가 강세이다. 웹툰 시장이 확대된다면 제3, 제4의 웹툰 플랫폼이 나올 수 있을 것이다. 특히 유럽과 미국 시장에서 한류 웹툰의 열풍을 타고 웹툰 산업이 성장할 것으로 기대된다. 이 시기는 미리보기 과금 체계를 통해 글로벌 독자들이 웹툰 산업의 중심축을 담당하고 있다. 주목할 만한 작품으로는 〈오늘만 사는 기사〉, 〈하루만 네가 되고 싶어〉, 〈나 혼자만 레벨업〉 등이 있다.

K 한류 웹툰의 장르

한류 웹툰의 주요 장르는 로맨스, 판타지, 액션, 코미디, 드라마, 스포츠, 스릴러 등이 있다. 여기에서는 대표적인 웹툰 장르를 살펴보고자 한다.

로맨스 웹툰은 주로 청춘들의 연애, 사랑을 중심으로 한 이야기이다. 로맨스 웹툰으로 유명한 것은 〈유미의 세포들〉(2015~2020년 연재)을 들 수 있다. 이 작품은 이동건의 대표적인 로맨스 웹툰으로 세포들과 함께 사랑하고 성장하는 평범한 유미의 이야기를 다루고 있다. 네이버 웹툰에 연재되었으며 2022년 기준 누적 조회수 35억 뷰가 될 만큼 로맨스 웹툰을 대표한 작품이다. 웹툰의 큰 인기로 드라마와 애니메이션으로도 제작되기도 하였다. 이 작품 외에도 K-뷰티의 힘을 보여준 야옹이 작가의 〈여신강림〉이 있다. 이 작품은 외모에 자신 없는 여자 주인공이 화장을 통해 자신감을 회복하고 사랑과 꿈을 찾아가는 이야기를 다룬 것이다. 글로벌 누적 조회수가 54억 뷰에 이를 만큼 전 세계 독자들과 만난 작품이다. 이 작품 외에도 작가 미애의 〈어글리후드〉와 작가 기맹기의 〈내 ID는 강남미인!〉을 들 수 있다.

판타지 웹툰은 주로 마법, 용, 요정, 악마 등이 등장하며, 대부분

몰입력 높은 세계관이나 마법 사회를 배경으로 한 영웅의 여정, 전투 등의 이야기가 다루어진다. SIU 작가의 작품인 〈신의 탑〉은 탑이라는 거대한 구조물 속에서 벌어지는 이야기를 다룬 것이다. 탑이라는 독특한 공간을 배경으로 삼은 이 작품은 2020 대한민국 콘텐츠대상 대통령상에 선정되었고, 누적 조회수는 62억 뷰이다. 이 작품 외에 판타지 웹툰에 소개할 만한 작품으로는 고등학생들이 서로 대결하는 무술 대회를 다룬 박용제 작가의 〈갓 오브 하이스쿨〉과 판타지에 무협 요소를 가미해서 독특한 세계관을 보여준 노경찬 작가의 〈레드스톰〉이 있다.

스릴러 웹툰은 긴장감과 기대감을 유발하는 이야기를 다룬 것이다. 범죄, 추리, 서스펜스, 공포 등 다양한 주제를 다룬 작품들이 이에 속한다. 좀비 웹툰으로 알려진 주동근 작가의 〈지금 우리 학교는〉은 학교에 좀비 바이러스가 퍼지면서 생존을 위해 싸우는 학생들의 이야기를 다룬 것이다. 이 작품은 한국의 좀비가 전 세계 좀비 장르를 바꿨다고 할 만큼 신드롬을 일으켰다. 이 작품 외에 스릴러 웹툰에 속한 것으로는 연상호 작가의 〈지옥〉이 있다. 이 작품은 갑작스럽게 지옥행을 선고받은 이들에게 벌어지는 알 수 없는 초자연적 현상을 다룬 것이다. 김칸비 작가의 〈스위트홈〉은 고등학생 현수가 가족을 잃고 이사 간 아파트에서 겪는 이야기를 다룬 것으로 탄탄한 스토리와 무한한 상상력이 돋보이는 작품이다.

드라마 웹툰은 현실적인 이야기를 다룬 것이다. 주로 일상생활에서 겪는 이야기를 다루거나 가족 또는 직장에서 경험하는 문제들이 중심 화제이다. 윤태호 작가의 웹툰 〈미생〉은 비정규직과 인턴 등

사회 초년생의 처지를 대마의 삶이 결정되지 않은 상태를 뜻하는 바둑 용어 '미생'에 빗대어 표현한 작품이다. 이 작품을 통해 한국의 젊은이들이 살아가는 일상을 엿볼 수 있다. 특히 주인공 장그래가 비정규직으로 살아남기 위해 사투를 벌이는 과정을 실감나게 그린 작품으로 유명하다. 이 작품 외에도 광진 작가의 〈이태원 클라쓰〉가 있다. 이 작품은 고집과 열정으로 뭉친 젊은이들이 이태원에서 창업하는 이야기를 다룬 것이다.

마지막으로 코미디 웹툰은 유머와 웃음을 유발하는 이야기를 다룬 것이다. 웃음을 통해 스트레스를 해소하고 즐거움을 주는 것이 주요 목표이다. 여기에 속하는 작품으로는 2019년에 네이버 웹툰에 실린 박지독 작가의 〈닭강정〉이 있다. 엉뚱하고 참신한 소재의 특성을 살려 연재 당시 독자들의 많은 사랑을 받은 작품이다. 이 외에도 사이비 교주 아들과의 아슬아슬하고 위험천만한 동거를 다룬 한서 작가의 〈청춘계시록〉이 있다.

Ⓚ 한류 웹툰의 대표작

〈나 혼자만 레벨업〉

한국의 판타지 웹툰이다. 카카오웹툰에서 2018년부터 연재되었다. 2021년에는 미국 만화책 판매량 8위에 올랐다. 일본에서는 픽코마 전체 랭킹 최상위권에 진입했고 2020년에는 1위, 2위를 기록하기도 했다. 이 작품은 전 세계에서 140억 뷰를 기록하면서 한류 웹툰의 대표작으로 손꼽히고 있다. 동명의 현대 판타지 웹소설 〈나 혼자만 레벨업〉을 웹툰화한 것이다. 이 작품은 북미와 일본 외에도 중국, 프랑스, 동남아 등 16개국에서 연재되었다. 이 작품은 일본에서 애니메이션으로 제작할 예정이다. 이 작품의 줄거리는 항상 무시받으며 살아왔던 헌터 성진우가 알 수 없는 목소리를 들을 이후 '플레이어'라는 존재가 되어 마수들을 해치우는 이야기이다. 현재 이 작품은 웹툰 못지않게 화려한 연출과 컨트롤을 통한 쾌감을 경험할 수 있는 싱글 액션 RPG 형태인 〈나 혼자만 레벨 업: 어라이즈〉라는 웹툰 게임으로 출시된 상태이다. 〈나 혼자만 레벨업〉과 마찬가지로 판타지 웹소설을 웹툰화한 것으로 유명한 작품으로는 〈전지적 독자 시점〉과 〈취사병 전설이 되다〉와 같은 작품들이 있다.

〈신의 탑〉

〈신의 탑〉은 한국의 퓨전 판타지 웹툰으로 유명한 작품이다. 작가는 SIU이다. 이 작품은 자신의 모든 것이었던 소녀 라헬을 찾기 위해 광대한 세계 그 자체인 '탑'을 오르기 시작한 소년, 스물다섯 번째 밤의 이야기를 그리고 있다. 이 작품은 탑이라는 곳에서 일어나는 일들을 다룬 웹툰이다. 탑은 134층까지 올라갈 수 있게 설계되어 있다. 〈신의 탑〉에는 여러 세력이 존재하는데 랭커와 하이랭커, 자하드, 공방의 대제자들, 고대의 인물 등등 여러 세력들이 얽히고 설킨 이야기들이 무궁무진하게 펼쳐진다. 이 작품의 가장 큰 장점은 스케일이 큰 세계관을 갖고 있다는 점이다. 이 외에도 다양한 개성과 매력을 지닌 등장인물이 등장하며, 매회 나오는 화려한 전투씬은 이 작품의 압권이다. 이 작품은 네이버 웹툰 최고 인기작 중 하나였으나 지옥열차 에피소드부터는 예전보다 못하다는 평가를 받고 있다. 특히 3부는 도저히 납득할 수 없는 작화, 설정, 연출의 붕괴 등으로 인해 작품성이 붕괴되고 있다는 평가를 받았다. 〈신의 탑〉은 공식 외국어 번역 서비스인 WEBTOON에 2014년 7월 1일에 업로드 되었다. 특이한 것은 한국에서 2014년 5월 5일까지 연재됐던 분량(1부 프롤로그 ~ 2부 110화)이 한꺼번에 제공되었다는 점이다. 게임으로 출시된 〈신의 탑: 새로운 세계〉는 조회 수 60억 회를 돌파한 네이버 웹툰 〈신의 탑〉에 기초한 것으로 수집형 애니메이션 역할수행게임(RPG)이다.

<소녀의 세계>

학원물 웹툰인 〈소녀의 세계〉는 주인공 오나리와 그의 친구들인 임유나, 임선지, 서미래의 이야기를 다룬 것이다. 이 웹툰은 학교를 배경으로 일어나는 각종 사건들을 다루고 있다. 주인공인 4인방은 자신의 과거 이야기를 회상의 형식을 통해 풀어간다. 이 작품의 1부 전반부는 주인공 나리가 예쁜 친구들 때문에 자존감이 떨어지지만 친구들과 어울리면서 힘든 일을 극복하여 성장한다는 이야기를 다루고 있다. 이 작품의 후반부에는 친구들이 겪는 힘든 일을 중심으로 이야기가 전개되며, 문제를 해결하는 과정에서 서로 도우며 우애를 다지는 이야기가 전개된다. 2부에서는 이성 캐릭터와의 사랑 이야기가 전개된다. 예컨대 주인공 나리와 두 명의 남학생과의 삼각관계를 중심으로 학교에서 겪게 되는 힘든 일을 극복하게 되는 이야기이다. 2015년 10월 3일부터 네이버 웹툰의 해외 서비스를 통해 중국, 일본, 태국, 인도네시아, 북미, 스페인과 같은 여러 나라에서 번역되어 연재되었다.

<치즈 인 더 트랩>

로맨스 웹툰으로 알려진 〈치즈 인 더 트랩〉은 대학교를 1년간 휴학했던 홍설이라는 대학생이 복학하여 유정을 만나면서 겪게 되는 여러 사건을 다룬 것이다. 평범한 로맨틱 코미디 만화 같지만, 정확히는 로맨스가 가미된 일상 드라마와 미스터리가 종합된 웹툰에 가깝다. 여성뿐만 아니라 남성 독자들까지 사로잡은 인기 웹툰이다. 이 작품은 네이버 웹툰에서 2010년 7월 7일부터 2017년 3월 30일까지 매주 목요일에 연재되었다. 〈치즈 인 더 트랩〉은 드라마로 제작되기도 하였다. 해외 연재는 2014년 7월 1일부터 WEBTOON의 영어 페이지를 시작으로 다양한 나라에서 연재되었다. 이 작품의 특징은 묘사에 있다. 상당히 현실적이고 섬세하다. 작중 캐릭터는 실제 대학에서 흔히 볼 수 있는 인물이 설정되어 있다. 대부분의 독자들은 이 작품을 읽으면서 인간관계를 다시 생각해보게 된다. 이 작품에서는 남아선호사상, 취업난 같은 우리 사회의 문제들도 다루고 있다. 이 작품과 같이 읽을 수 있는 로맨틱 코미디 웹툰으로는 〈바른 연애 길잡이〉이가 있다.

<고수>

〈고수〉는 무협 웹툰이다. 이 작품은 한국 무협만화의 양대산맥으로 불리는 〈용비불패〉의 작가 류기운과 작화 문정후의 웹툰이다. 이 작품은 사파무림의 절대자로 군림했던 독고룡의 제자인 주인공 강룡

이 스승을 배신한 파천문 사천왕에게 복수하는 이야기이다. 〈고수〉는 연재가 시작되면서부터 분량과 작화, 연출 모든 분야에서 수작으로 인정을 받았다. 무엇보다도 작화가인 문정후의 퀄리티가 돋보인다. 역대급 평가를 받고 있는 이 작품은 1990년대에 연재된 〈용비불패〉의 세계관을 공유하면서 많은 독자들의 관심을 끌었다. 판타지적인 요소가 적은데도 불구하고 캐릭터나 스토리 부분에서 당대 최고 수준을 보여준 웹툰이라 할 것이다.

<죽음에 관하여>

한국의 드라마 웹툰인 〈죽음에 관하여〉는 신이 저승에 온 사람들의 사연을 듣는 이야기이다. 이 작품은 네이버 웹툰 역사상 최고의 작품 중의 하나로 꼽는 명작이다. 독자들은 죽은 자들이 털어놓는 이야기를 통해 삶과 죽음의 의미를 되새기게 된다. 옴니버스 스타일로 된 이 작품은 각 화마다 재생되는 BGM이 특징이다. 또한 현세는 컬러지만 저승은 흑백으로 그리는 창의적인 연출도 돋보인다. 신이 들려주는 조언과 충고를 통해 많은 독자들의 공감을 불러일으킨다. 이 작품의 묘미는 대사를 천천히 읽는 데 있다. 해외 연재는 2014년 7월 1일 WEBTOON의 영어 페이지에서 시작되었다.

K 한류 웹툰의 특징

한류 웹툰은 한국의 문화와 사회 모습을 보여주는 대표적인 매체 중 하나이다. 이 글에서는 내용적 측면과 형식적 측면으로 나누어서 고찰하고자 한다. 먼저 내용적 측면에서 한류 웹툰을 살펴보면 다음과 같다. 한류 웹툰에는 한국의 대중문화 산업의 영향을 많이 볼 수 있다. 예를 들어, 한류 웹툰의 대표적인 장르인 로맨스, 판타지, SF 등은 대중적이며, 인기 있는 웹툰 작품들은 드라마, 영화, 애니메이션 등으로 제작되기도 한다. 또한, 한국의 고유한 문화적 특성도 웹툰에서 볼 수 있다. 예컨대 한국의 전통 의상인 한복을 착용한 캐릭터라든지 한국의 음식인 떡볶이나 김치 등이 웹툰에 등장하기도 하는 것이다.

한류 웹툰에는 한국의 사회 문제와 이슈도 자주 다루어지는 소재이다. 예컨대 청소년 성범죄나 학교 폭력, 조직 폭력 등과 같은 사회적 문제를 다루는 웹툰들이 많다. 또한, 정치, 경제, 사회적 이슈 등도 웹툰의 주요 소재 중 하나이다. 이러한 웹툰들은 대중들의 관심을 끌면서, 사회적 문제들을 다루는 방법과 해결책에 대한 논의를 이끌어내기도 한다. 이처럼 한류 웹툰은 다양한 주제와 이야기를 담아내며, 인권과 사회적 정의에 대한 메시지를 전달하는 것이다. 웹툰 중에는 성차별, 폭력, 성소수자 등과 같은 문제를 다루면서 이러한 문제들에 대한 독자들의 인식과 이해를 고양하기도 한다. 예컨대 최근 몇 년간 성소수자 인식이 증가함에 따라, 한류 웹툰에서도 이와 관련된 이야기를 다루는 작품들이 늘어나고 있다. 이들 중 대부분은 다양한 성적 지향을 가진 사람들의 삶에 대한 인식과 이해를 높이기 위해 메시지를 전달하고 있다. 이러한 가치와 메시지 전달을 통해 한류 웹툰은 많은 사람들에게 사회적 영향을 미치고 있으며, 한국 문화의 다양성과 선진성을 세계에 알리고 있다.

<사진 9-1. 부산웹툰페스티벌>

한류 웹툰의 형식적 특징으로는 일러스트가 섬세하다는 점이다. 작가들은 캐릭터 디자인, 배경, 색감 등을 통해 독자들에게 감동을 전한다. 한류 웹툰은 다양성을 갖춘 감성적인 이야기로 구성된다는 점도 빼놓을 수 없는 특징이다. 특히 작품 속에 등장하는 캐릭터들이 감정적인 변화를 겪으며, 독자들에게 공감과 감동을 전한다는 점에서 웹툰을 읽은 많은 독자들은 감정이입을 한다. 한류 웹툰이 출판 만화와 구별되는 특징으로는 대사가 다채롭고 매력적이라는 점

이다. 작품을 읽으면서 독자들은 캐릭터 간의 대화, 내용 설명, 명언 등이 다양하게 사용된 대사를 접하게 된다. 독자들은 대사를 통해 캐릭터의 성격과 감정을 이해할 수 있다.

이제 한류 웹툰은 국내 만화시장을 넘어서서 모바일과 인터넷을 통해 세계시장으로 진출하고 있다. 이를 통해 웹툰 기업들은 많은 글로벌 팬덤을 확보하고 있다. 또한, 한국에서 제작된 웹툰은 다양한 언어로 번역되어 세계 각지에서 읽혀지고 있다. 한류 웹툰은 소셜미디어와 연동되어 최단 시간 안에 많은 독자와 만날 수 있게 된 것이다. 예컨대 스마트폰에 제공된 모바일 어플리케이션을 통해 언제 어디서든 쉽게 웹툰을 볼 수 있기에 해외 진출이 용이하고 앞으로 성장 가능성도 높을 것으로 기대된다. 최근에는 한류 웹툰이 일본, 중국, 동남아시아 등 아시아 지역에서 큰 인기를 끌고 있으며, 더 나아가 북미를 포함한 유럽 지역에서도 인기가 높아질 것이다.

한류 웹툰의 성공 비결

한류 웹툰의 성공 비결은 무엇인가? 한류 웹툰이 성공한 비결은 논자마다 의견이 다양하다. 그중에서도 공통되게 거론되는 점으로는 그 첫째가 플랫폼 기술이다. 전 세계적인 웹툰 플랫폼은 카카오 페이지와 네이버 웹툰을 들 수 있다. 이 두 기업은 사용자 경험을 향상시키기 위해 지속적으로 서비스를 개선하고, 다양한 기능을 추가하며, 다양한 장르의 웹툰을 선보이고 있다. 또한, 스마트폰과 태블릿 PC 등 모바일 기기에 최적화된 UI와 UX를 제공하여, 언제 어디서나 웹툰을 쉽게 즐길 수 있도록 하고 있다.

두 번째로는 독창적인 마케팅 전략을 들 수 있다. 한류 웹툰의 성공에는 독창적인 마케팅 전략이 큰 역할을 했다. 예컨대 작품에 등장하는 캐릭터들과 관련된 굿즈들을 상품화한 것을 들 수 있다. 이를 통해 팬들의 충성도를 높이고, 팬덤 문화를 활성화시키는 데에 성공했다. 일부 웹툰은 해외의 출판사들과 계약하여 출판되고 있다.

한류 웹툰이 성공한 세 번째 비결은 해외 진출에 있다. 일본, 중국, 동남아시아 여러 국가에서 한류 웹툰은 대중적인 문화 콘텐츠로 자리 잡았다. 특히 만화 최강국인 일본에서 픽코마와 라인망가를 통해 한류 웹툰을 보는 일본의 청년 독자들이 늘고 있는 것은 주목할 만한 점이다.

넷째, 한류 웹툰이 대중성과 작품성을 겸비한 점도 성공 비결이라 할 수 있다. 한류 웹툰이 대중성이 있다는 점은 청소년들부터 어른들까지 모두가 공감할 수 있는 내용을 다루기에 많은 팬층을 확보하고 있다. 아울러 한류 웹툰의 작품성은 로맨스뿐만 아니라 액션, 판타지, 일상, 스포츠, 공포 등 다양한 장르에서 독창적인 이야기와 개성 넘치는 캐릭터를 통해 잘 드러난다. 한류 웹툰을 접한 독자들은 이야기가 완전히 끝나기 전까지 충성도 높은 독자로 남아있다.

마지막으로 한류 웹툰의 성공 비결 요인으로는 원 소스 멀티유즈로 활용될 수 있다는 점이다. 한류 웹툰은 영상 스토리보드와 비슷한 형식을 취하고 있다. 예컨대 봉준호 감독의 영화들에 보이는 영상 스토리보드는 거의 웹툰의 형식과 비슷하다. 웹툰은 촬영용 스토리보드와 비슷해서 드라마, 영화, 애니메이션 등 원 소스 멀티유즈로 활용할 가능성이 높다. 따라서 한류 웹툰은 영화 제작에 큰 도움을 주기 때문에 감독들이 선호한다. 이뿐만 아니라 한류 웹툰에 관심이 많은 고정된 팬덤을 확보할 수 있다는 장점이 있다(송정은, 2014).

K 한류 웹툰의 해외 동향

한류 웹툰 시장은 꾸준히 성장해왔다. 한국 내에서는 2003년부터 웹툰이 대중화되기 시작했으며, 2010년대부터는 온라인 플랫폼에서 웹툰 콘텐츠가 대거 출시되면서, 대중문화 산업과 인터넷 산업의 중요한 부분을 차지하고 있다. 대표적인 웹툰 플랫폼으로는 네이버 웹툰, 카카오페이지, 레진코믹스 등이 있다. 이들 플랫폼은 작가들이 쉽게 작품을 공개하고, 독자들이 쉽게 작품을 찾아볼 수 있는 환경을 제공하고 있다. 또한 해외 시장에서도 한류 웹툰은 성장하고 있다. 특히, 일본, 중국, 대만 등 아시아 지역에서는 큰 인기를 누리고 있으며, 일부 작품은 전 세계적으로 인기를 얻고 있다. 또한, 최근에는 한국과 중국, 일본 등 다양한 아시아 국가 간에 웹툰 제작과 배급을 위한 협력 및 교류가 활발해지고 있다. 이러한 국제적인 시너지 효과는 한류 웹툰 시장의 성장에 큰 역할을 하고 있다. 따라서, 한류 웹툰 시장은 꾸준한 성장세를 보이고 있으며, 국내뿐만 아니라 해외 시장에서도 큰 인기를 끌고 있고, 이는 대중문화 산업과 인터넷 산업의 발전에 큰 영향을 미치고 있다.

한류 웹툰 시장은 성장 가능성이 매우 높다. 우선, 대한민국의 웹툰 시장 자체가 성장하고 있다. 2020년 기준, 국내 웹툰 시장 규모는 약 8500억 원으로 추산되었으며, 이는 전년 대비 21.4% 증가한 수치이다. 이러한 국내 시장의 성장은 한류 웹툰 시장에도 긍정적인 영향을 미칠 것으로 예상된다. 또한, 한류 웹툰은 국내뿐만 아니라 해외 시장에서도 성장 가능성이 있다. 한국의 문화 콘텐츠는 해외에서 큰 인기를 끌고 있으며, 웹툰도 이에 대한 수요가 높아지고 있다. 특히, 아시아 지역에서는 한국의 웹툰이 대세이며, 중국, 일본, 동남아시아 등에서 인기를 끌고 있다. 또한, 해외 플랫폼에서도 한류 웹툰의 수요가 증가하고 있다. 예를 들어, 넷플릭스에서는 한국의 웹툰을 원작으로 한 드라마 제작에 큰 관심을 가지고 있으며, 이는 한류 웹툰 시장의 긍정적인 성장 가능성을 보여주고 있다. 이와 같은 한류 웹툰이 해외 시장에서의 반응은 어떠할까? 한류 웹툰 시장을 규모 순으로 정리하면 아래와 같다.

일본 웹툰 시장

일본은 만화 왕국이다. 그런 일본의 만화시장이 최근 달라지고 있다. 그것은 카카오와 네이버가 만든 웹툰 플랫폼을 통해 한국의 웹툰을 접한 일본의 젊은 세대들이 한국의 웹툰을 선호하기 때문이다. 한국의 웹툰 기업이 일본의 웹툰 시장에 진출한 것은 네이버가 처음이다. 네이버는 2013년 4월에 일본에 웹툰을 서비스하였다. 그러나 2023년 기준으로 일본의 앱마켓 시장에서 소비자 지출이 가장 많은 플랫폼은 픽코마이다. 픽코마는 카카오의 자회사인 카카오픽코마가 운영하는 일본의 웹툰 플랫폼이다. 2016년 4월에 진출한 픽코마는 약 10년이 안 된 시점에서 일본 만화 앱 시장 점유율을 50퍼센트

이상을 차지한 것이다. 픽코마의 성공 이유로는 일본의 출판사와 긴밀히 협력 관계를 유지하면서 종이 출판물을 이펍(EPUB) 형식으로 변환하고 웹툰으로 유통시켰기 때문이다. 예컨대 웹소설이 원작인 〈나 혼자만 레벨업〉은 2020년에 일본에 진출하여 하루 5억 원 이상의 수입을 올렸다. 네이버는 일본에서 라인망가 플랫폼을 구축하여 앱과 웹 콘텐츠를 제공하고 있다. 라인망가 또한 웹툰 형식보다는 이펍(EPUB) 형태로 볼 수 있으며, 단행본 중심으로 서비스를 제공하고 있다. 한국의 웹툰 기업이 일본에서 성공하는 비결은 만화 팬뿐만 아니라 스마트폰에서 콘텐츠를 즐기는 사람들까지 염두에 두면서 웹툰을 만들기 때문이다. 현재 한국의 웹툰은 일본의 주요 만화 출판사들이 운영하는 플랫폼에서도 출시되며, 주로 만화나 애니메이션에서 영감을 받아 제작되고 있다. 한국에서와 마찬가지로 일주일만 기다리면 무료로 제공되는 웹툰을 일본의 젊은이들은 즐기고 있다.

중국 웹툰 시장

중국에서는 2016년 7월 한한령(한류 금지령)이 퍼지면서 한류 콘텐츠 산업이 고전하였다. 이로 인해 한국에 대한 호감이 많이 상실된 것이 사실이다. 그러다가 2021년 이후에는 점차 한국 드라마가 OTT를 통해 중국에 알려지면서 한한령이 약화되고 있는 추세이다. 중국의 웹툰 시장은 규제가 까다로운 편이다. 피, 귀신, 미신을 조장하는 웹툰은 중국의 광전총국에서 심의, 허가를 받기가 쉽지 않다. 따라서 중국 웹툰 시장에서 활동하는 한국 작가들은 대체로 무협, 로맨스 판타지, 역사 등의 장르를 다룬다. 중국 웹툰은 주로 소설에서 영감을 받아 제작되며, 다양한 장르와 흥미로운 설정으로 자국에서 높은 인기를 얻고 있다. 카카오와 텐센트가 공동 설립한 웹툰, 웹소설 플랫폼인 포도 만화에는 〈사내 맞선〉을 비롯한 카카오페이지의 다양한 웹툰이 유료로 연재되고 있다. 또한 중국에서 2014년에 설립한 웹툰 플랫폼의 선두주자인 콰이칸(快看)에도 한류 웹툰이 인기를 끌고 있다. 로맨스 웹소설 〈아빠, 나 이 결혼 안 할래요!〉를 원작으로 만든 로맨스 판타지 웹툰 〈아빠, 나 이 결혼 안 할래요!〉는 2021년에 만들어졌다. 중국에도 알려진 이 작품은 중국 웹툰 시장을 강타할 만큼 인기가 높았다. 현재 콰이칸에 웹툰을 연재하는 한국 작가들이 늘고 있다. 앞으로 우리나라 웹툰 업계에서도 중국 웹툰 시장은 기회의 땅이 될 것이다.

미국 웹툰 시장

미국 만화는 일본 만화와 함께 세계에서 가장 거대한 두 개의 만화시장이다. 미국 만화는 DC 코믹스와 마블 코믹스 두 회사를 중심으로 할리우드 블록 퍼스트로 확장 중이다. 미국 웹툰은 주로 만화나 애니메이션에서 영감을 받아 제작되며, 특히 마블, DC와 같은 슈퍼히어로와 관련된 웹툰이 대표적이라 할 수 있다. 또한, 미국 웹툰은 다양한 그래픽 스타일을 구사하며, 영상으로 제작된 웹툰도 많이 있다. 그러나 아직은 미국에서의 웹툰 시장은 그리 크지 않다. 현재 미국에 진출한 대표적인 웹툰 회사로는 Webtoon이 있다. 미국에 있는 10대들에게 한류 콘텐츠는 인기가 많다. 따라서 웹툰 시장도 점차 커질 것으로 전망되고 있다. 스마트폰 안에서 세로로 읽는 만화인 웹툰이 점차 미국의 독자들을 사로잡을 날이 가까워지고 있는 것이다. 최근 DC코믹스와 마블 코믹스도 국내 웹툰 플랫폼에 만화를 연재하고 있다. 예컨대 DC코믹스에서 출판된 웹툰 시리즈 〈베트맨: 웨인 패밀리 어드벤처〉(2021년) 같은 작품은 새로운 스토리로 제작된 오리지널 웹툰이라 할 것이다. 한마디로 한국의 웹툰은 미국의 MZ 세대들에게 성공을 가늠할 수 있는 좋은 장르인 것이다. 카카오엔터테인먼트는 북미시장을 겨냥한 타파스와 래디쉬와 합병을 하면서 네이버웹툰과 경쟁체제를 구축하고 있다. 한국의 대표적인 웹툰 회사인 이들 기업들은 마블 코믹스와 DC 코믹스와의 제휴를 통해 북미의 웹툰 시장을 공략하고 있는 것이다.

기타 지역

각 지역별 웹툰 시장의 특성을 정리하면 다음과 같다. 태국을 포함한 기타 지역에서 인기 있는 한류 웹툰은 해당 지역의 문화와 취향이 반영되어 있으며, 플랫폼 기술과 마케팅 전략이 안정권에 접어든 상태이다. 또한, 웹툰은 새로운 작품들이 지속적으로 업로드되면서 경쟁이 치열하다. 따라서 한국의 웹툰 기업들은 현지 작가들을 발굴하여 독자들의 입맛에 맞는 창의적이고 독창적인 작품을 선보이고 있다. 예컨대 프랑스에서는 주로 작가나 예술가들이 자신들의 작품을 무료로 온라인에 게시하며, 이를 통해 자신들의 작품을 홍보하고 팬들과 소통한다. 인기 있는 만화는 프랑스의 만화 출판사들이 웹툰을 발행하기도 한다. 프랑스의 경우처럼 이제 웹툰 시장은 지역의 문화나 산업의 발전 상황에 따라 웹툰 시장의 형태가 결정되기도 한다.

Ⅺ 한류 웹툰이 대중문화에 미치는 영향

한류 웹툰은 대중문화에 큰 영향을 미치고 있다. 대표적인 경우를 요약하면 다음과 같다. 첫째, 한류 웹툰은 한류 문화의 하위 장르로 한류 바람을 타고 전 세계에 확산되고 있다. 이제 일본과 미국의 만화를 소비하고 수입하는 국가에서 디지털 만화인 웹툰을 수출하고 있는 국가로 위상이 바뀌고 있다. 한류 웹툰 수출을 통해 외국인들이 한국 문화를 쉽게 접할 수 있게 된 것이다. 이를 통해 한류 문화의 확장성도 커지고 있다. 둘째, 한류 웹툰의 성공은 대중문화 산업의 발전을 이끌었다. 현재 웹툰은 영화뿐만 아니라 애니메이션화도 빠르게 진행되고 있다. 예컨대 네이버 웹툰인 〈기기괴괴 성형수(2020)라든지 레이첼 스마이스의 〈로어 올림푸스〉를 들 수 있다. 이처럼 웹툰을 원작으로 하는 드라마, 영화, 게임 등이 다수 제작되면서 한국의 대중문화 산업은 큰 활기를 얻고 있다. 셋째, 한류 웹툰은 한국어에 익숙하지 않은 사람들에게도 쉽게 접할 수 있는 콘텐츠이다. 웹툰의 현지화 전략을 통해 한국어로 된 만화들은 제2의 창조라 할 수 있는 번역을 통해 새롭게 탄생하고 있다. 넷째, 한류 웹툰은 인터넷과 모바일 산업 발전에도 긍정적인 변화를 이끌고 있다. 인터넷과 모바일에 익숙한 젊은 청년들에게 한국 웹툰은 기존의 출판 만화의 한계를 넘어서게 한다. 예컨대 비대면 온라인 콘텐츠인 웹툰을 통해 최적화된 만화 서비스를 제공하면서 한류 웹툰 팬덤을 형성하고 있는 것이다. 카카오는 현지 작가의 작품을 발굴하여 인터넷과 모바일에 웹툰 서비스를 제공하고 있다. 최근에는 모바일 앱을 통해

웹툰을 더욱 쉽게 접할 수 있게 하였는데 이는 기존의 출판 만화시
장에도 커다란 도전이 될 것이다.

K 한류 웹툰의 도전 과제

한류 웹툰은 전반적으로 다양한 장르와 감성적인 이야기를 다루
는 것이 특징이다. 또한, 일러스트와 스토리텔링에 대한 집중도가 높
아 대중적인 인기를 끌고 있다. 한국은 웹툰 유행의 원산지로 디지털
웹툰 원천기술과 지속적인 글로벌 마케팅 전략을 통해 세계 시장을
공략하고 있다. 그러나 한류 웹툰의 도전 과제도 존재하는 것이 엄
연한 사실이다. 현재 인터넷과 모바일에서 웹툰 시장은 경쟁이 치열
하며, 다양한 콘텐츠와 플랫폼이 등장하고 있다. 이에 따라, 한류 웹
툰 역시 글로벌 시장에서 경쟁력을 유지하기 위해 새로운 콘텐츠 개
발과 기술 혁신이 필요하다. 또한, 대중들의 소비 패턴과 니즈가 급
격히 변화하고 있기 때문에, 다양한 대안 제공과 새로운 시장 조사
및 마케팅 전략이 요구된다.

한류 웹툰의 첫 번째 과제로는 네이버웹툰과 카카오스토리로 대표
되는 한국의 웹툰 기업들이 앞으로 경쟁력 있는 오리지널 콘텐츠를 확
보해야 한다는 점이다. 이를 위해서는 웹툰 작가들에게 원고료 외에
광고, IP사업 등의 수익을 제공해야 한다. 네이버 웹툰은 창작자 수익
모델(PPS·Page Profit Share)을 통해 작가들이 안정적으로 웹툰을 창작할
수 있는 기반을 조성하고 있다. 이 외에도 네이버 웹툰은 2021년도에
세계 최대 웹소설 플랫폼 왓패드를 인수하면서 창작자 600만 명을 확

보한 '글로벌 스토리테크 플랫폼'으로 거듭났다. 이러한 사업을 추진하는 가장 큰 이유는 웹툰이 원 소스 멀티 유즈에 적합한 장르이기 때문이다. 인기 있는 웹툰은 드라마와 영화, 애니메이션으로도 제작되고 있다. 대표적인 웹툰으로는 이동건 작가의 〈유미의 세포들〉이 있다.

한류 웹툰의 두 번째 과제로는 한류 웹툰의 번역과 해외 진출에 좀 더 과감한 투자가 필요하다는 점이다. 현재 한국의 웹툰 산업은 다양한 번역과 해외 진출 전략을 적극적으로 구상하고 있다. 네이버 웹툰은 현재 10여 개의 언어로 번역하여 웹툰을 연재하고 있다. 이는 다양한 언어로의 번역을 통해 해외 독자들에게 다양한 작품을 제공하기 위함이다. 그중에서도 일본어, 중국어, 영어 등으로 번역된 웹툰은 디지털로 업로드가 되고 있으며, 연재가 끝나면 다양한 언어로 번역되어 출간되고 있다. 이와 같은 번역 작업은 대개 출판사나 웹툰 플랫폼에서 진행된다. 해외 진출과 관련해서는 현재 한류 웹툰이 해외 출판사와의 협력을 통해 작품이 수출된다는 점이다. 해외 출판사와의 계약을 통해 해외 독자들에게 작품을 제공하면서 글로벌 웹툰 팬덤이 나타나고 있다. 팬덤과의 교류를 통해 웹툰 사업자들은 웹툰 산업 전반에 대한 정보를 공유하고, 해외 독자들의 취향과 요구를 파악하여 새로운 작품을 개발하고 있는 것이다.

최근 해외 시장에서 한국 웹툰의 인기가 높아지면서, 다양한 형태의 해외 진출 방식도 등장하고 있다. 예컨대 한국 웹툰 작품의 지적 재산권을 해외 회사에 양도하는 라이선싱(Licensing)이 이에 해당한다. 2007년부터 2019년까지 연재된 어반 판타지 웹툰 〈노블레스(Noblesse)〉는 한국 웹툰 플랫폼 네이버 웹툰에서 연재되었는데 일본,

중국, 태국, 미국 등 전 세계적으로 출간되어 큰 인기를 얻었다. 일본에서는 애니메이션로 제작되기도 하였다. 네이버 웹툰은 2014년 〈노블레스〉를 시작으로 작품 40여 건의 해외 출판 계약을 체결했다.

한류 웹툰의 세 번째 과제로는 불법 웹툰 시장에 대한 단호한 대응이다. 불법 웹툰 시장에서는 인터넷을 통해 불법적으로 업로드되거나 유포되는 디지털 만화 콘텐츠들이 거래되고 있다. 불법 웹툰 시장이 커질수록 원작자의 수입이 줄어들게 되고 생존을 위협하기도 한다(송정은·남기범·장원호, 2014). 불법 웹툰 시장은 저작권을 침해하고, 작품의 가치를 저하시킨다는 점에서 정부에서 보다 적극적으로 단속해야 한다. 불법 웹툰을 업로드하거나 공유하는 개인 및 사이트 운영자에게는 강도 높은 법적 책임이 있어야 한다. 한류 웹툰이 이러한 도전 과제들을 극복한다면 웹툰 시장은 계속해서 성장할 것이다. 무엇보다 더 많은 작가들과 독자들이 웹툰 시장에 참여하게 되면서 더욱 다양한 장르와 콘텐츠가 생산될 것이다.

<사진 9-2. 부산 글로벌웹툰센터>
(출처: 문화체육관광부-부산관광공사

1. 한류 웹툰의 장점과 단점은 무엇인가?

2. 웹툰을 만드는 개인 작가와 스튜디오 작가들의 차이점은 무엇인가?

3. 불법 웹툰 사이트를 처벌할 수 있는 방법은 무엇인가?

4. 세계 웹툰 시장의 기준이 된 한류 웹툰의 인기 비결은 무엇인가?

5. 웹툰 작가들의 열악한 환경을 개선할 수 있는 방안은 무엇인가?

6. 불법 웹툰을 근절할 수 있는 방안엔 어떤 것이 있을까?

7. 웹툰 작가의 열악한 처우를 개선할 수 있는 방안은 무엇인가?

8. 해외 진출에 있어 한국 웹툰이 경쟁력을 더욱 갖추려면 어떻게 해야 할까?

9. 한류 웹툰의 발전을 위해 더 투자해야 할 분야는 무엇인가?

10. 웹툰 작가들의 불공정한 계약을 막기 위한 방법에는 무엇이 있을까?

11. 현재 일본 내에서 일어난 라인 인수 사건과 같이 다른 나라 정부의 개입이 한국의 웹툰 산업에 끼치는 영향에 어떻게 대처해야 할 것인가?

10장

한류 디자인

디자인의 개념

한류 디자인이란 무엇인가?

한류 디자인 역사

한류 디자인 특징

한류 디자인 제품

한국디자인진흥원의 주요 사업

한류 디자인의 과제

토의 및 토론

10장

한류 디자인

K 디자인의 개념

디자인이란 무엇인가? 디자인이란 말은 '지시하다, 표현하다, 성취하다'의 뜻인 라틴어 데시그라네(designare)에서 유래되었다. 어원의 뜻을 다시 풀이하면, 디자인은 우리의 목적을 겉으로 표현하는 것이다. 디자인은 자연을 포함한 모든 것을 아우르는 개념이다. 현대 디자인은 자연과 인간, 기술과 인간을 연결해 준다. 디자인과 기술이 융합하는 현대 사회에서 디자인은 사람을 중심에 두고 자연과의 교감을 통해 인간의 삶을 아름답게 만든다. 따라서 좋은 디자인에는 기능적인 면과 심미적인 면이 통합되어 있다. 이 세상은 디자인으로 통한다. 우리 주위의 건물, 물건, 옷, 거리 등 모든 것들이 디자인 아닌 것이 없다. 심지어 우리 머리에 떠오르는 형태를 포함한 사용성 모두를 디자인이라 할 것이다. 한 마디로 디자인은 주어진 목적을 조형적으로 실체화하는 것이라고 정의할 수 있다. 그렇다면 디자이너는 자연으로부터 창의적인 아이디어를 발견하는 사람일 것이다. 예컨대 좋은 디자이너는 시간이 지나도 변하지 않는 아름다움을 세상에 내놓을 수 있어야 하는 것이다. 디자이너는 선의 아름다움, 실용성이 담긴 아름다움, 우아함을 잃지 않는 활동성, 독특한 품질 등과 같은 다양한 가치를 추구하는 사람이다. 디자이너는 다양한 분야에서 활동한다. 예컨대 웹페이지를 구축하고 관리하는 웹 디자이너에서 입체 영상 내에서 도형, 공간, 그림, 자막 등을 설계하여 표현하는 그래픽 디자이너에 이르기까지 다양하다. 이외에도 패션 디자이너, 산업 디자이너와 같은 전문가도 빼놓을 수 없다.

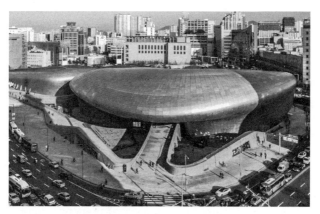

<사진 10-1. 동대문 디자인 플라자>

K 한류 디자인이란 무엇인가?

한국 하면 생각나는 것이 무엇일까? 한국에 여행을 온 외국인이라고 가정했을 때, 그들이 한국에 기대했던 것, 혹은 한국 하면 머릿속에 그려지는 것들은 무엇인가? 한복, 궁궐, 롯데타워, 화장품, 드라마, k-팝 등 이루 헤아릴 수 없이 많을 것이다. 이 모든 한류 콘텐츠에는 한국의 디자인이 포함되어 있다. 예컨대 한복의 생김새, 무늬, 건물의 외곽 생김새, 화장품 공병 등 이 모든 것에는 한국의 이미지가 담겨 있는 것이다. 한류 디자인 제품을 본격적으로 알아보기에 앞서 한류 디자인에 대해 좀 더 자세히 알아보자.

한류 디자인이란 한국의 미를 담아낸 의상, 공업 제품, 건축 등에 나타난 조형 작품의 설계나 도안을 뜻한다. 한국적이라고 하여 전통적인 측면만 강조하는 것은 아니다. 그렇다면 우리가 말하는 한류 디자인이란 무엇일까? 한류 디자인은 한국의 디자인 정체성(한국다움, Koreanness)이 조화를 이룬 것으로, 국내외에서 기획·생산되는 모든 제품에 구현되어 있다. 한국의 디자인 정체성이란 한국의 미적·철학적 DNA와 현재 세계인이 인지하고 있는 한국 디자인의 특성이라고 할 수 있다. 한류 디자인이 추구하는 한국의 미적 DNA에는 여백미, 소박미, 조화미가 있으며, 철학적 DNA에는 홍익인간, 민본사상, 애민사상, 실사구시가 있다. 그러나 한류 디자인은 전통문화에 대한 형태적 답습이나 재해석이라는 국한된 의미를 말하는 것이 아니다. 그것은 우리의 전통을 올바로 알고 이해하여 현대적 트렌드와 적절히 접목시켜 새로운 독창성을 가진 우리만의 디자인을 만들어 내자는 것을 의미한다. 아울러 해외 수용자적 입장에서 접근하여 세계적인 보편성을 갖고 있어야 한다(엄경희·정보희, 2015).

그렇다면 한국의 미적, 철학적 정체성이 나타난 한류 디자인에는 어떤 것이 있을까? 곡선의 미학을 살린 한복을 들 수 있다. 그러나 전통 그대로의 한복을 재현한 것보다는 한복을 현대에 맞춰 재탄생시킨 생활한복도 한류 디자인 중 하나로 들 수 있다. 이 외에도 신발이나 옷 종류에 태극 문양을 삽입하거나 오방색과 같은 전통적인 면을 결합한 것도 한류 디자인이라고 할 수 있다. 전통의 현대화는 주얼리까지 영향을 끼쳤다. 예를 들자면, 오세영, 엄도연, 권민혜 같은 주얼리 디자이너들은 독특한 한국적인 소재를 주얼리에 녹여내었다. 이들은 곽재식 작가가 집필한 『한국 괴물 백과』을 통해 우리나라의 괴물들에 대해 접하게 되었으며, 친숙하기도 하며 낯설기도 한 우리나라의 괴물에 매료되었다. 이들의 작품 중 하나를 고르자면 '명사 갓 브로치'가 있다. '명사'란 삼국유사에 등장하는 말이다. 명사란 삼국유사 중에 망덕사에 속해있는 승려 선율이 저승에 갔다가 다시 돌아오는 길에 등장한다. 이때 명사는 저승사자나 저승을 관리하는 높은 관리라는 뜻을 가지고 있다. 명사들은 특별한 능력을 가지고 있는데, 바로 저승에서 죽은 사람의 사연을 듣고, 스스로 판단을 내려 죽었던 사람을 다시 살려내는 능력이다. 이 디자이너들은 우리 선조들이 써오던 '갓'을 토대로 명사를 형상화하여 재해석했다. 그렇게 해서 만들어진 '명사 갓 브로치'는 최근 '놀면 뭐하니' 프로그램에서 유재석의 부캐인 '유야호'가 입었던 한복 위에 착용한 브로치이기도 하다. 또한, 이 브로치는 2020년에 문화체육관광부에서 진행하는 우수 문화 상품(K-RIBBON)으로 선정되기도 했다. K-RIBBON이란 2016년 3월부터 우리나라에서 문화적 가치가 있는 우수한 상품을 공식적으로 지정하여 국내외적으로 알리고 지원하는 제도이다. 이들 세 명의 주얼리 디자이너들은 명사 외에도 완전전요(조선시대의 미확인 비행물체), 지귀(선덕 여왕을 짝사랑하다가 죽어 화귀(火鬼)가 됨)와 같은 한국 설화 속 괴물들을 모티브로 작품을 선보였다.

K 한류 디자인 역사

그렇다면 디자인 사업이 본격적으로 시작되었던 해는 언제일까? 한류 디자인의 역사를 알아보기 위해 한국디자인진흥원을 중점적으로 얘기해 보고자 한다. 1970년대에 들어서면서 우리나라에서는 디자인 사업의 필요성을 인식하고 한국디자인포장센터를 설립하여 본격적으로 디자인 사업을 추진하였다. 이로 인해 오늘날의 구 한국디자인포장센터, 현 한국디자인진흥원은 한국의 디자인을 해외에 알리고 인재를 육성하는 사업을 펼쳐왔다. 〈한국디자인진흥원 50년사〉에는 한국디자인진흥원이 창립 이래 50주년을 맞이한 지금까지 진행한 주요 사업들을 아래와 같이 정리하였다.

① 1970년대 : 디자이너등록제, 포장기사 제도 시행, 산업디자인 포장 진흥법 제정 등 포장과 디자인산업 육성을 위한 제도적 기반을 만들고자 주력했다.
② 1980년대 : 시각, 산업디자인 영역이 자리 잡기 시작했고 우수 산업디자인 상품 선정제를 도입해 이를 진흥하고 육성하기 위한 역할을 하였다.
③ 1990년대 : 산업 디자인 전문회사 제도를 운용하고 디자인 발전 5개년 계획을 수립하는 등 보다 체계를 갖추어 디자인 산업의 역

량을 강화하고 국민적 인식을 높이기 위해 노력했다.

④ 2000년대 : 세계 그래픽 디자인대회, 산업디자인대회 등 우리의 디자인이 세계적인 주목을 받게 되는 많은 계기가 있었고 국내에서도 광주, 부산, 대구·경북에 지역디자인센터가 개소되는 등 세계화와 동시에 지역화 동향이 나타났다. 특히 인터넷 확산에 따라 웹, 사용자 경험, 콘텐츠 등 디지털디자인 영역이 크게 성장했다.

⑤ 2010년대 : 제조 서비스화와 서비스 산업 확대 등 산업 구조적 변화에 대응해 다양한 정책을 통해 서비스디자인 분야가 생겨날 수 있도록 함으로써 새로운 수요 시장을 개척하였고 스타일 산업 등 상대적으로 정책적 지원을 하지 못했던 다양한 디자인 분야로도 지원 영역을 확대하였다. 또한 베트남, 중국 등 해외 진출을 돕는 거점을 마련하여 한국 디자인 세계화를 위한 노력도 기울이고 있으며 해외 디자인 나눔 사업으로 세계가 당면한 문제를 함께 극복하며 국제사회에 과거에 받았던 바를 보답하는 활동도 함께 하고 있다. – <한국디자인진흥원 50년사>

최근에는 디자인 사업 분야가 역동적으로 확장되며 국제화, 지역화의 경향이 늘어나고 있다. 이에 발맞추어 한국디자인진흥원은 우리의 한류를 디자인하기 위해 수많은 노력을 하고 있다.

▮ 한류 디자인 특징

한류 디자인에는 어떤 특징이 있을까? 이 글에서는 전통적인 디자인을 중심으로 한류 디자인의 특징을 살펴보고자 한다. 한류 디자인은 우리나라에서 출발한 것이기에 우리만이 가지고 있는 특징이 있다. 한류 디자인이 해외의 디자인 요소와 혼합되어도 한국 고유의 미는 사라지지 않기 때문이다. 한류 디자인의 특징으로는 곡선미, 단순함, 다채로움, 자연과의 조화 등과 같은 특징을 가지고 있다. 외국인들이 한류 디자인을 생각했을 때, 가장 먼저 떠오르는 것은 K-팝이나 K-드라마, K-영화에 출현하는 아이돌, 혹은 배우나 가수의 팬들을 위한 굿즈(Goods)이다. 굿즈의 시작은 배우가 아닌 K-팝 아이돌 가수들이 등장하면서 시작되었다. 우리나라 K-팝 아티스트들을 보면 다른 나라와 차별되는 팬덤 문화가 있다. 아이돌을 중심으로 팬덤 문화가 발달하면서 굿즈(Goods) 또한 발달하였다.

굿즈(goods)는 본래 상품, 제품이라는 뜻이다. 굿즈는 보통 연예인 관련 소품, 사진, 영상 DVD 또는 애니메이션 캐릭터가 그려진 티셔츠, 스티커, 액세서리 등을 뜻한다. 굿즈는 크게 비공식 굿즈와 공식 굿즈로 나눌 수 있다. 비공식 굿즈는 팬들이 직접 찍은 사진이나 영상을 뜻하며, 공식 굿즈는 엔터테인먼트에서 직접 제작한 상품들을 가리킨다. 공식 굿즈의 디자인에는 아이돌 자체가 캐릭터화돼서 상품에 그려지기도 하며 아이돌이 직접 그린 캐릭터를 사용하여 상품으로 만드는 경우도 있다. 예를 들면, SM 엔터테인먼트 소속 남자 아이돌 그룹 엑소(EXO) 맴버인 백현이 직접 디자인한 '터래기' 캐릭터로 인형, 스티커, 키링을 들 수 있다. 한 가지 더 예를 들자면, 방탄소년단(BTS)이 직접 디자인한 'BT21' 캐릭터이다. 이 캐릭터는 2017년에 제작되었으며 네이버 라인프렌즈와 방탄소년단이 협업하여 만들어 낸 21세기 콜라보레이션 캐릭터이다.

굿즈와 같은 디자인은 연예인 혹은 공인 더 나아가 지자체나 회사에서 홍보를 위해 만들어낸 캐릭터 상품도 포함될 수 있다. 한류 디자인 상품 중에는 상품의 이용 방법을 떠나 외국에서 인기를 가졌던 우리 농기구 '호미', 넷플릭스 드라마 〈킹덤〉에서 인기를 얻은 '갓' 등이 있다. 디자인 분야는 너무 포괄적이며 다른 여러 분야들과 합쳐진 경우가 많다. 디자인은 우리 삶을 좀 더 윤택하기 위한 수단이자 그 시대의 사회 속에서 필연적이거나 기호적으로 나타나는 문화적 현상이므로, 디자인은 그런 의미에서 문화의 산물이다. 따라서 디자인 행위는 문화 창조 행위이며 디자인된 결과물은 그 시대와 사회의 문화적 척도가 된다(정미란, 2011). 이제 본격적으로 한국을 대표하는 한류 디자인에 대해 알아볼 차례이다.

K 한류 디자인 제품

한글

<사진 10-2. 국립한글박물관>
(출처: 한국관광공사-최린)

한류 콘텐츠의 인기가 세계적인 열풍을 몰고 오면서 한국어와 한국문화에 대한 관심이 부쩍 높아졌다. 해외 기업들은 한글을 활용한 마케팅을 통해 수익이 늘어나고 있다. 이제 미국, 스위스 같은 글로벌 기업들은 물론 해외 업체들도 한글을 사용하여 제품을 출시하고 있는 것이다. 한글은 글로벌 시장에서 하나의 트랜드로 자리를 잡은 것이다. 한글은 독특한 시각적 매력과 예술적 가치를 가진 문자이다. 한글은 의복, 가봉, 찻잔, 조각보, 우산 등에도 자주 활용되는 매력적인 디자인의 소재이다. 예컨대 맥도날드에서는 BTS와 콜라보레이션을 통해 한글 패키지 상품을 선보여 큰 성공을 거두었다. 코카콜라는 한정판에 한글을 대대적으로 사용하여 전 세계 36개국에 판매를 하였다. 이처럼 한글은 단순한 언어를 넘어 마케팅 전략에 빼놓을 수 없는 역할을 맡고 있는 것이다. 외국 기업뿐만 아니라 한국 기업도 브랜드의 혁신성과 차별화를 위해 한글을 적극 활용하고 있다. 농심은 신라면, 너구리, 짜파게티 등의 주력 제품을 수출할 때 한글 발음 그대로 사용하여 매출을 올리고 있다. CJ 제일제당은 비비고 브랜드에 한글을 활용한 글로벌 브랜딩 전략을 구사하고 있다. 과거에는 한국 기업이 제품을 영어로 표기해서 해외로 수출했다면 이제는 대한민국의 국격이 높아지면서 한글 마케팅을 펼치고 있다. 이 외에도 이상봉 디자이너는 한글 모티브로 한 제품들을 의료 시장에 선보여 선풍적인 인기를 끌었다. 이처럼 한글은 제품의 프리미엄 이미지를 강화하는 놀라운 문자가 되었다.

한복

한복은 한국 사람이 입는 옷이다. 함을 담은 옷인 한복은 우리 민족이 남과 다른 개성을 갖고 있음을 보여준다. 이러한 한복은 19세기 말 서양에서 들어온 양복과 구별하기 위해 한복이라는 말을 사용하면서 알려졌다. 한복은 저고리, 치마, 바지가 기본 구성이다. 양복과 달리 인체에 여유로움을 가져다주기에 편안함을 느낄 수 있다. 저고리와 치마의 곡선미는 단아함과 풍성함을 연출하기도 한다. 옷에 새겨진 자수에는 부귀영화, 자손의 번창, 무병장수를 염원하는 문양을 넣어 우아함이 담겨있다. 한복에는 이처럼 단아함, 우아함, 풍성함, 곡선미가 있어 우리민족 고유의 멋과 특색을 잘 나타낸다. 또한 한복에는 한국의 역사와 문화, 한국인의 정체성이 담긴 옷이기도 하다. 외국인들은 한복의 섬세한 자수와 아름다운 색감을 보고 감탄하기도 한다. 경복궁이나 북촌 한옥마을에 가면 많은 외국인이 한복을 입고 사진을 찍는 모습을 볼 수 있다. 한복은 이제 전통과 현대가 결합된 독특한 디자인으로 세계인의 마음을 사로잡고 있는 것이다. 그러나 한복이 특별한 날에만 입는 옷으로 알려지면서 정작 한국인으로부터 외면받고 있는 것도 사실이다. 우리 고유의 옷인 한복이 현대 디자인과 만나 세계적인 옷으로 거듭나기를 바란다. 최근에는 생활한복을 입는 사람들이 늘어나고 있다. 민족사관고등학교에서는 교복을 한복으로 지정하여 민족정신을 계승하고 있다. 세계가 사랑한 한복이 현대 디자인을 통해 한류 패션을 이끌어 갈 수 있었으면 한다.

한옥

한옥은 한자어 '한(韓)'과 '옥(屋)'을 합하여 만든 말로서 한국의 집을 뜻하는 말이다. 한옥은 개항 이후 서양의 근대 건축양식인 양옥이 우리나라에 들어오면서 새로운 건축양식과 대비하기 위해 만들어진 신조어이다. 한옥은 정동 지역에 서양식 건물인 양옥이 많이 지어지면서 그 지역에 남아있던 기와집을 일컫는 말에서 유래되었다고 한다. 지금도 서촌이나 북촌에 가면 한국적인 미를 느낄 수 있는 한옥이 많이 남아있다. 양옥과 다른 한옥 디자인의 특징은 무엇일까? 한옥은 대문에 들어서면서 펼쳐지는 정원의 아름다움이 있다. 작은 정원을 바라보기만 해도 도심 속에 여유를 느낄 수 있다. 정원 옆에는 햇살을 그대로 담아낸 마당이 있다. 마당은 편안함과 휴식을 주는 공간이기도 하다. 한옥의 미는 새의 날개와 같은 처마를 통해서도 알 수 있다. 곡선의 미를 잘 살린 것이 일품이다. 건물 안으로 들어서면 지붕의 뼈대에 해당하는 천장의 서까래를 볼 수 있다. 나무의 휘어진 모양 그대로를 잘 살려 보는 이로 하여금 자연미를 느끼게 한다. 최근에는 양옥의 장점을 살린 한옥을 우리 주변에서 볼 수 있다. 한옥의 뼈대는 그대로 두고 소품에 해당하는 유리, 조명 등을 활용하여 세련된 공간으로 다시 태어나는 것이다. 전통 한옥 스타일을 유지하면서도 생활의 편리성을 가미한 테이블이 배치되어 반전 매력을 느낄 수 있다. 한옥의 매력은 창호의 프레임에 있다. 창문 밖의 자연을 액자 속 그림으로 멋들어지게 연출한 것이다. 한옥은 천장에 있는 통창을 통해서는 달이 지나가는 모습을 감상할 수 있어 삶의 운치를 더하기도 한다. 한류 디자인을 대표하는 한옥이 전 세계에서 볼 수 있었으면 한다.

한식

인간 생활의 삼대 요소에는 의식주가 있다. 사람은 옷을 입고 집에 살며 음식을 먹어야 한다. 한국식 요리를 총칭하는 한식은 최근 해외에서 인기가 많다. 한식 디자인은 한국의 전통적인 음식과 식사 문화를 현대적으로 재해석한 것이다. 따라서 한식에는 음식뿐만 아니라 음식을 제공하는 장소, 음식이 담기는 그릇 등이 포함된다. 한식 디자인은 한국의 전통문화와 가치를 존중하면서도 현대적이고 창의적인 방식으로 표현되고 있다. 한식 디자인을 잘 보여주는 것은 밥상이다. 한식 밥상은 한국의 전통적인 식사 문화를 나타내는 중심적인 요소이다. 한식 밥상에는 보통 밥, 반찬, 국물 요리로 이루어져 있다. 밥은 한국인의 주식이며 주로 쌀로 만들어진다. 밥은 밥상의 중심에 있으며, 다른 음식과 함께 섭취되며, 식사의 시작과 끝을 알린다. 밥상의 조화를 완성하는 것이다. 한국인들이 즐겨 먹는 반찬으로는 채소, 고기, 해산물, 두부, 계란, 김치, 나물, 구이류, 절임 등이 사용된다. 한식의 대표적인 국물 요리로는 된장국, 김치찌개, 탕 등이 있다. 국물은 영양을 보충하고 식사를 풍성하게 만든다. 밥상에는 맛과 향을 담아내는 그릇을 빼놓을 수 없다. 밥상에 사용되는 그릇에는 밥그릇, 반찬그릇, 국그릇, 접시 등이 사용된다. 한식이 담겨진 그릇은 음식과 조화를 이루며 밥상의 미학을 완성한다. 밥상에 잘 차려진 음식은 그 자체에 시각적인 아름다움이 있다. 여기에 하나 덧붙이자면 한식에는 음식을 만든 사람의 정성이 있다. 음식의 재료를 고르고 손질해서 밥상에 올리기까지 모든 절차마다 음식을 먹는 사람을 배려하는 마음이 있다. 그래서 한국인의 음식에는 손맛이 있다고 하는 것이다. 최근 한식 열풍이 불면서 한국의 발효음식인 간장, 된장, 고추장을 사용한 요리가 인기를 얻고 있다고 한다. 한국 간장을 사용한 생선 버터구이나 한라봉 식초를 넣은 해산물 요리가 뉴욕에서 새롭게 선보이고 있다. 이제 뉴욕에서 한식당을 찾는 외국인을 쉽게 볼 수 있다.

화폐

한국의 문화를 압축해 놓은 디자인 중에 하나가 화폐이다. 조개껍데기로부터 시작된 화폐에는 다양한 디자인이 담겨 있다. 우리나라에서는 신라시대부터 화폐를 사용됐다고 하는 기록이 남아 있다. 화폐는 기본적으로 공공성, 상징성, 보안성이 있어야 한다. 따라서 역사적 인물이나 문화재에 대한 철저한 고증이 필수이다. 최근에 나온 화폐에는 첨단장치기술을 활용한 위조방지장치를 넣어 보안성을 강화하고 있다. 지폐에는 어떤 디자인이 있는지 알아보자. 우선 만원권에는 조선의 4대왕 세종대왕이 인물로 등장한다. 그 옆에는 임금의 상징물인 일월오봉도를 새겨넣었다. 만원권에는 조선시대 최초의 시가 작품인 용비어천가와 세종 때 천체 관측기구인 혼천의가 있으며, 보현산에 있는 우리나라 최대의 반사망원경인 광학망원경과 국보 제228호이자 조선시대의 천문도인 천상열차분야지도가 등장한다. 한국인이 가장 사랑한다는 오만원권에는 율곡 이이의 어머니인 신사임당이 나오며 그 옆으로는 묵포도도가 새겨져 있다. 오만원권에 포도 그림을 넣은 것은 포도가 풍요를 상징하기 때문이다. 오만원권에는 초충도수병이 같이 있다. 뒷면에는 어몽룡의 월매도와 이정의 풍죽도를 넣어 우리나라의 문화재를 세상에 알리고 있다. 천원 지폐에는 퇴계 이황이 나오고 그 옆으로는 명륜당을 넣었다. 이황이 생전에 사랑했던 매화를 넣어 화폐의 품격을 높였다. 천원의 뒷면에는 겸재 정선의 그림 계상정거도가 위치한다. 이 그림은 한반도의 진짜 풍경을 담은 진경산수화이기도 하다. 오천원권에는 율곡 이이가 등장하며 그 옆에는 검은 줄기의 대나무가 새겨진 오죽헌이 상징적으로 배치되어 있다. 오천원 뒷면에는 율곡 이이의 어머니인 신사임당의 작품 초충도가 나온다. 이처럼 화폐 속에는 한국을 대표하는 이미지가 담겨 있기에 한국을 대표하는 디자인이라 할 수 있다. 최근에는 위변조 방지 기술이 뛰어남을 인정받아 화폐를 만들어서 해외로 수출하기도 한다.

K 한국디자인진흥원의 주요 사업

한류 디자인의 역사 부분에서 설명했듯이 우리 정부는 체계적인 디자인 사업을 위해 1970년대 들어서면서 한국디자인진흥원을 설립했다. 한국디자인진흥원에서는 우리 디자인의 문화 확산과 해외 진출을 위해 각종 사업들을 진행하였다. 이를 통해 우리 디자인을 해외에 알리고 인재를 양성하는 노력을 기울이고 있는 것이다. 주요 사업들은 아래와 같다.

디자인코리아페스티벌

첫 번째, 2003년부터 진행하고 있는 디자인코리아페스티벌이다. 디자인코리아페스티벌이란 기술과 융합해 새로운 가치를 창조하고 산업 혁신을 주도하는 디자인의 역할을 총체적으로 보여주는 국내 최대 규모의 디자인 종합 박람회이다. DKbiz, DKjobfair 등의 네트워킹 플랫폼을 통해 국내 디자인 산업 발전에도 기여(한국디자인진흥원)하고 있다. 이 행사는 DKexhibition, DKbiz, DKconference, DKaward, DKjobfair, DKevent로 구성되어 진행된다. 디자인코리아페스티벌에는 국내외에서 디자인과 선도 기술을 보유한 기업이나 단체 및 개인이 참여한다. 각 행사의 구성은 다음과 같다.

① DKexhibition: 주제전을 통해 한국 디자인의 미래 비전을 제시하며, 정부 디자인 성과 전에서는 정부와 한국디자인진흥원이 함께한 다양한 디자인 지원사업의 성과를 공개한다.

② DKbiz: 참가기업이 글로벌 비즈니스 기회를 확대할 수 있도록 국내외 바이어와의 만남 및 네트워킹 환경을 지원한다. 기업은 바이어와 맞춤형 매칭을 통한 수익 창출 및 기업 가치 성장을 통해 시장 선점 기회를 획득할 수 있다.

③ DKconference: 여러 분야의 디자인 정보를 제공하는 컨퍼런스. 국내외 선도 디자이너의 디자인 노하우 및 디자인 트렌드 공유를 통해 참가자는 디자인산업 전반에 대한 동향을 파악할 수 있다.

④ DKaward: 우수 디자인(GD) 상품 선정, 대한민국 디자인 전람회, 국내외 우수 디자인 공모전 수상작 등을 통해 혁신적인 디자인 콘텐츠를 경험하는 동시에 최근 디자인의 흐름을 파악한다.

⑤ DKjobfair : 디자이너 작품을 디자인 관계자 및 기업에 홍보하는

잡 페어이다. 참가 디자이너에게는 자신의 디자인을 홍보하는 쇼케이스가 제공되며, 기업과 교류해 취업 기회를 잡을 수 있는 채용 상담회와 컨설팅 프로그램을 제공한다.

⑥ DKevent : 국내외 우수디자인 공모전 시상식 등의 행사를 통해 디자인의 인식 확산과 디자인 가치에 대한 공감대를 형성한다. - <디자인코리아페스티벌>

이 페스티벌을 개최하는 목적은 디자인이 주도하는 혁신기업 사례를 홍보하고, 4차 산업혁명을 이끌 미래 디자인의 트렌드를 공유하기 위해서이다. 이를 통해 국내의 유망한 디자이너들에게 좋은 일자리를 창출하고 기업 비즈니스 기회를 제공할 수 있다. 또한 한국 디자인의 우수성을 홍보하고 우수 디자인 제품을 소비자들에게 알려 소비 촉진을 기대할 수 있다. 디자인코리아페스티벌은 2003년에서 2008년까지는 한중교류전을 추진해왔다. 2009년부터 2013년까지는 지역 활성화를 추진하였고 2014년에는 비즈니스 페어를 강화하고 2018년부터는 디자인 잡 페어를 개최하여 디자이너와 기업을 연계시켜주는 사업을 진행하고 있다. 이렇듯, 디자인코리아페스티벌에서는 매년 주제를 선정하여 페스티벌을 개최하고 있으며 코로나 펜데믹 이후부터는 펜데믹과 관련한 디자인 사업의 필요성을 부각시켜주고 있다.

우수 디자인 상품 선정

두 번째, 우수 디자인(GD, Good Design) 상품 선정이다. 우수 디자인 상품 선정 제도는 1985년부터 산업디자인진흥법에 의하여 매년 선정하는 대한민국의 대표적인 디자인 인증제도이다.

대한민국 디자인 박람회

세 번째, 대한민국 디자인 박람회이다. 대한민국 디자인 박람회는 디자인의 전 분야를 대상으로 하는 국내 최고 권위의 디자인 어워드 이다. 전 세계 각국의 사람들이 참여할 수 있으며 미래를 이끌어갈 디자인과 혁신의 개념을 찾아내어 글로벌 차세대 디자이너를 등용하 는 역할을 하고 있다.

대한민국 디자인 대상

네 번째, 대한민국 디자인 대상이다. 대한민국 디자인 대상은 대 한민국의 디자인 사업 발전에 큰 공로가 있는 개인이나 디자인 회사 경영을 통해 국가경쟁력 강화에 기여하는 기업이나 단체 혹은 지방 자치단체에 포상하는 제도이다.

디자이너 명예의 전당

다섯 번째, 디자이너 명예의 전당이다. 한국디자인진흥원은 디자 인산업 발전에 뛰어난 공헌을 한 디자이너를 명예의 전당에 헌액함 으로써 한국 디자인의 역사를 기록하고 있다. 한국디자인진흥원은 2012년부터 디자이너의 명예와 자긍심을 높이고 존중받는 문화를 조성하고자 명예의 전당을 운영하고 있다.

코리아+스웨덴 영디자인 어워드

여섯 번째, 코리아+스웨덴 영디자인 어워드이다. 코리아+스웨덴 영 디자인 어워드는 2019년 한국과 스웨덴 수교 60주년을 기념하며 양국의 디자인 교류를 확장하고 국내 젊은 디자인 인재 양성을 위해 시작된 사업이다.

디자인 코리아 뮤지엄

일곱 번째, 디자인 코리아 뮤지엄은 한국디자인진흥원의 50주년을 기념하며 유치 및 개관한 디자인 전문 박물관이다.

글로벌 생활명품 공모전

여덟 번째, 글로벌 생활명품 공모전이다. 산업통상자원부와 롯데 그룹이 주최하고 한국디자인진흥원이 주관하는 이 공모전은 2014년 부터 시작되었다. 한국디자인진흥원은 디자인, 수출 마케팅, 유통, 홍보·해외 진출 등에 이르기까지 다양한 지원을 하고 있으며, 이를 통해 국내 우수 디자인·생활 소비재를 세계적인 명품으로 육성하고 있다.

디자인 권리 보호

아홉 번째, 디자인 권리 보호로 디자인산업에서의 불공정 거래 관행을 근절하고 창의적인 디자인 개발을 장려하기 위해 2012년부터 순차적으로 디자인 분쟁조정 위원회 설치 및 운영, 디자인 표준계약 서 개발·보급, 디자인 공지증명제도 운영, 디자인용역 대가 기준 수

립 추진 등 다양한 활동을 전개해오고 있다.

KIDP China

열 번째, KIDP China이다. 한국디자인진흥원은 2013년부터 중국 베이징을 시작으로 중국 이우와 순더를 근거지로 한 한국 우수 디자인 기업의 현지 시장 진출을 지원하고 있다.

디자인 해외 진출 지원

열한 번째, 디자인 해외 진출 지원이다. 이 사업의 목표는 현지 교류 확대와 비즈니스 활성화를 통해 해외 진출을 위한 발판을 마련하고 국내 우수 디자인기업을 육성하는 것이다. 이를 위해 해외 디자인 시장 개척단을 구성하고, 중국 등 주요 지역에 수출상담회를 개최함으로써 디자인 기업의 해외진출을 적극 지원하고 있다.

국제교류협력

마지막으로 국제교류협력이 있다. 해외 사업의 기초를 다지는 국제교류협력은 약 35개국의 70개 기관과 체결한 업무협약을 바탕으로 활발하게 사업을 진행되고 있다. 한국디자인진흥원은 현재 세계 디자인 기구(World Design Organization)에 진흥회원 기관으로 가입되어 있다. 한국디자인진흥원 국제교류협력과는 전 세계 주요 유관기관과 국제협력 및 교류 활동을 상시 추진하여 국내와 해외 디자인계를 연결하는 가교 역할을 수행하고 있다.

이렇듯 현재 한국디자인진흥원에서는 여러 사업들을 통해 우리 디자인이 해외로 나갈 수 있도록 돕는 발판을 준비하고 있다. 이러한 발판을 마련하기 위해 인재 교육 양성도 진행하고 있는데 인재 교육 양상 사업으로는 실무디자이너역량강화사업이 있다. 이 사업은 자체 인력양성 자원과 기반이 취약한 중소기업 재직자 및 대표자, 프리랜서 등을 대상으로 실무 디자인 전문교육을 실시함으로써 중소기업의 디자인 경쟁력 제고에 기여하고 있다.

▮ 한류 디자인의 과제

한류 디자인은 한국의 문화와 다른 국가 및 지역의 문화와의 상호 작용을 통해 발전한다. 따라서 문화교류를 촉진하고 상호 이해를 높이는 프로그램이 있어야 한다. 한류 디자이너들은 한국 디자인 전통을 새롭게 발굴하면서 동시에 국제 시장의 트렌드에도 민감해야 한다(김보희, 2008). 미래 사회는 디지털 기술의 발전으로 인해 디자인의 가능성도 높아질 것이다. 따라서 가상 현실(VR), 증강 현실(AR), 인공 지능(AI) 등의 기술을 적극적으로 도입하여 한류 디자인을 혁신하는 노력이 필요하다. 최근에는 환경에 대한 관심이 높아지면서 지속 가능한 환경 디자인을 개발할 필요성이 높아지고 있다. 자원 절약이라든지 재활용 가능한 소재를 디자인에 접목시킨 새로운 제품들이 늘어날 것이다. 이를 위해서는 환경 관련 디자인 교육과 인프라의 지원이 필요하다. 창의성에 바탕을 둔 디자이너들의 활약을 기대해본다.

<사진 10-3. 서울디자인 2023>

한류 디자인의 문제점으로 지적될 수 있는 것은 다음과 같다. 첫째, 한국의 전통 문화와 현대적인 요소의 융합이 시장에서 외면받을 수도 있다는 사실이다. 특히 타문화에 대한 존중이 부족한 제품은 해외에서 외면받을 수밖에 없다. 둘째, 저작권 침해의 문제가 있다. 저작권법은 저작권자의 '권리 보호'와 함께 이용자가 '공정 이용'을 할 수 있게 하는 것이 목적이다. 한류 디자인의 인기가 높아지면서 저작권 침해 문제도 최근에 많이 증가하고 있다. 중국에서 빈번하게 발

생하는 불법 복제 및 모작으로 인해 작가의 경제적 손실이 발생할 수 있기에 이에 대한 철저한 대비가 필요하다. 어떤 면에서는 문화콘텐츠 산업의 미래는 저작권 제도의 혁신에 달려 있다고 해도 과언이 아니다(김평수, 2014). 셋째, 세계적인 브랜드 상품을 만들 수 있는 디자이너가 부족하다는 점이다. 이제라도 한류 디자인에 관심을 갖고 있는 전문가와 디자이너를 양성할 필요가 있다.

1. 한류 디자인 최고의 제품은 무엇인가?

2. 한글을 활용한 디자인 중에서 가장 인상적인 것은 무엇인가?

3. 환경 디자인에서 가장 중요한 요소는 무엇인가?

4. 한복의 세계화를 위해 필요한 것은 무엇인가?

5. 한류 디자인의 저작권을 보호하기 위해 가장 필요한 것은 무엇인가?

6. 한류 디자인에서 전통과 현대적 요소를 어떻게 조화롭게 융합할 수 있는가?

7. 지속 가능한 디자인을 개발해 볼 수 있다면 어떤 작품(물건, 건축물, 전시 등)을 만들어 보고 싶은가?

8. 일상생활에서 한복을 쉽게 입을 수 있도록 디자인을 개선하는 방법에는 무엇이 있는가?

9. 미디어 아트 웨일을 선보인 미국 타임스퀘어 전광판에 나의 작품을 선보일 수 있다면 어떤 미디어 아트를 선보이고 싶은가?

11장

한류 뷰티

한류 뷰티의 개념

한류 뷰티의 역사

한류 뷰티 분야

한류 뷰티의 특징

한류 뷰티의 세계화 전략

한류 뷰티의 성공 요인

한류 뷰티 전망

토의 및 토론

한류 뷰티

K 한류 뷰티의 개념

한류 뷰티는 한류 드라마, 한류 음악과 같은 한류 문화 콘텐츠의 확산 과정에서 해외 수용자들에 의해 인식되고 발전한 산업영역을 일컫는 말이다. 또한 뷰티 산업에는 인체를 아름답고 건강하게 관리하기 위하여 제공되는 피부미용, 메이크업, 네일 미용과 같은 서비스업과 미용기기 용품이 포함된다. 좁은 의미로는 K-뷰티라고도 하는데 대한민국에서 제조된 화장품 제품과 화장품 산업 자체를 의미한다. 한류 뷰티는 한국에서 시작된 뷰티 문화가 전 세계로 확산된 현상을 말한다. 한국에서는 피부 관리와 메이크업에 대한 관심이 다른 국가에 비해 매우 높은 편이다. 한류 뷰티는 주로 K-뷰티(K-Beauty)로 불리며, 대표적인 뷰티 브랜드로는 미샤(Missha), 에뛰드하우스(Etude House), 더페이스샵(The Face Shop) 등이 있다. 한국의 뷰티 문화는 피부 관리를 중요시하며, 피부를 건강하게 유지하고 개선하는 피부 웰빙을 목표로 삼는다. 또한, 한국과 다른 해외 뷰티의 차이점은 복잡하고 과한 메이크업을 추구하는 메이크업과는 달리 한국은 자연스러운 느낌을 주는 메이크업이라는 점이다. 한류 콘텐츠 열풍에 힘입어 최근의 한류 뷰티는 전 세계적으로 인기를 끌고 있으며, 많은 뷰티 제품이 중국에 이어 미국과 일본, 그리고 유럽 시장에 출시되고 있다. 2021년 국가별 화장품 수출실적 현황을 보면, 한국의 화장품은 프랑스, 미국에 이어 세계 3위의 수출국이다. 이제 한국의 화장품은 그 자체로 경쟁력을 갖춘 것이다. 이제 전 세계인은 한류 뷰티를 체험하기 위해 한국을 방문한다. 강남은 전 세계인이 찾는 뷰티 메카로 거듭나고 있다. 강남에는 성형외과와 피부과가 밀집되어 있기 때문이다.

K 한류 뷰티의 역사

우리나라는 각 시대별로 고유의 화장문화가 있었다. 진한 화장에서 담백한 화장에 이르기까지 여성들은 진정한 아름다움을 추구하기 위해 화장을 하였다. 이 글에서는 시대별로 변천한 한류 뷰티의 역사를 알아보고자 한다.

조선시대: 고려시대 때부터 피부 관리를 위한 자연 원료들이 주로 이용되었다. 조선시대 들어와서는 주로 왕실의 여인과 궁녀, 사대부 부녀자, 기생들이 화장을 하였다. 한류 뷰티의 뿌리는 조선에 있다.

조선시대 사대부가의 여성들은 깔끔한 피부와 둥근 입술을 선호했으며 자연스럽고 담박한 화장을 즐겨 했다. 신윤복의 〈미인도〉에서 알 수 있듯이 조선시대의 여성들은 수수하고 엷은 화장을 했으며 단정한 옷차림과 단정한 빗질을 통해 단아한 아름다움을 추구하였다. 조선시대에는 타고난 아름다움을 해치지 않는 화장법을 강조하였다. 이는 자연스러운 것이 가장 아름답다는 미의식에 기초한 것이다.

1910년대: 개화기에 해당하는 이 시기에는 우리나라 최초의 화장품인 〈박가분〉이 등장한다. 1916년에 판매된 이 화장품은 정식 상품 등록을 하였으며, 가내수공업으로 화장품을 제조한 것으로 보인다. 1937년에 생산이 중단된 〈박가분〉은 납 가루를 얼굴에 발라서 피부를 하얗게 보이도록 하였는데 이는 인체에 해로움을 유발하였다.

1920~1930년대: 이 시기에는 단아한 스타일의 화장이 유행하였다. 1920년대 여성들이 주로 '순진하고 청신한' 아름다움을 추구하기 위해 연백분을 사용하였다면, 1930년대 여성들은 전시체제 하에서 '건강하고 명랑한' 이미지를 연출하기 위해 색조화장을 주로 사용하였다(백주현·채금석, 2019).

1940~1950년대: 현대적인 한국화장품 산업의 출발은 1950년대부터다. 이 시기에는 서양 문화가 본격적으로 도입되면서 현대식 메이크업이 시작되었다. 미국의 여배우인 오드리 햅번, 마를린 먼로를 보면서 한국의 여성들은 그들을 따라하기 시작하였다. 이 시기에는 우아한 이미지를 연출하기 위해 과장된 화장법이 등장하였다.

1960~1970년대: 이 시기는 신문, TV, 잡지의 시대였다. 해외 팝스타와 배우들이 TV에 등장하면서 화장법 또한 달라졌다. 서구 미인형 화장이 유행하기 시작하면서 색조화장의 시대가 열린 것이다. 여성들은 광대뼈를 강조하는 화장을 하였으며, 핑크, 펄 섀도를 즐겨 했으며 빨간 립스틱을 사용하기 시작하였다. 강하게 올려진 속눈썹이 이때 유행하였다.

1980년대: 이 시기는 본격적으로 컬러 TV가 보급되었다. 여성들의 사회활동이 급격히 증가하였고 경제적 여유가 생긴 여성들은 외출이 많아졌다. 이 시기부터 여성들은 화려하고 강한 이미지를 부각시키기 위해 색조 화장을 본격적으로 하기 시작하였다. 서양인과 비슷한 두꺼운 피부 화장이 유행하였고 갈매기 눈썹을 그렸다.

1990년대: 이 시기의 여성들은 서양과 다른 우리 민족의 정체성에 맞는 화장법을 찾기 시작하였다. 창백한 피부를 연출하기 위해 베이지, 오렌지, 브라운 계열의 섀도를 하였으며 자연스러움을 추구하였다.

2000년대 이후: 웰빙, 안티에이징의 시대이다. 피부 건강에 대한 인식이 생기면서 화장법이 변화하기 시작하였다. 한마디로 자연스러움을 강조하는 화장법이 유행하기 시작한 것이다. 2000년대 이후부터는 K-뷰티라는 용어가 생겨날 정도로 한국 화장품 산업이 글로벌 시장에서 큰 영향력을 발휘하고 있다.

K 한류 뷰티 분야

화장품

미를 추구하는 여성들의 욕망은 새로운 화장품을 만들게 하였다. 화장품은 한류 뷰티를 이끌고 있는 주력 상품이다. 최근에는 자연주의 원료 화장품이 글로벌 뷰티 트렌드를 이끌고 있다. 미국의 야후 뷰티(YAHOO beauty)는 한국의 스킨케어 화장품에 주목하였다. 특히 한국의 특정 지역에서 재배되는 인삼을 주 재료로 사용하여 만든 '설화수'는 가격 대비 질 좋은 제품으로 인정받고 있다. 이 제품은 피부에 중점을 둔 조선시대의 화장품을 현대에 계승한 것으로 자연주의 뷰티 문화라 할 것이다. 현재 한국의 화장품은 미국 최대 뷰티 유통업체인 얼타(ULTA)에 K-뷰티 섹션을 따로 만들 만큼 큰 인기를 얻고 있다. 예컨대 미국에 진출한 아모레퍼시픽은 한국의 올리브영 같은 멀티 브랜드 뷰티 스토어인 세포라에서 유명 화장품들과 어깨를 나란히 하고 있다. 아모레퍼시픽은 북미 지역에서 2015년 1·4분기에 77억 2,300만 원을 기록하였다. 미국에 있는 한국의 화장품 기업들은 2011년 118개 국에서 2015년 131개에 이르렀고 같은 기간 수출액은 25억 5,000만 달러까지 증가하여 무려 3.5배의 성장 수치를 보여주었다(최창현·임선희 2018). 2020년 한국 화장품 산업의 무역수지 흑자 규모는 처음으로 7조 원을 넘어섰다. 이러한 추세라면 연간 수출액 100억 달러를 넘어설 것으로 예상된다. 이처럼 K-뷰티는 이미 미국에서 널리 퍼진 상태이다.

한국 화장품의 중국 내 인기는 1위를 차지할 만큼 꾸준한 성장세를 보이고 있다. 일본에서는 한국 화장품 수출 증가액이 5년간 32%에 이를 만큼 성장세가 가파르게 상승하고 있다. 이제 한국의 화장품은 유럽에 도전장을 내밀었다. 유럽은 전 세계 유명 브랜드 화장품을 만들어 낸 화장품의 본고장이다. 아모레퍼시픽은 프랑스의 크리스챤 디올과 협약을 체결하였다. 중국과 동남아시아에 집중되었던 K-뷰티가 이제 전 세계 화장품 시장으로 영토 개척를 하고 있는 중이다. 미국과 유럽에서 호평 받고 있는 '믹純'은 빠른 속도로 팬덤을 형성하여 순항중이다. 그러나 매출액 기준 세계 100대 화장품 기업의 현황을 보면 1위인 프랑스의 로레알이 14.7%이고 네덜란드의 유니레버는 9.9%이다. 이에 비해 한국의 아모레퍼시픽은 시장 점유율이 2.3% 수준이어서 갈 길이 아직도 멀다. 양적 성장은 했지만 이에 비례하여 질적 성장이 필요한 것이다(이정세, 2015).

피부미용

뷰티 강국 일본에서는 최근 한국을 찾는 일본 여성들이 크게 늘고 있다. 이들의 방한 목적은 피부과 치료를 받기 위함이다. 일본은 한국보다 시술비가 비싼 편이다. 이로 인해 일본인 여성들은 피부 시술과 관광을 병행해도 저렴한 편인 한국을 방문하기도 한다. 강남의 피부과에서는 보톡스와 필러를 사용한 시술이 많다. 보톡스 주사는 보톡스 근육이완제를 이용하여 주름 개선 및 미간 주름 완화에 도움이 된다. 보톡스는 피부 근육을 일시적으로 마비시켜 주름을 완화시킨다. 보톡스 시술은 부드럽고 젊은 인상을 만들어 준다. 필러 주사는 주름 개선 및 얼굴 볼륨을 보충하기 위해 사용된다. 주로 속눈썹

주름, 입 주변 주름, 볼 볼륨 손실 등을 개선하는 데 사용되며, 피부의 탄력을 증가시키고 얼굴 윤곽을 또렷하게 만든다. 케미칼 필링(피부 박피술)은 화학 용액을 사용하여 피부의 외부층을 제거하는 시술이다. 레이저 치료는 특정 피부 문제를 개선하기 위해 고에너지 레이저를 사용하는 시술이다. 여드름, 홍조, 색소 침착, 피부 탄력 개선 등 다양한 피부 문제를 치료하는 데 사용된다. 레이저 제모는 에너지 레이저를 사용하여 피부의 불필요한 모발을 제거하는 시술이다. 피부과를 찾는 여성들은 모공이나 피부결 관리를 위해 스킨 케어를 받기도 한다. 피부과에 오는 여성들에게 가장 인기 있는 시술은 피부의 노화와 탄력에 도움을 주는 피부 리프팅이다. 이 시술은 피하의 콜라겐 분비를 유도하여 피부를 수축시켜 외관상으로 피부가 팽팽하게 당겨지도록 만드는 것이다. 일본 여성들이 피부과를 찾는 이유는 한국인 피부처럼 되고 싶기 때문이다. 대체적으로 일본의 젊은 여성들은 K-팝 아이돌처럼 깨끗하고 투명한 피부를 선호한다.

성형

외국인이 찾는 한국 병원 1순위는 성형외과이다. 성형외과는 이제 강남의 랜드마크이다. 한국의 성형외과가 해외에서도 인기가 높은 이유는 최신의 의료 기술과 고급 시설을 갖추고 있기 때문이다. 강남의 성형외과 의원은 최첨단 장비와 기술을 도입하여 고품질의 서비스를 제공하고 있어서 중국과 일본의 많은 여성들이 발길이 끊이지 않고 있다. 강남을 중심으로 한 한국의 성형외과는 성형 수술 분야에서 뛰어난 전문성과 다양한 경험을 가진 의료진들이 활약하고 있다. 이는 성형외과 시술을 원하는 많은 사람들에게 안전함을 인식시키고 만족도를 높여주는 요소이다. 해외에서 온 여성들은 IVE의 장원영, 뉴진스의 민지와 같은 연예인처럼 달걀형 외모를 원하기 때문에 성형외과는 이러한 요구에 맞게 성형수술을 제공한다. 남성의 경우는 송강, 차은우, 뷔(BTS)와 같은 연예인상을 선호하기 때문에 이에 맞는 수술을 한다. 해외에서 한국의 성형외과를 찾아오는 이유 중에 하나는 가성비가 좋기 때문이다. 전 세계와 비교해 볼 때, 한국의 성형외과는 비교적 가격이 저렴하고 고품질의 제품과 고객 맞춤 서비스를 제공하기에 인기가 많다고 한다. 특히 중국과 일본처럼 한국과 가까운 나라에서는 성형 수술 비용이 매우 높은 편이어서 한국에 오는 경우가 많다. 한국의 성형외과는 국제적 명성을 확보한 상태이다. 한류 문화를 접한 해외의 많은 여성들은 한국의 유명 연예인들이나 인터넷 스타들을 통해 자신의 이미지를 가꾸기를 원한다. 예컨대 코수술, 안면윤곽수술, 안검수술 등과 같은 성형수술을 받은 사람들이 늘어날수록 한국의 성형외과에 대한 긍정적인 인식은 커질 전망이다.

<사진 11-1. 강남 거리>

네일 아트

과거에는 손톱에 봉숭아 물을 들여 손을 아름답게 하기도 하였다. 시대가 변화면서 손톱에 물들이는 네일 아트가 등장하였다. 이제는 한류 뷰티에 빼놓을 수 없는 항목 중에 하나가 네일 아트이다. 네일 아트는 손톱이나 발톱에 다양한 디자인, 색상, 장식을 추가하여 아름다운 모양과 스타일을 만드는 예술적인 활동이다. 네일 아트는 여성들이 자신의 아름다움을 강조하고 스타일이나 취향을 표현하는데 주로 사용된다. 네일 아트는 네일 살롱에 가거나 집에서 직접 할 수 있다. 대표적인 네일 아트를 소개하면 다음과 같다. 1) 매니큐어: 네일을 깨끗하게 다듬고 모양을 잡은 후, 다양한 컬러의 매니큐어를 바르는 것이다. 일반적으로 단색으로 바르는 경우가 많다. 최근에는 네일아트를 추가하여 더 다채롭고 특별한 디자인을 만들기도 한다. 2) 플로럴 디자인: 네일에 꽃 모양을 그리거나 꽃 장식을 추가하여 아름다운 꽃무늬를 만드는 것이다. 다양한 꽃 모양과 색상을 사용하여 다채로운 디자인을 만들 수 있다. 3) 프렌치 매니큐어: 네일 끝에 밝은 색상의 매니큐어를 바르고, 네일 끝과 손톱의 기본 색상 사이에 선을 그어 깔끔하고 고급스러운 스타일을 만드는 것이다. 4) 글리터 네일(Glitter Nails): 네일에 반짝이는 글리터나 보석 등을 사용하여 손톱을 꾸미는 것이다. 다양한 색상과 디자인의 글리터를 사용하여 더욱 화려한 스타일을 만들 수 있다. 5) 마블링(Marbling): 물 표면에 색상을 떨어뜨려 손톱을 스치는 기술로, 독특한 무늬와 색상 조합을 만들어내는 것이다. 6) 스톤아트네일: 젤타입으로 컬러를 입힌 후 진주나 큐빅 등을 올려 좀 더 고급스러우면서도 화려한 이미지를 연출하는 것이다. 이외에도 손톱 끝부분에만 컬러링을 해주는 프렌치, 라인 테잎을 이용해 라인을 만들어 주는 라인테잎아트, 다양한 컬러의 매니큐어를 사용해 부드럽게 색을 연결해 주는 그라데이션 등이 있다.

마스크 팩

최근 급부상한 한류 뷰티 제품 중에 하나가 마스크 팩이다. 전 세계 남녀노소 누구나 건강한 피부에 관심이 많다. 피부를 건강하게 유지하려면 수분, 미백, 탄력이 있어야 한다. 특히 깨끗하고 하얀 피부를 원한다면 마스크 팩을 이용할 줄 알아야 한다. 기초화장품만으로는 자신이 원하는 피부를 유지하기에 부족하기 때문이다. 마스크 팩은 누구나 쉽게 사용할 수 있어 인기가 많다. 또한 기능도 다양하여 자신의 피부에 맞는 마스크 팩을 선택하여 주 1~2회 사용하는 사람들이 늘고 있다. 건강한 피부를 위해 사용하는 마스크 팩은 피부에 집중적으로 영양을 공급하고 피부 상태를 개선하기 위해 사용되는 화장품이라 할 수 있다. 일반적으로 마스크 팩은 5개의 기능을 갖고 있다. 1) 보습: 수분을 공급하여 건조한 피부를 촉촉하고 부드럽게 만들어 준다. 2) 진정: 피부를 진정시키고 피부 염증을 완화하여 민감한 피부를 안정시켜 준다. 3) 탄력: 피부를 탄력 있게 만들어줄 수 있는 성분을 함유하여 피부를 탄력 있게 유지해 준다. 4) 미백: 피부 톤을 밝게 만들어주는 성분을 함유하여 피부를 환하게 만들어준다. 5) 주름 개선: 주름 개선 성분을 함유하여 주름을 완화하고 피부를 탄력 있게 만들어준다. 마스크팩의 사용 방법은 보통 클렌징 후에 얼굴에 마스크를 부착하고 일정 시간 동안 휴식을 취한 후 제거하여 피부에 남은 영양 성분을 가볍게 흡수시키게 한다.

<사진 11-2. 마스크팩>
(출처: 한국관광공사-김지호)

K 한류 뷰티의 특징

한류 뷰티의 뿌리는 조선에서 찾을 수 있다. 달리 표현하자면, 오늘날 피부에 중점을 둔 자연주의 뷰티의 시작은 조선에서 시작되었다고 말할 수 있다. 조선시대의 여인들은 하얀색 피부를 만들기 위해서는 피부를 청결하게 유지하였고 자연에서 얻은 천연 재료로 화장을 하였다. 이를 통해 조선의 여인들은 희고 옥 같은 피부를 유지할 수 있었다. 조선 여인들은 하얀색 피부를 유지하기 위해 어떻게 화장을 하였을까?

조선시대의 화장법은 피부 씻기에서 시작한다. 미안수는 오이, 박, 익모초, 수세미 등의 식물을 원료로 만들어 세정하는 화장수이다. 오늘날 스킨 토너의 역할과 같다. 미안수가 끝나면 면약을 한다. 면약은 동식물성 기름으로 만든 것인데 얼굴에 유분을 공급하는 것이다. 오늘날 에센스 크림과 같다. 조선의 여인들은 수수하고 엷게 하는 화장을 즐겨 했다. 이를 위해서는 백분과 연분이 사용되었다. 일반인들은 백분을 사용하여 얼굴을 곱게 하였다. 반면 궁중 여인이나 기생들은 청나라에서 수입한 연분을 얼굴에 발랐다. 연분은 주로 밝은 살색이나 흰색의 가루로 되어 있다. 때로는 연지라 하여 양볼과 입술을 붉게 보이기 위해 색조 화장품을 사용하기도 하였다. 미묵은 숯을 갈아 기름에 섞은 것으로 눈썹을 검게 그릴 때 사용하였다. 이로 볼 때 조선시대의 여인들은 색조 화장보다는 기초화장이 중심이었음을 알 수 있다.

한류 뷰티의 대표적인 특징 중 하나는 인공물을 최대한 배제하고 천연 원료를 사용한다는 것이다. 예컨대 천연 추출물을 사용한 스킨케어 제품이나 자색 쌀 등 자연에서 유래된 원료들이 많이 사용되고 있다. 이는 조선시대의 화장법과 맥이 닿아 있다. 〈동의보감〉에는 녹두로 세안수를 만들어 씻으면 얼굴이 옥처럼 맑아진다고 하였으며, 〈규합총서〉에는 달걀을 술에 담갔다가 바르면 얼굴이 트지 않고 윤기가 난다고 하였다. 이처럼 조선의 여인들은 자연에서 얻을 수 있는 천연 재료를 활용하여 자연스럽고 수수한 화장을 즐겼음을 알 수 있다. 이밖에도 한국의 뷰티 문화는 피부 관리에 더욱 중점을 둬서, 식습관, 운동, 수면 등과 같은 일상적인 요소도 뷰티에 큰 영향을 미쳤다고 볼 수 있다.

K 한류 뷰티의 세계화 전략

한류 뷰티는 세계적으로 인기를 끌고 있으며, 한국뿐만 아니라 다른 아시아 국가에서도 비슷한 뷰티 문화가 형성되고 있다. 또한, 한류 뷰티는 전통적인 한국의 미용 방법과 철학을 반영하고 있어, 한국 문화를 이해하고 체험하는 방법으로써도 매우 효과적이다. 한국 화장품은 전 세계에서 인기가 있지만, 특히 아시아 지역에서 많은 사랑을 받고 있다. 최근에는 미국, 유럽 등 서구권에서도 한국 화장품에 대한 관심이 높아지고 있다. 세포라, 올타, 하루로드 등 해외 유명한 유통사에서 한국 화장품을 취급하고 있다.

일본

일본에서는 K-뷰티의 성장세가 가파르게 상승하고 있다. 2022년에는 한국의 화장품이 일본 화장품 수입 시장에서 프랑스를 제치고 1위를 차지하였다. 한국 화장품을 선호하는 이유는 역시 한류 문화가 일본에 스며들면서 자연스럽게 한국의 연예인을 접한 청소년들이 한국의 화장품을 소비하게 되면서 일어난 현상이라고 봐야 할 것이다. 일본 소비자들이 한국 화장품을 구입하는 까닭은 가성비가 좋고, 최첨단 화장품이 많기 때문이다. 일본에서 가장 많이 팔린 한국의 화장품을 소개하면 다음과 같다.

스킨케어 5종: 클레어스, 비플레인, 메디힐, 아비브, 23이어스올드
베이스메이크업 4종: 정샘물, 더샘, 이니스프리, 루나
포인트메이크업 8종: 릴리바이레드, 클리오, 데이지크, 롬앤, 3CE, 에뛰드하우스, 미샤, 토니모리

<사진 11-3. 이니스프리 제주하우스>
(출처: 한국관광공사-김지호)

미국

K-뷰티 산업의 인기가 미국에서 점점 커지고 있다. 중국의 독주를 막고 한국 화장품이 1위를 차지한 것이다. 무엇보다도 코로나19 이후 한국의 스킨케어 제품이 미국에서 잘 팔린 것이다. 그 이유는 마스크 착용에 따른 피부 트러블을 겪으면서 미국인들이 맑고 깨끗한 피부를 선호하게 되면서부터 한국 화장품이 불티나게 팔렸기 때문이다. 게다가 인구 고령화와 중장년층의 소득 증가에 따른 안티에이징 관련 디바이스에 소비자들의 관심이 높아졌고, 청소년층에서는 여드름 관리 화장품이 인기가 높았다. 미국에서는 한국인의 피부가 세계에서 가장 깨끗하다는 인식이 커지면서 자연스럽게 한국 화장품에 대한 관심이 높아진 것이다. 미국에서 가장 잘 팔리는 한국 화장품은 스킨케어 제품이다. 특히 아마존을 중심으로 한국의 인디, 중저가 제품이 많이 팔린다. 미국에서 잘 팔리는 한국 화장품은 라네즈, 미샤, 이니스프리, 닥터 자르트, 설화수 등이다. 예컨대 한국 화장품 미샤는 글로벌 앰버서더인 엘리자베스 올슨을 내세운 뷰티 화보와 영상 콘텐츠를 미국의 옥외광고, TVC 등 다양한 채널에 홍보하면서 브랜드의 인지도를 높이고 있다.

인도네시아

인도네시아는 K-뷰티에 대한 관심이 높아지면서 한국 화장품에 대한 수요가 증가하고 있다. 한국의 화장품 업계는 할랄과 관련된 이슈 때문에 인도네시아 진출이 까다로울 수 있다. 그러나 유로모니터에 따르면 인도네시아에서 화장품, 뷰티 시장 매출 규모는 매년 평

균 10% 내외의 성장률을 보이면서 꾸준히 성장하고 있으며, 2023
년에는 그 규모가 11조 4천500억 원에 이를 것으로 전망되고 있다.
인도네시아에 진출한 아모레퍼시픽은 인도네시아 최대 유통업체 맵
(MAP·Mitra Adiperkasa Tbk) 그룹과 비즈니스 파트너십 계약을 체결하
여 비약적인 발전을 도모하기 위해 준비중이다. 한국은 2015년 300
만 달러를 시작으로 연평균 61%의 성장률을 보이며 인도네시아 화
장품 수입국 1위를 차지하였다.

<인도네시아 화장품(HS Code 3304.99) 주요 수입국>

(단위: 백만 달러)

국가명	2015	2016	2017	2018	2019	2020
한국	3	4	8	25	34	40
미국	16	17	23	28	26	20
프랑스	15	14	19	38	28	16
태국	15	19	16	22	19	16
일본	18	26	16	20	26	16
	105	114	155	232	254	195

*순위는 2021년 기준

[자료: GTA]

K 한류 뷰티의 성공 요인

대한화장품협회는 〈화장품 산업의 사회·경제적 가치〉라는 보고
서에서 한류 뷰티 열풍을 이끈 한국 화장품의 3가지 성공 요인을 아
래와 같이 제시하였다. 이를 간단히 제목만 간추리면 1) 혁신적인 기

술, 2) 독창적인 아이디어, 3) 내추럴 성분에 대한 깊은 이해와 연구 등을 들 수 있다.

K-뷰티열풍을 이끈 3가지 성공요인

*출처: 대한화장품협회(https://kcia.or.kr/home/industry/industry02_01.php)

이외에도 한류 뷰티의 성공 요인을 더 소개하자면 다음과 같다.

신뢰성을 바탕으로 한 차별화된 제품

한류 뷰티 제품들은 해외 시장에서 품질이 우수하다는 평가를 받고 있다. 대부분의 제조사들이 품질 검사를 철저하게 하고 있으며, 국제적인 인증도 받고 있기 때문에 소비자들은 한류 뷰티 제품을 선호하고 신뢰한다. 이러한 신뢰도 못지 않게 중요한 것은 한류 뷰티 제품이 천연 원료와 전통적인 한국 피부 관리 방법을 접목하여 만들어진 화장품이어서 다른 나라의 제품과는 차별화가 된다는 것이다. 한국의 전통문화와 접목한 화장품은 해외 소비자들의 관심을 끌었고 국제 시장에서 경쟁력을 확보하는 데 도움이 되고 있다.

소셜 미디어와 디지털 마케팅

한류 뷰티 브랜드들은 소셜 미디어 플랫폼을 적극적으로 활용하여 제품을 홍보하고 소비자들과 소통한다. 예컨대 인플루언서와의 협업, 쇼케이스, 온라인 캠페인 등을 통해 한국의 화장품이 세계적으로 널리 알려지고 있다. 또한 한류 뷰티 제조사들은 디지털 마케팅에도 규모가 큰 투자를 하고 있다. 특히 한류 뷰티 제품의 인기 비결에는 K-뷰티 유튜버들의 영향이 크다. K-뷰티 유튜버들은 자신들의 경험을 바탕으로 제품 리뷰를 제공하며, 소비자들이 한류 뷰티 제품에 대한 정보를 쉽게 얻을 수 있도록 도와준다.

전 세계적인 K-POP, K-Drama 인기

한류 뷰티의 성공에는 K-팝, K-드라마, 뮤직비디오 등 한류 문화 콘텐츠의 인기도 큰 역할을 한다. 인지도가 높은 한류스타들이 사용하는 화장품은 소비자들의 관심을 끌고 있다(최승은·김영인, 2020).

제조기술력이 뒷받침된 다양한 가격대

한국은 화장품 기술력이 높은 국가로 인정받고 있다. 특히, 국내 제조사들은 긴 연구개발 기간을 거쳐 제품을 출시하고, 혁신적인 기술을 적용해 제품의 효능을 높이고 있다. 제품 출시 전에는 다양한 검사와 테스트를 거쳐 제품의 안전성과 효능을 검증하고, 제품 사용 후에는 소비자들의 피드백을 받아 제품을 개선하는 등 지속적인 품질 관리에 만전을 기하고 있다. 따라서 한류 뷰티 제조사들은 제조 기술력이 가미된 다양한 가격대의 제품을 출시하고 있다. 해외 소비자들은 자신에게 맞는 제품을 다양한 가격에서 선택할 수 있다.

고객 중심의 마케팅을 통한 국제적인 수출

한류 뷰티 제조사들은 고객 중심의 마케팅을 진행하고 있다. 소비자들의 요구에 따라 제품을 출시하고, 다양한 행사와 이벤트를 통해 소비자들과 소통하며, 고객 만족도를 높이는 노력을 하고 있는 것이다. 특히 지역이나 인종에 따른 소비자들의 피부 타입, 선호도, 관심사를 고려한 맞춤형 제품 라인업이 제공되면서, 소비자들의 만족도를 높이고 있다. 이러한 마케팅을 통해 해외에 수출한 한류 뷰티 제품은 소비자들 사이에서 인기가 높다. 국내 제조사들은 국내외 시장에 진출하여 매출을 올리고 있으며, 수출 전망도 밝은 편이다.

K 한류 뷰티 전망

한류 뷰티 제품은 대한화장품협회에서 제공한 아래의 표에서 알 수 있듯이 현재 130여개국에 수출하고 있다. 북미 지역은 주로 스킨케어 제품에 대한 인기가 높으나, 앞으로는 더욱 다양한 제품 라인업이 출시될 것으로 예상된다. 따라서 헤어케어, 메이크업, 바디케어 등 다양한 분야에서도 한류 뷰티 제품이 출시될 가능성이 높다.

약 130여개국에 수출

2018년도 화장품의 총 수출액은 62억불로 약 130여개국으로 수출하고 있으며,
뛰어난 기술력과 창의력을 바탕으로 국내를 넘어 해외 시장에서도 사랑받고 있습니다.

* 17년 권역별 화장품 시장규모

130여개국에 수출

(단위: 백만 달러, %)

유럽 2.4%
105,996
22.8%

아시아 5.4%
147,644
31.8%

북미 3.2%
94,043
20.2%

CIS 15.4%
14,151
3.0%

중동아프리카 3.3%
29,817
6.4%

중남미 11.5%
65,403
20.2%

대양주 7.9%
7,780
1.7%

● 세계 시장 내 비율　○ 전년대비 성장률

*출처: 대한화장품협회(https://kcia.or.kr/home/industry/industry02_01.php)

　　2020년 발생한 코로나19의 영향으로 비대면, 온라인 언텍트 시대가 열림에 따라, 한류 뷰티 제품도 온라인에서 쉽게 구매할 수 있게 되었다. 이에 따라 2021년에도 중국 수출 실적이 지속적으로 증가하였다. 그러나 중국 경제가 전반적으로 침체하면서 중국에서의 한국 화장품 시장도 위축되었다. 이로 인해 중국보다는 일본과 타이완 등을 염두에 둔 국내 화장품 업체들이 늘어났다. 이로 인해 명동의 화장품 매장은 일본과 타이완 등 외국인 관광객들이 늘어났다. 특히 눈에 띄는 점은 일본 시장에서 한국 화장품이 잘 팔리고 있다는 점이다. 그 이유로는 가성비가 좋고 이커머스 유통 환경이 최적화되었기 때문이다. 최근에는 일본 고객을 대상으로 한 중저가 화장품뿐만 아니라 고가의 화장품도 선보이면서 수출 시장의 전망을 밝게 하고

있다.

한류 뷰티는 이미 한류 엔터테인먼트와 밀접한 관계를 가지고 있으며, 앞으로는 더욱 성장할 것으로 기대된다. 특히 K-팝 스타들이 화장품 광고 모델로 출현하면서 매출이 증가하고 있다. 이는 K-팝 스타들이 제품을 사용하는 모습을 본 해외의 청소년들이 같은 상품을 구매하기 때문이다. 한류 스타를 앞세운 이러한 영상 콘텐츠는 팬들에게 제품의 효과를 시각적으로 보여주어 제품에 대한 호감도를 높일 수 있다는 장점이 있다. 이러한 요인 때문에 해외 명품 브랜드 회사들은 한류 스타들을 초대하여 특별한 뷰티 이벤트나 팬 미팅을 개최하기도 한다. 이를 통해 제품을 직접 체험하고 스타와의 만남을 경험할 수 있는 기회를 제공한다. 앞으로 해외 제품뿐만 아니라 한국 제품에도 이러한 한류 스타들을 활용한 제품 홍보가 필요하다. 해외 팬덤을 보유한 한류 스타들은 기본적으로 제품의 브랜드 이미지에 긍정적인 영향을 끼치기 때문이다.

1. 한류 뷰티 제품들은 환경 문제로 인한 우려가 커지고 있다. 이에 대한 대처 방안을 기업 측면에서 제시해 보자.

2. 한국 화장품 기업들의 브랜드를 높일 수 있는 방안은 무엇인가?

3. 중국 브랜드가 세계 시장을 주도할 가능성이 높아지고 있다. 이에 대한 대책은 무엇인가?

4. 한국 화장품의 중국 점유율이 다른 나라에 비해 높은 편이다. 중국 의존도에서 벗어날 수 있는 방법은 무엇인가?

5. 해외에서 한류 뷰티를 위해 한국을 방문하는 사람들이 늘고 있다. 의료 관광 서비스를 홍보할 수 있는 방안은 무엇인가?

6. 한국 화장품의 과대 포장 논란에 대한 대처방안은 무엇이 있을까?

7. 한국 화장품은 다양한 인종의 피부색에 맞춘 제품이 없다는 지적에 대한 대책은 무엇인가?

8. K-뷰티 관광 코스를 짜 본다면, 어떤 코스가 좋을까?

9. K-뷰티가 롱런을 하기 위해서는 어떤 전략이 있는가?

10. 최근 한국에서는 독도를 마케팅 전략으로 화장품을 만든 사례가 있다. 이는 일본 수출에 큰 영향을 줄 수 있다. 이러한 문제들을 어떻게 해결해야 할까?

11. 세계 화장품 시장에서 다른 나라의 화장품과 차별성이 중요한데, 한국 화장품은 어떤 차별성을 가졌는지 토의해 보자.

12. 아모레퍼시픽에서 최초로 개발한 '쿠션'에 대한 특허권 소송이 진행됐었다. 특허는 유지 됐으나 권리 범위가 축소되어 대부분의 화장품 업체들은 아모레에게 로열티 지급 없이 다양한 쿠션 제품을 생산한다. 다른 회사가 특허권자에게 로열티를 지급하지 않고 같은 제품을 생산해도 될까?

12장

한류 건축

건축의 개념

한옥의 정의

한옥의 역사

대표적인 한류 건축물

한옥의 특징

한옥의 단점

한옥의 해외 사례

한옥의 미래

토의 및 토론

12장

한류 건축

K 건축의 개념

인간이 생활하는 데 있어 가장 기본적인 요소 3가지가 필요하다. 바로 '의식주(衣食住)'다. 의식주란 각각 옷, 음식, 집을 통틀어 이르는 말이다. 의(衣)와 식(食)이 행해지기 위해서는 공간인 집이 있어야 한다. 이처럼 우리의 생활이 시작하는 최초의 공간이 바로 집이다. 그렇다면 집이란 무엇인가? 집은 다른 말로 건축이라 한다. 건축이란 인간적 요구와 건축재료에 의해 실용적·미적 요구를 충족시키도록 만들어진 구조물이다. 인류가 이룬 최초의 건축 활동은 후기 구석기 시대부터의 일이라고 알려져 있다. 사람들이 잠자고 쉬기도 했던 집에는 한옥(韓屋)이 포함된다. 한국의 집인 한옥의 의미는 무엇일까? 한옥은 온돌과 마루와 부엌과 마당 등으로 구성된 공간조직을 바탕으로 한 건축물이다. 한옥은 우리 사회 주변 환경의 영향을 많이 받은 건축물이다. 특히 자연환경과 한국의 사회문화사상 등에 영향을 받았다. 자연환경과 사회문화사상이 한옥에 끼친 영향은 마을의 기획, 주택의 배치, 가옥의 구성과 같은 측면에서만 표현되는 것이 아니라 공간적 특징에서도 찾아 볼 수 있다. 주택 공간의 검소성, 포용성, 개합(開合)성 등은 한민족 특유의 생활방식과 생활습성의 표현이다(유용, 2008). 이와 같이 한옥은 우리 민족의 집문화를 잘 담아내고 있다. 즉, 한옥을 보면 조상들의 삶의 지혜와 생활방식을 들여다볼 수 있는 것이다.

K 한옥의 정의

한옥이란 단어는 언제부터 썼을까? 한옥은 우리나라 주거 건축의 한 형태이기 때문에 어원이 오래됐다고 생각하면 큰 오산이다. '한옥'이란 단어를 사용한 것은 그리 오래되지 않았다. 우리는 흔히 보편적인 것에 특별함을 부여하지 않는다. 우리는 희소성을 띠는 것에 특별함을 부여하고 그것을 기억하곤 한다. 한옥도 이 사례 중 하나이다. 한옥이 점차 그 구조를 잃어갈 때, 우리는 특별함을 부여하여 보존하려고 했고 그 과정에서 한옥의 존재를 알아갔다.

한옥이라는 용어가 사용된 것은 오래되지 않는다. 지금까지 발견된 자료 가운데서는 융희 2년(1908)의 『家舍에關ᄒ 照覆文書』에서 처음 그 용례가 확인된다. 이때 '한옥'은 양옥洋屋, 양식洋式 가옥, 연와즙煉瓦葺 등 새로 도입된 구조와 재료를 사용한 새로운 형식의 주택에 상대되는 용어로 사용된 것이다. 그러나 초기의 기록들에서는 '한옥'이라는 용어 대신, '초가草家'나 '와가瓦家'와 같이 지붕재료의 차이에 따라 등급을 구분한 용어가 주로 사용되었다. 아마도 여전히 절대 다수의 주택이 한옥이었던 당시의 서울에서 단순히 한옥이라는 용어로는 분별력 있는 지칭이 되지 못하였기 때문일 것이다 (전봉희, 2006).

한옥이 점차 희소성을 갖게 되자 한옥은 자신만의 빛을 보기 시작했다. 한옥이라는 말이 널리 쓰이게 되어 국어사전에 등재된 것은 1975년 이후의 일이고 일반 주택 건설 시장에서 전통적인 한옥이 사라진 이후의 일이다. 한옥이 주목받기 시작한 것은 언제부터일까? 이는 한옥마을이 조성되기 시작한 때가 아닌가 싶다. 우리나라에는 여러 한옥마을이 있다. 대표적으로는 전주 한옥마을, 안동 한옥마을, 북촌 한옥마을, 은평 한옥마을 등 우리나라 곳곳에서 한옥마을을 볼 수 있다. 각각의 한옥마을마다 저마다의 역사가 있겠지만 북촌 한옥마을의 유래를 통해 한옥이 주목받기 시작한 이유를 알아보자.

북촌 지역은 예로부터 부촌(富村)이었다. 북촌에는 조선을 이끌어가는 문반이 집중적으로 모여 사는 그야말로 고귀한 동네 북리(北里), 요즘 말로 북촌이다(최석호, 2018). 북촌은 조선 후기에 오면서 관광방, 광화방, 진장방 지역을 중심으로 의정부를 비롯하여 소격서, 장원서, 내의원, 사간원, 홍문관, 승문원, 관상감 등 주요 관아들이 소재하였다. 이렇듯 중앙 관아가 집중적으로 배치되어 있던 북촌은 자연스럽게 한양의 중심이 되었고, 관료가 업무를 수행하는 행

정지역이자 왕실과 관료들이 거주하는 지역이 되었다(박세현, 2017). 하지만 일제강점기 시절, 청일전쟁과 러일전쟁에서 일본이 연달아 승리하게 되면서 일본인 건설업체는 급격하게 늘어났으며 이들은 북촌으로 몰려들어 서양식 문화주택을 대거 건설하게 되었다. 문화주택이 급증하자 조선인 몇 명은 북촌에 땅을 사들여 한옥을 짓게 된다. 이것이 북촌 한옥마을의 유래이다. 유래를 통해 우리가 알 수 있는 점은 보편적인 것은 주목을 받지 못하며 사라져가기 시작할 즈음에야 주목을 받아 빛을 본다는 것이다.

한옥은 어떻게 생겼을까? 한옥을 머릿속에 그려보면 우리는 양반들이 살던 기와집 형태의 집을 떠올릴 것이다. 많은 사람들이 한옥을 부유층이 살던 집을 떠올릴 것이다. 오늘날 한옥의 범위가 조선시대의 양반들이 살던 가옥으로 굳혀지고 있으나 한옥의 범위는 의외로 넓다. 한반도에서 사람들이 살기 시작하면서 자연환경, 문화, 사상 등이 종합적으로 반영된 주거형식이 만들어졌고, 조선시대에 들어오면서 정형화된 형식으로 자리를 잡은 것이 한옥이 된 것이다. 한옥은 보통 조선시대 반가를 말하지만 민가도 한옥이라 볼 수 있다. 따라서 한옥이란 한국을 대표하는 가장 한국적인 집이라고 할 수 있다. 그러나 한옥의 의미를 좁혀보자면 조선시대 양반의 집에서 형식적인 완성을 이루었기 때문에 한옥은 우리가 흔하게 알고 있는 '조선시대 양반이 살던 가옥'이라고 통칭하기도 한다.

K 한옥의 역사

한옥이 지금의 형태를 갖게 되기까지는 많은 변화가 있었다. 집의 변천 과정에 있어서 역사 이래, 초창기 한반도에서는 처음으로 움집이나 나무로 엮어 만든 집과 같은 주거 형태가 나타났다. 역사적으로 봤을 때, 상류층은 나무로 집을 지었으며 서민층은 움집에서 생활했다. 궁궐이나 사찰과 같은 주요 건물에는 기와가 사용되었으며 온돌을 사용했던 흔적이 있다. 삼국시대에 이르러서는 목조건축기술이 크게 발전했다. 〈삼국사기〉에는 "민가에서 짚이 아닌 기와로 지붕을 이고, 숯으로 밥을 짓고 나무를 쓰지 않는다."라는 기록이 쓰여 있다. 삼국시대 이후, 고려시대에 이르러 생활양식은 입식을 위주로 했지만, 온돌이 전국적으로 보급되기 시작하였으며, 건물 규모를 칸으로 세는 개념이 보편적이었다. 또한 원나라의 영향으로 화려하고 중후한 다포계 형식의 목조건물 등이 도입되었다. 조선시대에는 신분에 따라 집의 규모가 제한되었고, 장유유서와 남존여비의 개념으로 주거공간이 구분되었다. 지역적으로는 구들은 내려왔으며 마루는 올라감으로 올돌과 마루가 함께 결합된 한옥 특유의 건축요소가 확립되었다. 또한, 지역의 기후 환경에 따라 다양한 형태의 주거 형태도 나타났다. 강원도, 함경도, 평안도 산간지역에서는 너와집을 지었으며, 태백산맥 일대인 경상북도 지방에서는 까치구멍집을 많이 지었다. 개항기 시절에는 한옥과 양옥을 합친 절충식 주택이 등장하기 시작했으며 근대화된 도시 생활을 위해 개량 주택인 도시 한옥이 등장하였다. 현대에 이르러서는 전통가옥과 현대 건축의 편리함이 공존하는 형태로 발전했다.

K 대표적인 한류 건축물

가장 한국적인 집인 한옥은 한류가 퍼져나가는 시점에서 외국인들에게 새롭게 인식되고 있다. 외국인들이 한옥에 주목하는 이유는 무엇일까? 전 세계적으로 퍼져나가는 한류로 인해 한국을 찾는 관광객들이 매년 늘어나면서 한옥에 관심을 갖게 된 것이 하나의 원인일 수 있다. 한류 열풍을 타고 K-팝을 넘어서 한류 건축에 이른 것이다. 그렇다면 한류 건축이란 무엇일까? 한류 건축이란, 1990년대 말부터 아시아에서 일기 시작한 한국 대중문화의 열풍을 뜻하는 한류와 건축이 합쳐져서 만들어진 단어이다. 건축이라고 하면 우리나라의 과거부터 현재까지의 모든 건축물을 뜻한다. 과거부터 현재까지의 건축물 중에서 한옥을 택한 이유는 한옥이 가장 한국다운 집이기 때문이다. 한옥은 우리나라의 건축 문화를 잘 나타내는 가옥이자 과학적인 면과 아름다움이 잘 드러나는 건축물이다. 한옥은 조상들의 지혜와 자연을 생각하는 마음을 엿볼 수 있는 건축물이다. 예컨대 한옥에서 볼 수 있는 온돌 문화와 좌식 문화는 지금까지 우리 생활에 남아있다. 더 나아가서 온돌 문화는 외국에도 인기가 높아 해외 각국으로 수출하고 있다. 가까운 동남아시아 지역을 넘어서서 유럽에 위치한 이탈리아에서도 온돌이 적용된 신식 아파트들이 생겨나고 있다. 이처럼 한류 건축은 국내뿐만 아니라 해외에서도 인기가 많다. 이제 본격적으로 국내외에 알려진 한류 건축물에 대해 알아보자.

종묘

종묘는 유네스코 세계 문화유산이자 조선왕조의 상징적 건물이다. 종묘는 1995년에 우리나라에서 처음으로 세계 문화유산에 등재되었으며, 종묘제례는 2001년에 유네스코 세계 무형유산에 등재되었다. 조선의 역대 왕과 왕비들의 혼을 모신 종묘는 조선왕조의 정통성을 입증하는 신전이기도 하다. 1970년대 이후 일반인들에게 관람이 허용된 종묘는 많은 사람들이 보고 갔다. 특히 종묘의 정전은 그 크기가 압권이다. 일본의 건축가 시라이 세이이치(白井晟一)는 종묘를 두고 "서양에 파르테논 신전이 있다면 동양엔 종묘가 있다"라고 말했다(유홍준, 2017). 세계적인 건축가 프랭크 게리(Frank Gehry)는 종묘를 보고 "이 같이 장엄한 공간은 세계 어디서도 찾기 힘들다. 비슷한 느낌을 받았던 곳을 굳이 말하라면 파르테논 신전 정도일까?"라는 소감을 남겼다. 우리나라의 자랑스러운 건축물인 종묘의 정전은 이처럼 세계의 거장들이 인정하는 아름다운 건축물인 것이다. 오늘날에도 종묘를 찾는 외국인 관광객을 심상치 않게 볼 수 있다. 서울의 명소가 많음에도 이곳을 찾는 이유는 무엇일까? 이곳에 가면 경건하고 아늑한 느낌을 받을 수 있다. 종묘 주변 환경은 종묘의 배경이 되어 그 품위를 높여준다. 짙은 녹음이 우거진 여름날의 정전도 볼만하지만 눈 내린 겨울날의 정전은 고요함을 느끼기에 충분하다. 월대 위에 놓인 정전은 600년이 넘는 세월의 무게를 감당하면서 이곳을 찾는 사람들에게 죽음의 의미를 되새기게 한다. 어쩌면 종묘는 조선왕조의 역사를 통해 자신의 삶을 돌아볼 수 있는 성찰의 장소이기에 이곳을 찾는 것은 아닌지 싶다.

궁궐

<사진 12-1. 경복궁>

서울은 궁궐의 도시이다. 서울에는 경복궁, 창덕궁, 창경궁, 덕수궁, 경희궁이 있어 대한민국을 찾는 외국인 관광객의 눈을 즐겁게 한다. 답사의 명인 유홍준은 일본의 교토(京都)가 '사찰의 도시'이고 중국의 소주(蘇州)가 '정원의 도시'로 부를 수 있다면 서울은 5개의 궁궐을 간직한 '궁궐의 도시'로 명명할 수 있다고 하였다. 그 이유는 세계 어느 도시에도 없는 5개의 법궁을 갖고 있기 때문이다. 궁궐 중에서도 가장 인기가 많은 건축물이 경복궁이다. 경복궁은 조선의 1대 왕인 태조 이성계가 1394년에 한양으로 천도하면서 지은 건물이다. 조선의 3대 왕인 태종은 1405년에 다시 한양으로 환도하면서 창덕궁을 짓는다. 경복궁이 주로 외교 의전과 국가 의례를 담당하기

위해 지어졌다면 창덕궁은 또 하나의 정궁으로 왕이 정무를 보는 곳이자 왕과 왕비의 직계들이 생활하는 공간이기도 하다. 창덕궁은 1997년에 유네스코 세계유산으로 등재되었다. 창덕궁은 조선의 궁궐 중에서도 가장 운치 있는 건물로 정평이 나있다. 창덕궁 중에서도 인정전은 정면 5칸의 중층 팔작지붕으로 된 건축물로 품위와 권위가 있다. 인정전의 천장에는 왕의 공간임을 상징하는 봉황 한 쌍이 그려져 있다. 건축학적으로 볼 때 경복궁이 남북 일직선상에 놓여 있어 긴장감을 준다면, 창덕궁은 산자락을 끼고 건물들이 들어서 있어 편안한 느낌을 준다. 창덕궁에는 순종황제가 자동차를 타고 다녔던 희정당이 있다. 순종황제는 이 건물에서 외국의 사신들을 접견하기도 했는데 이로 인해 건물의 위상이 높아졌다. 창덕궁에는 부용정과 낙선재 등 볼만한 곳이 너무 많아 짧은 글로는 표현할 수 없다. 다만 우리 선조들은 자연을 경영하는 탁월한 안목이 있었고 궁궐은 이를 잘 드러내는 건축물이라는 사실이다. 그러나 1592년 임진왜란이 일어나면서 경복궁·창덕궁·창경궁은 전소되었다. 영조대왕과 사도세자의 한 많은 역사를 간직한 창경궁은 일제강점기 시절에 식물원·동물원으로 바뀌면서 궁궐 본연의 기능을 상실하고 전각들 대다수는 훼손당했다. 덕수궁은 조선왕조 마지막에 등장한 궁궐이다. 대한제국의 마지막을 장식한 덕수궁은 갖은 수난과 변화를 겪어야만 했다. 이곳은 1907년 고종이 강제로 퇴위를 당한 곳이기도 하다. 창덕궁과 마찬가지로 일제에 의해 철저히 파괴된 덕수궁은 궁궐이 아닌 공원으로 꾸며졌었다. 지금도 덕수궁은 궁궐과 공원이 공존하는 공간처럼 느껴지기도 한다. 이곳을 찾는 많은 외국인 관광객은 덕수궁을 관람하고 주위에 있는 공사관, 배재학당, 이화학당, 정동교회 등 근대적 건축물을 구경한다. 경희궁은 고종 때 경복궁 중건 과정에서 상당 부분 훼손되었다. 경희궁은 현재 정전 구역인 숭정전 일원만 복원해 일반에게 공개하고 있다.

한옥마을

<사진 12-2. 북촌 한옥마을>

서울의 랜드마크 중에 하나인 북촌은 전통 한옥이 밀집된 지역이다. 북촌이 관광 명소가 된 것은 최근의 일이다. 관광객들이 북촌을 찾아가 인스타나 페이스북에 인증 사진을 올리면서 북촌한옥마을은 외국인들이 가야할 성지가 된 것이다. 한복을 입은 외국인 관광객을 많이 볼 수 있다는 점에서 한옥마을은 한류 건축의 명소가 되기에 충분한 조건을 갖췄다고 볼 수 있다. 그렇다면 북촌한옥마을의 매력은 무엇일까? 북촌한옥마을은 2009년에 방송된 〈지붕 뚫고 하이킥〉, 2010년 MBC에 방영된 〈개인의 취향〉에서 알 수 있듯이 예전에는 촬

영지로 유명했다.

지금 우리가 보는 북촌한옥마을은 조선시대 양반들이 살던 집이 아니다. 개화기와 근대를 거치면서 북촌의 주인이 바뀐 것이다. 특히 갑신정변의 주역들인 김옥균, 박영효, 홍영식, 서재필 등이 이곳에 살았으며 해방공간에서는 송진우, 여운형이 거주하였다. 이곳에 가면 백인제 가옥을 만나볼 수 있다. 이 건물은 전통 한옥의 특징인 ㅁ형 공간을 유지하면서 동시에 근대식 개량 한옥의 특징을 잘 보여준다. 대저택의 위용을 자랑하는 솟을대문을 갖추었고 안방·대청·건넌방·부엌 등이 툇마루로 연결된 건물에는 유리 미닫이문이 달려 있어 현대적인 느낌을 준다. 무엇보다 북촌한옥마을의 명소는 맹현의 맹사성 집터이다. 맹사성은 조선 최고의 재상으로 추앙받는 인물이다. 그의 소탈한 성품을 반영한 맹사성 집터는 지금도 많은 사람들의 발길이 끊이지 않고 있다. 아마도 그의 삶과 일치된 소탈한 집을 보면서 감흥을 느낄 수 있어서일 것이다. 맹현은 언덕에 위치해 있는데 이곳에 가면 멀리 인왕산과 청와대를 볼 수 있다. 예나 지금이나 전망이 좋은 곳은 사람들이 즐겨 찾기 마련이다.

북촌 한옥밀집지구는 조선의 대표적인 건축업자 정세권이 전국 각지에서 밀려드는 조선인을 위해 지은 개량 한옥이다. 가회동 31번지 개량 한옥들은 청계천 남쪽 지역에 급증하는 일본인들이 북촌으로 밀려들 것을 염려하여 조선인의 거주지역을 보호하기 위해 만든 도시 주택인 것이다. 북촌한옥마을에는 전통 공방, 한옥을 개조한 한옥 레스토랑이 있어 많은 사람들의 사랑을 받고 있다. 그러나 늘어나는 방문객들로 인해 북촌의 주민들이 불편함을 호소하기도 한다(박세현,

2017). 2001년 서울시에서는 '북촌가꾸기사업'을 진행하여 한옥과 주변 경관을 개선해 2009년 유네스코 아시아태평양문화유산보존상 우수상을 수상하기도 하였다. 이러한 북촌한옥마을이 한옥의 전통을 지켜냄과 동시에 외국인 관광객이 즐겨 찾는 마을로 재창조되었으면 한다.

수원화성

　수원화성은 경기도 수원시 팔달구에 있는 조선시대의 성곽이다. 1997년에는 유네스코 세계문화유산에 등재되기도 하였다. 수원화성은 1794년 2월에 착공하여 1796년에 축성되었으며 성곽의 총 길이는 5.74km에 달한다. 정조가 만든 계획도시인 수원화성은 동양의 전통적 축성 기법에 공심돈·포루와 같은 서양식 성채의 방어 시설을 대거 반영한 건축물로, 건축학적으로 높은 평가를 받고 있다. 수원시의 상징이자 랜드마크로 여겨지고 있는 수원화성은 오늘날 수많은 관광객이 찾는 명소로 자리를 잡아가고 있다. 수원화성의 주요 시설로는 화성행궁, 팔달문, 화서문, 장안문, 화홍문, 방화수류정을 들 수 있다. 이중에서 화성행궁은 건축의 백미로 꼽히는 명소이다. 또한 "꽃을 찾고 버들을 따라 노닌다(訪花隨柳)"라는 뜻을 가진 방화수류정은 다른 성곽에서 볼 수 없는 독특한 지붕 형태 때문에 많은 사람들이 즐겨 찾는 명소이다. 용연에서 바라보는 방화수류정의 모습은 건축학적으로 아름다움을 느끼기에 부족함이 없다. 시간적 여유가 많은 관광객은 수원화성의 둘레길을 걸을 수도 있다. 수원화성의 둘레길은 5.4km 정도인데 이곳을 찾는 많은 방문객의 발길을 기다리고 있다.

롯데월드타워

<사진 12-3. 월드타워>

　외국인 여행객들이 좋아하는 한국의 랜드마크는 어디일까? 예컨대 서울을 예로 든다면, 남산타워, 롯데월드, 경복궁 등이 될 것이다. 이중에서 청소년이 좋아하는 곳을 꼽으라면 주저 없이 롯데월드가 될 것이다. 롯데 월드 옆에 위치해 있으면서 대한민국을 대표하는 대표적인 건축물 중에 하나인 롯데월드타워는 123층이고 높이는 555미터이다. 이 건축물은 지진과 강풍에도 무너지지 않을 만큼 최첨단 기술을 사용하여 만들어졌다. 세계에 현존하는 초고층 건물 중에서 5번째로 높은 롯데월드타워는 수많은 방문객이 방문하는 서울의 명소이다. 처음 이곳을 방문한 외국인 관광객은 입구에 들어서면서 미디어아트를 보게 된다. 어둠 속을 밝히는 예술을 접하면서 지루함을 달랠 수 있다. 이어서 엘리베이터를 타면 위로 올라가는 빠른 속도에 놀란다. 무엇보다도 고층 건물에서 바라본 서울의 광경을 보면서 다시 한번 놀란다고 한다. 가까이는 롯데월드에서 멀리 남산타워까지 보이고 한강과 인접한 아파트와 멀리 산들과 조화를 이룬 서울의 이미지는 탄성을 자아낸다. 이러한 곳을 한번에 볼 수 있는 곳이 서울스카이 전망대이다. 특히 밤에 이곳에 오는 관광객은 서울의 야경을 감상할 수 있어 좋다고 한다. 이곳에는 장남감 자판기도 있고 인생 사진도 찍을 수 있어 외국인 관광객들이 선호한다. 남산타워전망대를 가본 사람이라면 롯데월드타워와 비교해보는 것도 재미있을 것이다.

ᴋ 한옥의 특징

외국인들은 한옥 스테이를 경험하거나 한옥을 바라보게 되면 감탄한다. 이들은 한옥의 아름다움과 실용적인 면을 체험했기 때문이다. 한옥은 겉으로 보기에는 자연과 잘 어울리는 한 폭의 풍경과 같다. 처마의 휘어진 곡선에서 부드러움을 느낄 수 있다. 이처럼 한옥은 자연미를 취하되 사람을 고려해서 만든 집이다. 또한 한옥은 실용적인 면을 갖추고 있다. 강원도에 위치한 지용한옥학교 한옥과 신지용 대표는 한 인터뷰에서 한옥에 대해 다음과 같은 말을 남겼다.

집은 사람과 문화를 함께 담는데, 사람이 주체인 우리 한옥은 인체의 비례에 맞게 지어졌다는 것이다. 대청은 사람의 두 배, 방은 사람 키 한 배 반이 기본이란다. 창(窓)의 높이는 사람이 앉아서 팔을 편안하게 걸칠 정도의 높이라는 게 신 대표의 설명이다. 때문에 모든 집은 사람의 비례에 맞게 지어야 한다. 그의 말을 정리하면, 한옥은 피타고라스 정리와 유사한 '구고현법(勾股弦法)'이라는 황금비율에 맞게 지어진 과학적인 주거 공간이다(한국일보, 2015).

과학적인 주거 공간을 갖춘 한옥의 특징에는 무엇이 있을까? 한옥은 자연에서 모든 것을 취하되 자연과 어우러지는 특징을 갖고 있다. 이를 상세히 논하면 다음과 같다.

<사진 12-4. 안동하회마을>

(출처: 한국관광공사-김지호)

온·습도 자동조절장치, 흙벽

흙벽은 사계절이 뚜렷하게 나타나는 우리나라의 기후조건에서 가장 적합하면서 쾌적한 주거 환경을 만들어 준다. 기온이 많이 올라가는 여름에는 뜨거운 열기가 실내로 들어오는 것을 막아준다. 또한, 습기를 머금고 있다 햇살이 들면 머금던 습기를 내뿜어 자동으로 습도를 조절해주며 기온이 낮은 겨울철에는 햇살의 온기를 머금고 있다가 실내로 점차 전달해주어 실내 온도를 유지할 수 있게 도와준다. 또한, 외관상 보이지 않는 작은 공기구멍으로 뛰어난 환기성을 보여준다.

온기를 머금은 돌, 온돌

온돌은 우리나라 주거 형태의 대표적인 특징이라 할 수 있다. 온돌은 열의 복사, 전도, 대류를 활용한 우리나라 고유의 난방 방식이다. 온돌은 아궁이를 이용하는데, 아궁이에서 불을 지필 때의 뜨거운 기운이 방바닥 아래의 '고래'로 흐르도록 하며, 이 뜨거운 기운이 '구들'이라는 돌을 달궈 난방을 해준다. 아궁이에서 먼 곳에 있는 구들장은 얇으며, 아궁이에서 가까운 곳의 구들장은 두껍다. 그렇기 때문에 아궁이에서 열 공급을 멈추더라도 열이 천천히 빠져나가게 되며 따뜻한 기운이 지속된다(강재철, 2010).

빛과 바람이 흐르는 길, 창문

한옥의 창문은 바람이 통하는 바람길이 되어주는 중요한 역할을 한다. 한옥의 창문은 여닫이로 활용할 수도 있고 창문을 들어 올려 열 수 있는 복합적인 형태의 문이 되기도 한다. 더운 여름에는 문을 완전히 들어 올려 바람이 통하도록 했고, 추운 겨울에는 창문을 완전히 닫아 차가운 공기를 차단했다. 창은 다중구조로 되어 있는데 그 속에는 갑창과 사창, 두껍닫이 등이 설치되어 있다. 이러한 다중구조는 더위뿐 아니라 추위까지 문창살의 간격으로 일조량을 조절할 수 있다.

기와 열을 담는 그릇, 지붕과 처마

한옥의 처마는 길게 빼져 있다. 그래서 해가 가장 높이 뜨는 여름에는 여름의 뜨거운 직사광선이 실내로 유입되는 것을 막아준다. 해가 낮게 뜨는 겨울날에는 햇빛이 실내까지 유입될 수 있도록 해준다. 한옥 지붕의 추녀 길이와 경사는 지역의 빛과 강수량과 밀접한 관계를 갖고 있다. 눈비가 많이 오는 지역이면 지붕 경사를 급하게 함으로 비가 새거나 지붕이 무너져 내리는 것을 방지해준다.

자연의 바람, 대청마루

한옥에서 대청은 앞으로 넓게 트여있으며, 뒤로는 작은 문을 만들어 미세한 움직임에도 바람이 생길 수 있는 구조로 되어 있다. 또한, 한옥 앞의 흙마당이 한여름에 햇빛으로 인해 뜨거워지면, 지면에서 달궈진 뜨거운 공기가 위로 상승하면서 대기의 순환작용이 일어난다. 이로 인해 대청마루에 앉아있으면 더운 여름날에도 시원한 바람을 느낄 수 있다.

<사진 12-5. 병산서원>
(출처: 한국관광공사-김지호)

개방성과 통합의 공간, 한옥의 방

전통 한옥의 가장 우수한 특징은 개방성이다. 복합문을 열게 되면 방 두 칸이 이어지며, 창문을 열면 넓은 마당으로 확장된다. 더 나아가 이불을 펼치게 되면 침실, 탁자를 놓게 되면 응접실이 되는 등 한옥의 방은 활용성이 좋아 열린 공간에 가깝다.

기와 열 순환의 공간, 부엌

현대 한옥과 전통 한옥 간의 가장 큰 차이는 부뚜막 존재의 유무이다. 부뚜막이란 냄비나 솥 등을 올려놓아 가열하기 위한 공간이다. 바로 이곳에서 부뚜막과 온돌 아궁이를 연결하며 남은 열로는 난방에 사용한다.

친환경 자연순환의 공간, 뒷간

전통사회 속에서 뒷간은 단순히 용변을 보는 장소를 넘어 자연순환의 방식을 이루는 친환경적인 퇴비농장이었다. 배설물을 모아서 재와 섞어 거름을 만들었는데 이는 농업생산성을 향상시키는데 큰 역할을 했다.

기능적인 측면 이외에도 미적인 측면에서 한옥을 본다면 어떤 아름다움을 가지고 있을까? 전통 한옥을 바라볼 때 우리는 한옥과 자연과의 조화를 통해 자연미를 느낄 수 있다. 각 나라의 전통 가옥은 각 나라의 특성을 닮는다. 우리 한옥도 마찬가지로 우리나라의 특성을 닮은 가옥이다. 한옥은 다른 나라에 비해 자연과 어우러지며 한옥을 이루고 있는 재료들 또한 자연을 생각하고 사람을 생각하는 것으로 구성되어 있다. 이러한 특징은 다음 글에서도 확인할 수 있다.

한국의 자연환경은 '금수강산'이라 표현될 정도로 아름다운 산이 많고 강물이 맑으며 사계절이 분명하고 청명한 일기를 갖는다. 이와 같은 자연의 아름다움으로 한국 사람들은 자연에 순응하는 생활 철학을 갖게 되었으며, 그것이 건축 문화에도 영향을 주어 한옥은 자연에 순응하는 특성을 갖게 되었다. 한국은 산이 많고 사계절이 뚜렷하다. 또한 한국인들은 구릉지, 높이 300m 미만의 밋밋한 기복이 있는 얕은 산지가 많은 자연환경 속에서 생활하였기 때문에 지붕의 곡선, 도자기의 형태, 문양 등 건축이나 공예품에 완만한 곡선을 사용하였다. 초가지붕의 모양은 마을 뒷산의 모양을 닮았으며 단층으로 된 지붕의 높이도 사람 키보다 약간 높은 정도로 구성하였는데 이러한 것에는 자연을 압도하기 보다는 자연과 어우러지게 하려는 겸허한 마음이 표현되어 있다(정순희 2011).

이와 같이 우리나라는 지형 특성상 풍수지리설이 적용되었으며, 배산임수 지역에 알맞게 가옥이 발달해 왔다. 즉, 한옥은 우리나라의 지형에 알맞으며 사계절에 알맞은 최적화된 건축물이라는 특징을 갖고 있다. 위의 글에서 알 수 있듯이 한국 사람들은 자연의 아름다움에 맞게 자연에 순응하는 삶을 살았다. 그 이유는 우리나라의 지형 특성과 지역마다 각기 다른 기후에 영향을 받아 집을 지었기 때문이다. 북쪽 지역의 한옥은 ㅁ형 한옥을 지어 추위를 막아냈고, 남쪽 지역의 한옥은 마루와 같은 형태의 한옥을 지어 더위에 대비하였다. 또한 한옥은 자연에서 쉽게 구할 수 있는 재료들로 만든 건축물이다. 한옥은 건물 자체만으로도 아름다움을 느낄 수 있다. 예컨대 주춧돌과 같이 하나의 덩어리 점으로부터 시작하여 수직과 수평, 지붕의 곡선 등 여러 형태의 선들이 이상적으로 조화를 이루는 건축물이다. 처마선은 수직 수평으로 하늘과 땅이 교차되고, 기단은 하나의 면이 모여 형태를 형성하고, 기둥은 수직으로 상승하는 에너지와 그 힘을 누르는 지붕에 수평의 절제미가 만나는 지점으로 긴장한 듯 보이지만 편안함이 느껴지는 아름다움을 보여준다(정순희, 2011).

K 한옥의 단점

한옥은 전통적이고 아름다운 건축물이지만, 현대인의 생활환경과 요구에 적합하지 않을 수도 있다. 이 글에서는 한옥의 단점을 살펴보고자 한다. 한옥의 단점으로는 비효율성을 들 수 있다. 한옥은 전통적인 구조와 디자인을 갖고 있어 아름다움을 느낄 수 있지만, 공간의 비효율성을 갖고 있는 것도 사실이다. 예컨대 다락과 같은 공간은 현대적인 가구나 생활용품을 배치할 수도 있지만, 아이들이 사용하기에 불편하고 제한적일 수 있다. 한옥이 갖고 있는 또 하나의 단점은 통풍과 절연이 현대 건축물에 비해 부족할 수 있다는 점이다. 한옥은 전통적으로 나무와 흙으로 만들어진 목조 건축물이기에 북부지역에서는 겨울철에 난방 비용이 많이 들 수 있다. 한옥의 세 번째 단점으로는 보수와 유지에 비용이 많이 든다는 점이다. 한옥은 전통적인 건축 기술과 재료를 사용하여 집을 만들기 때문에 보존과 유지에 추가 비용이 많이 들 수 있다. 특히 우리나라는 해마다 장마가 길게 이어지기 때문에 흙벽은 비에 취약하다. 또한 태풍이 자주 발생하기 때문에 한옥 특성상 바람에 취약할 수도 있다. 이를 대비하기 위해서는 지속적인 보수와 관리가 필요하다.

오늘날에는 개량한옥을 통해 전통 한옥의 단점을 보완한 집들이 늘고 있다. 예컨대 전통 한옥에는 없는 욕실이나 주방을 한옥 구조에 맞게 개량해서 편의성을 높인 것이다(최무현, 2012). 특히 도심 지역에 위치한 한옥일수록 한옥의 장점을 잘 살린 한옥을 많이 볼 수 있다. 도심 지역에서 볼 수 있는 한정식집은 삶의 여유와 편안함을 주기에 외국인이 즐겨 찾는 명소이다.

K 한옥의 해외 사례

인도네시아의 자바섬에는 '북촌한옥마을'을 벤치마킹한 테마 공원이 있다. 이곳은 '리틀 서울'이라 하여 명동과 같은 서울의 대표 거리를 참고하여 만든 명소이다. 이곳에 가면 한글 간판으로 가득한 골목과 한국 식당을 볼 수 있다. 그곳에 가면 떡볶이, 치킨, 짜장면, 김밥과 같은 한국에서 즐겨 먹는 음식들을 맛볼 수 있다. 이제 한류 음식뿐만 아니라 한류 건축도 해외로 수출하는 한류 콘텐츠라 할 것이다. 해외에서 인기가 많은 또 하나의 한류 건축물은 베트남 남중부 퀴논시에 있는 '형제정'을 들 수 있다. 서울 용산구와 베트남 퀴논시의 우호를 기념하기 위해 건립된 형제정은 베트남의 관광지인 퀴논시에 자리 잡은 전통 한옥이다. 한류 바람을 타고 머나먼 베트남에 지어진 형제정은 10일 만에 완공되었다고 한다.

해외로 수출하는 한류 건축에는 한옥뿐만 아니라 온돌 문화도 빼놓을 수 없다. 한국을 방문한 외국인들이 온돌 문화를 처음 접했을 때는 낯설어한다. 그러나 북유럽에 위치한 아이슬란드의 한 남성은 자신이 경험한 한국의 온돌 문화를 자신의 고향에서 여관을 짓는데 적용하여 손님이 대폭 늘어났다고 한다. 한국의 온돌 문화를 적극 검토한 나라 중에 하나는 독일이다. 러시아의 가스 공급이 불안해지면서 에너지 대책을 세우는 와중에 한국의 온돌 문화를 눈여겨보기 시작한 것이다. 독일 주택의 방마다 설치된 라디에이터는 공기를 데우는 방식인데 비용이 많이 들고 바닥은 차갑기 때문에 에너지 효율이 떨어져 실내는 추울 수밖에 없다. 이러한 상황에서 한국의 온돌식 보일러가 큰 주목을 받고 있다고 한다. 독일에 거주하는 한국인 교포들이 온돌식 보일러를 사용하면서 입소문이 나기 시작하자 현지 건축업계에도 큰 반향을 일으킨 것이다. 한국의 온돌 문화가 해외로 수출된다면 추운 지역에 사는 사람들에게는 호흡기가 건조해지는 것을 막아 건강을 지켜줄 것이다. 이뿐만 아니라 오랫동안 지속된 카펫 문화도 바꿀 것으로 기대된다. 한국의 온돌 문화가 수출되는 지역은 유럽뿐만 아니라 몽골도 있다. 몽골은 한겨울에 영하 40도까지 떨어지는 추운 지역이다. 이곳은 오래전부터 저소득층 대부분이 값비싼 석탄을 이용하여 겨울 난방을 해오고 있다. 이곳에 온돌 난로를 설치하는 가구가 늘고 있다. 온돌 난로는 석탄 사용량을 40%나 줄일 수 있고 열효율이 높다고 한다. 이제 몽골에서의 온돌 난로는 혹한을 이겨낼 고마운 한류 문화가 되고 있다. 앞으로 현지 사정에 맞는 온돌과 관련된 다양한 시공 기술이 늘어난다면 머지 않은 장래에 한류 건축의 붐이 일어날 것이다.

K 한옥의 미래

한옥은 우리가 살아왔던 한국인의 집이다. 한옥은 과거에서 현재로 이어지는, 그리고 미래까지 계속 살아가야 할 우리의 삶터이자 살림집이다. 그렇기 때문에 한옥을 그저 세월의 흔적이 묻어나는 옛 가옥이라고 생각해서는 안 된다. 온돌 문화가 우리나라에 보편화된 시기는 대략 17세기에서 18세기이다. 고려시대에는 좌식보다는 입식을, 집안에서도 신발을 신으며 침상에서 잠을 자는 것을 선호했다. 우리가 흔히 아는 좌식 문화는 신발을 벗고 바닥에서 자는 문화와 다르다 하여 우리의 문화가 아닌 것은 아니다. 고려시대 때에는 고려시대만의 특징이 묻어나는 한옥이 있었으며, 조선시대에는 조선시대에 맞는 한옥이 나타났다. 이처럼 현대 사회에서도 현대에 맞는 개량한옥이 있어야 한다. 바쁜 현대 사회 속에서 한옥의 존재는 자연과 어우러져 우리의 삶에 잠시 쉬어가는 쉼표가 될 수 있다. 한옥의 가장 큰 특징인 자연과의 조화, 친환경적인 건축을 통해 건강한 삶을 지향하는 주거 환경, 작은 집이라도 마당을 두고 쓸데없는 것들을 버리고 비움으로 완성되는 공간, 그것이 바로 현대 사회의 한옥이라고 정의라고 할 수 있다. 한옥은 자연 친화, 건강함, 에너지 효율성 등으로 인해 우리나라뿐만 아니라 북반구에 위치한 나라에도 알려야 할 자랑스러운 우리의 한류 콘텐츠이다. 한류 건축의 대표적인

양식인 한옥은 앞으로 우리나라를 대표하는 랜드마크로 자리매김할
수 있을 것이다.

<사진 12-6. 남산골 한옥마을>
(출처: 한국관광공사-김지호)

1. 한옥이 현대 사회에 녹아들게 하려면 어떻게 해야 하는가?

2. 한국의 온돌 문화가 해외에서 인기를 얻기 위해서는 어떤 노력이 필요한가?

3. 한국의 랜드마크로 꼽을 수 있는 대표적인 한류 건축물은 무엇인가?

4. 한옥마을을 체험하기에 가장 좋은 곳은 어디인가?

5. 한옥의 건축미학적 특징은 무엇인가?

6. 한옥을 수출하기 위해선 한옥의 어떤 점을 강조해야 할까?

7. 외국인을 대상으로 하는 지방 건축물을 활용한 여행 콘텐츠를 활성화하기 위해서 할 수 있는 노력은 무엇일까?

8. 한옥을 전통적인 모습 그대로 보존해야 할까, 현대식으로 변형해서 보존해야 할까?

9. 다른 나라 랜드마크와 구별되는 우리나라 대표 건축물만의 특징은 어떤 게 있을까?

13장

한류 스포츠

스포츠의 개념

한국 스포츠의 역사

힌류 스포츠 종목과 한류 스타

한류 스포츠와 대중매체

한국 스포츠의 문제점

한류 스포츠 해외 사례

한류 스포츠 논쟁

토의 및 토론

13장

한류 스포츠

K 스포츠의 개념

스포츠만큼 사람들의 가슴을 뛰게 하는 것이 또 있을까? 서로 다투던 사람들도 하나로 만들고, 심지어는 전쟁마저 멈추게 만드는 것이 바로 스포츠의 힘이다. 한마음 한뜻으로 응원하고 안타까워하며 기뻐한다. 스포츠는 과거부터 인류와 함께 해왔다. 기원전 2000년경부터 고대 중국, 이집트 문명과 메소포타미아 문명. 고대 그리스 등 문명이 발전한 고대 도시에서 스포츠는 발전하였으며, 한국사에도 고대부터 축국, 바둑, 씨름, 수박 등 각종 스포츠를 즐긴 기록이 남아있다.

스포츠의 정의는 주어진 활동의 규칙의 따라 타인과 경쟁하여 승리하는 것을 목표로 한다. 스포츠가 체육활동과 다른 점은 규칙과 경쟁이 있기 때문이다. 타인과 경쟁하지 않고 단순히 혼자 진행하는 자기계발용 트레이닝은 스포츠로 규정되지 않는다. 이러한 차이점은 보디빌딩에서 쉽게 알아볼 수 있는데, 단순히 건강과 미용 목적의 헬스트레이닝은 스포츠로 규정되지 않는다. 하지만 타인과 경쟁을 통해 순위를 매기는 보디빌딩은 스포츠로 규정된다.

최근 한류 열풍에 힘입어 한국의 스포츠가 해외에서 영향을 끼치는 경우가 많아지고 있다. 대한민국은 과거 스포츠 변방이었지만 이제는 스포츠 강국으로 우뚝 선 것이다. 예컨대 전 세계로 나아가는 태권도와 같은 종목에서부터 해외 유명리그에서 좋은 활약을 펼치는 선수들에 이르기까지 한국의 스포츠는 해외에서 인기가 높아지고 있다. 한류 스포츠는 이제 다양한 종목에서 큰 인기를 얻고 있으며 스포츠 선수와 지도자뿐만 아니라 스포츠 인프라까지 해외에서 적극 수용하고 있다. 그렇다면 이러한 한국의 스포츠가 한류 스포츠가 되기까지 어떤 역사가 있었는지 알아보자.

K 한국 스포츠의 역사

한국의 스포츠는 우리나라의 경제발전과 함께 성장해 왔다. 한국 스포츠의 시대별 발전 과정을 알아보면 다음과 같다.

1960년대: 60년대는 아직 전쟁의 후유증에서 벗어나지 못한 시점이다. 또한 솟구치는 인플레로 인해 제대로 된 의식주도 해결하기 힘든 시절이었다. 이때 정부는 정치와 경제에서 국가 주도적인 정책을 실행하였고, 스포츠에도 본격적인 관심을 기울이기 시작되었다. 61년에는 30만 원이던 스포츠 예산을 1억으로 인상하였고, 66년에는 태릉선수촌 건립, 외국 선수 및 코치 초청, 국내 선수 해외 파견 등의 노력으로 경기력이 대폭 상승하였다.

1970년대: 아직 경제가 침체기임에 따라 충분한 예산이 편성되지는 못하였으나, 74년에 국제대회 입상 시 종신연금을 지급하는 제도가 생기는 등 복지가 늘어났다. 70년대 이후 한국의 전통 무술인 태권도가 전 세계적으로 알려지기 시작했다. 이후 태권도는 한국을 대표하는 스포츠로 인식되었고 한류 스포츠의 대표적인 종목이 되었다.

1980년대: 80년대는 스포츠과학연구소를 설립하였다. 또한 서울 아시안게임과 88서울올림픽의 개최로 인해 스포츠 인프라가 구축되었다. 84년 9월에는 잠실종합운동장이 건설되었으며, 현재까지 큰 인기를 끌고 있는 야구, 축구, 농구, 배구 등의 프로 리그가 80년에 와서 출범하였다. 이를 통해 스포츠 업계의 경제적 성장과 선수들의 경기력 향상이 이루어졌다. 또한 이 시기에 대학 스포츠도 활성화되었다. 이로 인해 대학 리그에서는 농구, 야구, 축구 등의 스포츠가 인기가 많았고 한국 스포츠의 수준이 높아졌다.

1990년대: 90년대는 경제적인 성장과 함께 스포츠 역시 성장한 시기이다. 80년대 프로야구와 축구, 씨름에 이어 90년대에는 경륜과 볼링, 남녀 프로 농구 리그가 출범하였다. 관람객 수도 82년 약 140만 명에서 700만 명으로 5배 가량 늘었다. 하지만 97년 IMF를 겪으면서 스포츠도 침체기를 겪게 된다. 1992년 바르셀로나 올림픽에서 한국의 태권도가 공식 종목으로 채택되었고, 태권도에서 메달을 획득하여 스포츠 종주국으로서의 한국의 이름을 전 세계에 알렸다.

2000년대: 2002년 FIFA 한일 월드컵의 개최와 함께 한국 스포츠는 큰 성장을 하였다. 한국은 이 대회에서 4강에 진출하였고 월드컵 역사상 최고의 성적을 거두었다. 이를 기점으로 한국의 많은 스포츠 선수들이 해외 리그로 진출하였다. 한국은 경제적인 성장과 함께 국민의 삶이 안정됨에 따라 국내 스포츠 리그의 규모 또한 커지게 되었다. 또한 다양한 국제 대회에서 한국의 스포츠 선수들이 좋은 성적을 거두면서 한국의 스포츠가 해외에서도 인기를 얻게 되었다. 이 시기부터 한류 스포츠라 부를 수 있는 현상이 나타났으며, 한류 스포츠는 현재도 진행형이며 앞으로는 더욱 그 규모가 커질 것으로 보인다.

K 한류 스포츠 종목과 한류 스타

태권도

한국의 스포츠 하면 가장 대표적으로 떠오르는 종목은 무엇일까? 아마도 태권도와 양궁일 것이다. 그중에서도 태권도는 1955년부터 본격적인 시작을 알렸다. 그 이전에도 여러 개의 무술관이 있었지만 이를 1955년 4월 11일에 최홍희 사단장을 필두로 명칭제정위원회가 열려 태권도라는 명칭이 생겼다. 이후 1970년대에는 국기원이라는 태권도의 중앙도장이 만들어지고, 1973년 1월 13일에 태권도를 한국의 국기로 지정하였다. 1973년 서울에서 제1회 세계 태권도 선수권 대회가 열렸으며, 1980년에는 국제 올림픽 위원회 총회에서 올림픽 경기 종목으로 채택되었다. 1986년 아시안 게임과 1988년 올림픽이 태권도 세계화의 좋은 초석이 되어주었다. 그 후로 국가 차원의 많은 지원에 힘입어 현재와 같은 태권도의 위상을 갖게 되었다.

대한태권도협회에서는 "태권도는 남녀노소 어떤 사람이나 제한 없이 아무런 무기를 지니지 않고, 언제, 어디서나 손과 발을 사용해 방어와 공격의 기술을 연마하여 심신의 단련을 통해 인간다운 길을 걷도록 하는 무도이자 스포츠이다"라고 정의하였다. 태권도의 무술적 특징으로는 다른 무술들과는 비교되지 않을 정도의 발기술을 들 수 있다. 이러한 파괴력을 가지고도 태권도의 기술 습득 원리는 방어를 우선시하게 되는데, 이는 평화와 공정성을 존중하는 태권도의 정신에 기반한다. 태권도는 남을 공격하여 제압하는 것에 의의를 두는 것이 아니라 자기 자신을 극복하는 것에 수련의 목적을 둔다. 미국에서는 학생의 인성 교육에 도움이 된다는 판단 아래 2012년 기준 80여 개 학교에서 학생들에게 태권도를 가르치고 있다.

태권도 종주국인 만큼 올림픽 등 각종 국제대회에서 한국은 좋은 성적을 거두고 있다. 오래전부터 한국의 태권도 사범들이 해외에 나가 태권도를 가르치고 있으며, 올림픽 종목인 것도 해외에서의 태권도 확산에 큰 영향을 미쳤다. 2019년에 '태권도 신남방정책'을 시작하면서 베트남, 인도네시아 등 9개 국가에 태권도 도복과 용품을 지원하고 진흥재단도 개발도상국가들에게 태권도복과 용품을 지원하고 있다(신종섭, 2017). 또한 해외 태권도 교실을 운영하여 우수한 외국인 수련자들을 국내로 초청하는 해외 태권도 사업을 통해 태권도 세계화 보급에 큰 역할을 하였다(태권도신문, 2019). 태권도 관련 사업은 지금도 계속 확산되고 있으며 우리나라의 국기인 만큼 한국을 대표하는 한류 스포츠라고 할 수 있다.

축구

<사진 13-1. 서울 월드컵경기장 스타디움>

한국에서는 축구와 비슷한 '축국'이라는 놀이가 있었다. 현대 축구는 1882년 인천항에 상륙한 영국 군인들을 통해 전해졌다. 한국 축구는 1948년 런던 올림픽에서 처음으로 국제무대를 밟게 되었고, 1954년에는 처음으로 월드컵 본선에 진출하기도 하였다. 그 후에 두 번의 아시안 컵에서 연이어 우승을 하였고, 2002년 한일월드컵에서 4강에 오르는 기염을 토하며 한국이 아시아 축구 최강임을 증명하였다. 1983년에 처음으로 프로 리그(K-LEAGUE)가 출범한 이후 현재까지 많은 사랑을 받고 있다. 현재 아시아 챔피언스 리그에서

K-LEAGUE에 속한 팀들이 우승을 다수 차지하며 한국의 축구 수준이 아시아에서 높은 위치에 있음을 보여주고 있다.

한국은 아시아뿐만 아니라 전 세계에서도 수준 높은 축구 실력을 보여주고 있다. 1980년대 1세대 해외리그 진출 선수인 차범근 선수를 필두로 2000년대 박지성, 손흥민 등 해외에서 인정받고 수많은 업적을 쌓은 선수들이 많이 나왔다. 이러한 선수들의 해외 진출을 통해 한국 축구에 대한 관심도가 올라가고, 그에 따라 우리나라의 축구 인프라도 크게 성장하게 되었다. 우리나라는 과거 축구 선진국이 아니었기 때문에 해외의 시스템이나 선수, 코치, 감독이 들어오는 경우가 많았다. 하지만 한국 축구의 발전과 함께 우리는 해외의 정보를 받아들이는 상황에서 해외로 우리의 축구 노하우를 전수하는 상황에 이르렀다. 현재는 해외에서 활동 중인 선수뿐만 아니라 감독, 코치 등 다양한 분야에서 활약 중이다.

대표적으로 2002년 한일 월드컵에서 수석코치로 한국을 4위에 올려놓은 박항서 감독을 들 수 있다. 박항서 감독은 2017년부터 2023년까지 베트남 축구 감독으로 수많은 업적을 이루어냈다. 아시아에서도 축구 약체로 평가받는 베트남 축구대표팀을 2023 U-23 아시안컵 2위, 2018 아시안게임 4위, 동남아 축구연맹 대회인 스즈키 컵에서 10년 만에 우승, 2019 동남아시안게임에서는 60년 만에 우승을 이루어냈다. 말레이시아의 김판곤 감독과 인도네시아의 신태용 감독역시 국가대표 감독을 맡아 준수한 활약을 보여주고 있으며, 최근에는 김상식 전 프로축구 전북 감독이 박항서 감독의 뒤를 이어 베트남 축구대표팀 감독으로 선임되었다. 이는 전적으로 박항서 감독의 영향으로 보인다. 그러나 한국 축구가 발전하기 위해서는 해결해야 할 과제 또한 산적해 있다. 이를 간추리면 첫째, 협회 또는 연맹의 합리적 운영, 둘째 경기력 강화 및 훈련지원, 셋째 미디어 노출, 넷째 선수 저변확대, 다섯째 심판, 여섯째 국제 경쟁력 강화 등이다(최진철, 2013). 이러한 문제를 해결한다면 앞으로 한국 축구는 아시아의 호랑이에서 세계 축구 강국으로 우뚝 설 것이며, 제2의 손흥민, 제3의 김민재가 나타나 세계적인 한류 스포츠 붐을 일으킬 것이다(최진철, 2013).

야구

<사진 13-2. 고척 스카이돔>

한국에 야구가 들어온 시점은 정확하지 않다. 한국인 최초의 야구팀은 1904년에 만들어진 YMCA팀이고, 한국인이 참가한 최초의 야구 경기는 1896년에 미국 민간인 팀과 군인 팀의 경기로 보고 있다. 한국에서 가장 먼저 야구를 시작한 학교는 관립중학교인데, 관

립중학교에서 근무하던 일본인 선생 '다카하시 토오루'가 1905년부터 야구를 가르친 것이 한국에서의 학원 야구의 시작이다. 그 뒤로 여러 학교가 팀을 만들었으나 그 팀들은 오래가지 못했다. 지속적인 팀 운영을 한 최초의 학교는 휘문의숙이다. 휘문의숙이 1907년 팀을 창단한 이후 1911년부터 경신학교, 중앙학교, 배재학당, 보성학교, 오성학교 등이 야구팀을 창단했고, 광명의숙, 양정의숙, 오산학교, 대성학교 등도 야구팀을 창단했다. 지방에서도 역시 여러 학교가 야구부를 만들게 되면서 학생야구의 시대가 열렸다. 후에 1963년 아시아야구선수권대회 우승과 실업야구의 시대를 지나 1970년대는 고교야구의 시대가 열리게 된다. 고교야구는 지역대결구도로 관중이 큰 폭으로 늘었고, 한국 야구 자체의 크기가 커졌다. 1982년 드디어 현재까지도 우리나라에서 가장 사랑받는 프로 리그 중 하나인 한국 프로야구(KBO)가 출범하게 되었다(김은식, 2022).

1990년대부터는 야구 시장의 글로벌화가 급격하게 진행되었는데, 그 첫번째는 박찬호의 메이저리그 입단이다. 박찬호가 1994년 메이저리그에 입단하고 성공적인 활약을 보여주게 되면서 메이저리그에서의 한국 선수에 대한 관심도가 높아졌다. 이제 한국 야구는 국내외에서 활약하는 시대가 된 것이다. 그 후 메이저리그에 입단하는 한국 선수의 수가 늘어나게 되었다. 박찬호의 뒤를 이어 김병현, 김선우 등이 투수로 활동하였다. 2013년에는 류현진이 LA다저스에 합류하였고 시즌 첫해에 14승을 거두었다. 그 뒤를 이어 추신수, 김하성, 배지환, 이정후와 같은 타자들이 활동하면서 한국 야구는 미국에서도 인기를 얻고 있다. 또한 한국 야구는 선수 시장의 개방으로 인해 국내 리그에서 활동하는 외국인 선수들을 볼 수 있게 되었다. 이렇게 국내외적인 야구 상황이 커지면서 한국 야구의 세계화는 급격하게 진행되었다. 최근에는 미국 메이저리그 사무국(MLB)에서 2000년대 초반부터 시작된 한국 야국의 응원 문화를 배워야 한다는 목소리가 커지고 있다. 미국 야구 전문가들은 이닝이 끝나고 광고를 내보내는 대신에 미국의 치어리더들이 나와서 관중을 즐겁게 해줘야 한다고 주장한다. 만약 한국 야구의 응원 문화를 미국 야구장에서 보게 된다면 이 또한 한류 스포츠 문화가 세계로 확장되고 있다고 할 것이다.

양궁

한국 양궁은 고대부터 시작되었다. 〈삼국지 위지 동이전〉에 나온 '동이족'이란 말에서 알 수 있듯이 우리 민족은 활쏘기에 능하였다. 고대 시대에는 전쟁이나 사냥 등을 위해 활과 화살을 사용하던 것이 양궁의 전신이었다. 조선 왕실의 궁궐에서는 양궁이 귀족들의 오락과 스포츠였다. 근대화 이후에는 양궁이 현대적인 스포츠로 발전하였다. 1909년에는 첫 번째 양궁 대회가 개최되었고, 이후에는 양궁이 더욱 보급되고 인기를 끌게 되었다. 1988년 88서울 올림픽을 시작으로 양궁은 매회 압도적인 경기력으로 선수들이 금메달을 목에 걸었다. 최근에는 예전과 달리 금메달을 아슬아슬하게 따는 경우가 빈번해졌다. 그 이유는 한국의 감독과 코치진 때문이다. 예컨대 2012년 런던 올림픽 양궁 경기에 참가한 40개국 가운데 한국 출신의 지도자가 12개국이나 되었다. 한국 감독과 코치진은 한국에서 배운 양궁 실력과 훈련 방식을 외국인 선수들에 도입하여 선수들의 기량을 평준화시켰다. 한국 양궁의 독식이라는 말도 이제 태권도처럼 머지 않은 장래에 듣기 어려워질 전망이다. 이처럼 세계 무대에서 인정받은 한국 양궁은 올림픽을 포함한 각종 대회에서 좋은 평가를 받고 있으며 세계 곳곳에서 한국인 감독들의 몸값이 올라가고 있다. 올림픽 효자 종목인 양궁은 이제 한류 스포츠의 세계화에도 앞장서고 있는 것이다.

골프

우리나라에 골프가 처음 도입된 것은 1880년~1905년 사이에 세관 업무를 담당하던 영국인에 의해서였다. 한국 최초의 프로골퍼는 연덕춘 선수로 1941년에 전일본골프선수권대회에서 우승한 경력이 있다. 1958년에 6월 12일에 한국프로골프선수권대회가 처음으로 등장하였고, 이후 9월에 한국오픈골프선수권대회가 열리게 된다. 1963년에 프로골프회가 결성되었고, 1968년에 한국 프로골프협회가 창립되었다. 한국 골프가 전세계에 알려진 것은 1998년 US여자 오픈 연장전에서 박세리가 보여준 투혼 때문이었다. 당시 양말에 감춰졌던 박세리의 하얀 발과 검게 그을린 다리 색이 대비되면서 이 경기를 지켜본 우리나라 국민뿐만 아니라 전 세계인이 감동하였다. 한국인은 IMF 외환위기로 힘들던 시절이었는데 박세리의 티샷은 희망을 쏜 것이었다. 한국 골프는 박세리 선수 이후 '세리 키즈'인 고진영, 박성현, 김효주, 신지애, 최나연, 박인비 등이 계속해서 좋은 활약을 보여주면서 한국 여자 골프의 전성시대를 열었다. LPGA뿐만 아니라 PGA에서도 최경주는 한국인으로는 처음으로 우승컵을 안았다. 2002년 미국 루이지애나 뉴올리언스에서 첫 우승을 시작으로 2011년까지 총 8승을 거두면서 남자 골프선수로서의 자존심을 세웠다. 2022년에는 김주형이 런던챔피언십에서 역대 두 번째 최연소 우승을 하면서 한국 골프를 세계에 알렸다(박시원, 2006). 인구가 많지 않은 한국에서 이렇게 뛰어난 선수들이 나올 수 있는 원인은 무엇일까? 한국인의 승부사 기질만으로는 충분한 답이 되기 어려울 것이다.

배구

배구는 축구, 야구, 농구들이 프로 리그를 출범하였을 때에도 프로 리그를 출범하지 않았고, 그사이 배구의 인기는 서서히 줄어들고 있었다. 하지만 2002년 부산 아시안게임에서 남자배구가 우승, 여자배구가 준우승을 차지하며 배구에 대한 관심이 다시금 커지게 되었다. 마침내 오랜 시간을 보낸 끝에 2005년 2월에 남자 프로 배구 리그가 12월에는 여자 프로 배구 리그가 출범하게 되었다. 하지만 배구연맹 창립 4개월 이후에 리그가 출범하게 되어 연고지, 신인드래프트, 외국인 선수, 신생팀 창단 등 많은 어려움을 겪었다(황혜정, 2018).

한국에서 월드 스타라는 명칭에 어울리는 선수를 꼽으라면 배구에서는 주저 없이 김연경이 될 것이다. 그녀는 프로 배구 출범 이후 한국 선수로는 처음으로 일본 프리미어리그를 거쳐 2011년에 유럽의 명문 구단인 튀르키에 페네르바체 SK에 입단하였다. 입단 첫해에 김연경은 리그 우승과 함께 득점왕, 리그 MVP를 차지하였다. 이후 김연경은 2017–18 시즌에 중국 슈퍼 리그인 상하이 브라이트 유베스트로 이적하였고, 구단을 17년 만의 정규 리그 1위와 챔피언 결정전 준우승으로 견인했다. 2018년 이후 김연경은 다시 튀르키예 리그로 돌아와 엑자시바시로 이적하였고 주장을 맡기도 했다. 김연경은 2012년 런던 올림픽에서 한국 대표팀이 4위를 차지하였지만 8경기 207득점이라는 놀라운 기록으로 인해 득점왕을 차지하기도 하였다. 한국 배구는 프로 리그 출범과 국제 대회에서의 우수한 성적, 스타 선수의 등장으로 대중으로부터 인기를 얻고 있다. 제2 제3의 김연경과 같은 선수들이 계속 나타난다면 앞으로 한류 스포츠의 위상도 높아질 것이다.

피겨스케이팅

김연아 선수 등장 전, 한국은 오랫동안 피겨 불모지였다. 일반인과 섞여 연습을 해야만 했던 여러 악조건 속에서도 김연아는 훈련을 게을리하지 않았고 세계주니어그랑프리에서 우승을 차지하였다. 김연아는 사막에 핀 꽃과 같은 존재였던 것이다. 김연아는 11세 때인 2002년부터 각종 선수권대회에서 우승하였다. 2009년 세계선수권대회에서는 피겨 사상 처음으로 200점을 돌파하였다. 2010년 캐나다 밴쿠버 동계올림픽에서는 피겨 최초로 금메달을 따내며 피겨 여제로 등극하였다. 김연아는 한국에서는 평지돌출과도 같은 존재이자 세계 피겨의 여왕이었다. 김연아의 뒤를 이어 이해인이 2023년 ISU 세계선수권대회에서 은메달을 획득하였다. 김연아 이후 10년 만에 이룬 쾌거이다. 그러나 해성처럼 등장했다가 갑자기 사라지지 않기 위해서는 피겨스케이팅 저변이 늘어나야 한다. 동계올림픽에는 피겨뿐만 스피드스케이팅, 쇼트트랙도 있다. 한국의 세계적인 선수들이 좋은 성적을 거둔다면 대한민국은 한류 스포츠 강국으로 확고해질 것이다.

Ⱦ 한류 스포츠와 대중매체

한류 스포츠는 한국의 스포츠 산업과 스포츠 문화가 해외에 수출되어 전 세계적인 관심을 받고 인기를 얻는 현상을 일컫는 말이다. 해외에서 인기 있는 한국 스포츠인 태권도와 같이 한국의 전통적인 스포츠가 국기 종목이 되어 해외에서 인기를 얻는 경우가 있고, 올림픽 종목에서 메달 획득이 타 종목에 비해 수월한 양궁처럼 지도자들을 통해 세계적인 인기를 누리는 경우도 있다. 그런가 하면 축구, 야국, 골프처럼 한국의 우수한 선수들이 해외에서 개인 기량을 통해 인기를 끄는 경우도 있다. 스포츠 스타들은 해외 프로 리그에서의 우수한 성적을 통해 한류 스포츠의 인지도와 인기를 높이는 데 기여하고 있는 것이다. 이외에도 한류 스포츠는 스포츠 관련 콘텐츠의 수출을 통해 한국 스포츠의 위상을 높이고 있다. 무엇보다도 한류 스포츠와 방송 매체와의 제휴를 통한 한국 프로 야구의 경기 중계와 스포츠 예능 프로그램의 방송 포맷 수출 등은 해외 시장에서 한류 스포츠 문화를 알릴 수 있을 것으로 기대된다.

이제 한류 스포츠와 미디어 매체는 떼려야 뗄 수 없는 관계라 할 수 있다. 미디어는 여러 측면을 통해 스포츠에 영향을 미친다. 직접적인 영향은 규칙이나 일정과 같이 스포츠 그 자체에 변수로 작용하는 것이고 간접적인 영향은 스포츠 대중화 혹은 문화에 미치는 영향이다. 영화나 드라마에서 스포츠를 배경으로 다룰 경우 대중의 큰 관심을 받게 되는 경우가 있다. 그 예시로 1994년에 방영된 MBC의 〈마지막 승부〉는 농구 인기 몰이에 큰 영향을 미쳤으며, 2008년에 개봉한 임순례 감독의 〈우리 생애 최고의 순간〉은 비인기 종목이었던 여자 핸드볼에 큰 관심을 불러일으켰다. 이렇듯 스포츠와 미디어 매체는 긴밀한 관계에 있다.

스포츠와 미디어 매체의 결합 중 가장 대표적인 것은 라디오와 TV에서의 중계방송이다. 중계방송 이전에는 대부분의 수익이 입장료, 혹은 티켓 판매금액에서 얻어야 했지만, 경기의 중계가 대중화된 이후에는 중계 비용으로 안정적인 수익을 낼 수 있게 되었다. TV에서는 실시간 중계뿐만 아니라 경기 재방영, 중요 장면만 모아놓은 하이라이트, 특정 스포츠 주제로 만들어진 다큐 프로그램, 드라마 등을 통해 수익 구조를 다변화하고 있다. 이러한 스포츠 관련 프로그램들은 스포츠의 인기에 큰 영향을 끼친다(김성규, 2011).

영화화되는 스포츠의 경우에도 이러한 영향에서 예외일 수 없다. 스포츠는 영화의 좋은 주제가 되는데 유명 스포츠 영화인 〈국가대표〉나 〈우리 생애 최고의 순간〉 등은 힘든 훈련과 열악한 환경을 딛고 결국 목표를 쟁취해내는 스토리로 만들어져 관객들에게 감동과 재미를 선사한다. 이러한 스포츠 영화의 특징은 실화를 바탕으로 만들어지는 경우가 많아 그 간절함이 더 직접적으로 느껴지는 경우가 많다.

현대에 들어와서는 인터넷과 스포츠의 결합을 빼놓을 수가 없다.

인터넷을 이용하여 TV나 라디오 없이 중계를 볼 수 있고, 경기 일정, 신문 기사 등을 확인할 수 있다. 인터넷 매체를 통해 스포츠를 즐기는 대중들이 늘어나는 주된 요인은 경기가 진행 중인 상황에서 타인과의 소통이 가능하다는 점이다. 스포츠는 혼자 경기를 시청하며 응원하는 것도 흥미를 가져올 수 있지만 같은 팀을 응원하는 사람, 다른 팀을 응원하는 사람과 함께 시청하게 되면 그 재미는 배가된다. 인터넷의 경우 실시간 응원과 같은 시스템을 통해 각 팀을 응원하는 사람들과 소통을 하며 중계를 볼 수 있다는 점에서 대중매체와 스포츠와의 결합은 디지털 시대의 스포츠 활용면에서 앞으로 더 많은 연구가 필요하다.

과거 한 세기 동안 대중매체와 스포츠 미디어는 서로 영향을 주고받으면서 발전했다. 매체, 스포츠, 광고간의 관계 발전을 통하여 대중매체의 내용에는 많은 변화가 일어났으며, 역으로 스포츠도 미디어에 의해 많은 영향을 받고 있다(김성규, 2011). 스포츠와 미디어는 독점관계로 인한 문제점도 있어 시청자와 갈등을 겪는 경우도 발생하지만, 스포츠 자체가 대중문화의 특성을 짙게 띠며 사회에 많은 영향을 끼치는 만큼 스포츠와 미디어는 서로 이득을 보는 공생 구조로 나아가야 한다.

K 한국 스포츠의 문제점

초국적 조직, 초국적 기업, 미디어의 발달에 의해 스포츠도 상품이 되었다. 이에 따라 한국 스포츠의 문제를 크게 세 부분으로 나눌 수 있다. 첫째, 스포츠 관련 산업에 관련한 법과 제도의 미비와 전문인력 부족을 들 수 있다. 둘째, 국내 미디어 시장의 혼란이 커지고 있다. 셋째, 국내 스포츠 리그의 인기 하락도 문제로 지적될 수 있다 (선원재, 2011). 첫 번째 문제는 스포츠가 미디어의 발전과 함께 어마어마한 부가가치를 가지게 되었고, 이로 인하여 해외에서는 일찍이 스포츠를 상품으로 보고 다양한 전략과 함께 막대한 부가가치를 얻고 있다. 하지만 한국에서는 인재 양성과 직업 창출에 관심이 더 많은 편이다. 따라서 이러한 상황에서는 한국 스포츠의 관점을 더 넓힐 필요가 있다. 한류 스포츠 산업이 미래지향적으로 나아가기 위해서는 스포츠와 관련된 법과 제도, 전문인력이 필요하다.

두 번째 문제는 스포츠 중계와 관련된 독점에서 비롯된 것으로 시급히 해결해야 할 문제점이다. 예컨대 메이저리그와 같은 해외 리그 중계의 독점으로 인해 중계권료가 해마다 상승하고 있다. 해외 스포츠 콘텐츠를 국내에 발빠르게 가져와 중계하는 것은 국내 스포츠 콘텐츠 이용자들의 요구를 충족하는 행위이지만 이를 잘 조절해야 한다. 하지만 국내 미디어 시장은 그에 따른 대응책은 고사하고 매년 50배가 넘게 폭등하는 중계권료를 만들었고 나아가 국내 방송사들간의 불신만 초래하였다(전원재, 2011). 따라서 이를 적절하게 조정해 나가는 것이 한국 스포츠의 과제가 될 것이다.

세 번째 문제는 국내 스포츠 리그의 인기 하락이다. 해외 스포츠 리그 중계가 한국에 들어오고 한국의 유명선수들이 해외 리그에 진출하면서 해외 리그의 인기가 급상승함에 따라 국내 스포츠 리그의 인기는 하락하게 되었다. 이에 한국 스포츠는 기업 차원에서의 협력을 통해 국내 스포츠 리그 활성화를 꾀해야 한다. 또한 국내 선수들의 무분별한 해외 진출을 막아야 한다. 실력이 뛰어난 유명선수가 있는 것만으로도 해당 스포츠의 인기가 상승하기 때문이다. 이는 국내 선수들의 해외 진출을 무분별하게 막는 것이 아닌 국내 스포츠의 활성화를 통해 한국 스포츠 리그에 남아 있을 메리트를 만들어 주는 것이 전제가 되어야 한다. 또한 몇몇 국내 스포츠 리그에서는 외국 용병의 영입은 필수불가결한 것으로 여겨진다. 당연히 구단의 좋은 성적을 위해 외국인 용병에 투자하는 것은 잘못된 일은 아니다. 하지만 외국인 용병에 의지하여 좋은 성적을 내는 것은 장기적으로는 국내 스포츠 리그를 생각하였을 때 좋은 것만은 아니다. 따라서 국내 스포츠 리그 활성화를 위해 유소년 육성 프로그램을 정비함과 동시에 유소년 지원사업이 체계적으로 이루어져야 한다.

▮ 한류 스포츠 해외 사례

한류 스포츠가 해외에서 뿌리를 내리기 위해서는 스포츠 종목에 따른 지도자 육성이 필요하다. 이 글에서는 베트남을 중심으로 이야기하고자 한다. 한류 스포츠가 베트남에서 성장하기 위해서는 우리나라의 외교정책 담당자들이 베트남 현지에서 활동한 스포츠 지도자에 주목할 필요가 있다. 베트남 국가대표팀에서 활동한 한국의 스포츠 지도자로는 박항서(축구)·박충건(사격)·신무협(펜싱)·김선빈(양궁)·김길태(태권도)·박지운(골프)·조성동(체조) 감독을 들 수 있다. 베트남 국가대표팀을 이끌고 있는 한국의 스포츠 지도자들은 베트남의 민간외교관으로 볼 수 있으며, 양국 스포츠 발전에 많은 기여를 하고 있다. 베트남에서 활약하고 있는 한국의 스포츠 지도자들이 보다 효율적으로 성과를 내기 위해서는 다음과 같은 점을 알아둘 필요가 있다.

첫째, 스포츠 지도자들은 한국의 한·베 체육단체들의 긴밀한 협조를 통해 각 분야의 선수를 발굴하고 한류 마케팅을 할 필요가 있다. 예컨대 한국인 베트남 국가대표 감독으로 베트남에 첫 번째 금메달을 안겨준 김충건 감독은 2007년에 경북체육회 실업팀을 맡았었다. 전지훈련차 베트남에 가게 된 것이 인연이 되어 2014년부터 베트남 사격 국가대표팀 감독을 맡아왔다. 그 결실이 2016년 브라질 리우올림픽 사격에서의 금메달이었다. 한국과 베트남에는 스포츠와 관련된 단체들이 많다. 세계에서 선진국의 위상에 걸맞은 역할을 담당하기 위해서는 올림픽 관련 체육 단체들의 긴밀한 상호 협조가 강화되어야 한다. 이를 위해서는 스포츠 외교 전문인력을 선정하는 과정에서 정부의 적극적인 인사정책이 필요하다. 베트남에 한국의 실력 있는 스포츠 감독들이 선임된다면 올림픽과 같은 메가 스포츠 이벤트에서 좋은 성적을 거둘 수 있다.

둘째, 한류 스포츠가 베트남에서 성공하기 위해서는 한국의 정부기관 및 스포츠 지도자들이 베트남에 전문인력 양성을 위한 교육기관을 설립하고 운영해야 한다. 해외 스포츠 선진국은 MDGs(새천년개발목표)의 이행 및 국제 스포츠 영향력 강화차원에서 개도국에 스포츠지원 프로그램을 실시하고 있다. 국제올림픽위원회(IOC)는 무한한 성장 잠재력을 갖춘 아시아 대륙이 동계스포츠에 참여하기를 기대하고 있다. 우리나라에서는 문화체육관광부가 말레이시아, 태국, 베트남, 캄보디아 등 신남방 4개국을 선정해서 지원하고 있다. 이들은 2022년 베이징 동계올림픽에 출전하였다. 스포츠 한류의 관점에서 볼 때, 이와 같은 지원사업은 향후 대한민국의 이미지를 긍정적으로 만들 것이며, 대한민국이 공조개발원조 사업에 적극적으로 참여하는 친근한 이웃나라로 바꿀 것이다. 앞으로 한국 기업과 연계된 유소년 스포츠 ODA 프로그램과 유소년 스포츠 국제교류 공공외교 공모사업 등을 통해 한국과 베트남 청소년들이 스포츠로 교류를 확대한다면 한류 스포츠의 지평이 확대될 것이다.

셋째, 한류 스포츠가 베트남에 성공적으로 안착하려면 스포츠 운동 중계와 관련된 다양한 온라인 네트워크 활동이 있어야 한다. 베트남의 미디어를 통해 한·베 국민에게 감동을 줄 수 있는 스포츠 온라인 방송이 더 많이 확대되어야 한다. 스포츠 중계 패러다임이 디지털 국면으로 접어드는 현시점에서 방송 플랫폼도 다양해지고 있다. 한마디로 현장에서 이루어지는 다양한 스포츠 활동이 자국 국민에게 온라인 채널을 통해 실시간 중계되고 있는 것이다. 축구와 같은 스포츠 종목이 베트남 대중에게 알려지지 않으면 스포츠 한류는 발전을 기대할 수 없다. 따라서 스포츠 중계를 위한 상업적인 방송뿐만 아니라 다양한 온라인 방송이 앞으로 확대될 필요가 있다.

넷째, 베트남에서 불고 있는 한류 열풍을 활용한 스포츠 관련 콘텐츠 개발이 있어야 한다. 이제까지 해외에서의 한류 담론에 대한 기존 시각은 한국문화 중심주의였다. 그러나 최근 반한류 감정이 한류 확산과 병행하면서 한류 담론에 대한 새로운 정의가 필요하다. 예컨대 현지의 정서를 반영한 경쟁력 있는 한류 콘텐츠 개발이 필요한 시점이다. 그중 하나가 스포츠 한류이다. 베트남에서 인기 있는 한류 드라마, 한류 음악, 한류 음식에 이어 스포츠 한류가 베트남 국민에게 긍정적인 시너지 효과를 발휘한다면, 반한류 정서도 방어하면서 한·베 관계회복에도 도움이 될 것이다. 최근 한국 정부는 신남방 정책의 정책 과제 중의 하나로 한류의 지속적 성장을 위한 콘텐츠를 개발하고 있다. 무엇보다 시혜적인 느낌이 강한 갑을관계에서 벗어나 서로의 문화를 존중하는 스포츠 한류의 성공 모델을 개발할 필요가 있다. 이를 위해 한국과 베트남의 인기 종목인 축구에 국한해서 좀 더 심층적인 협력 방안이 필요한 시점이다.

K 한류 스포츠 논쟁

e-sports는 스포츠인가

현재 한국 스포츠, 아니 세계 스포츠에서 뜨거운 감자라고 할 수 있는 논쟁 중에 하나가 '일렉트로닉 스포츠(electronic sports)'이다. e-sports는 줄여서 'e스포츠'라고 하며, 공공기관에서는 한글표기법 기준에 따라 '이스포츠'로 표기된다. 한국 e스포츠협회에서는 e스포츠를 '게임을 매개로 사람 간에 승부를 겨루는 경기로 정의하며, 하는 스포츠와 보는 스포츠 두 가지의 특성을 모두 가지고 있다고 하였다. 또한 e스포츠의 조건으로는 관전성, 불확실성, 경쟁성, 제도화, 규칙성, 신체적 움직임 및 탁월성을 들고 있다. 한국의 게이머는 게임을 잘한다는 인식이 전 세계적으로 알려져 있다. 한국의 게임 실력은 장르를 불문하고 뛰어나다. 그에 따라 단순히 게임의 클리어 시간을 비교하는 장르부터 게이머의 성장과 목표를 빠르게 달성하는 장르까지 한국인은 높은 기록을 달성하고 있다(진예원, 2024).

게임에도 작은 대회부터 프로 리그까지 다양하며, 국제적인 대회까지 개최가 되고 있다. 한국은 국내에 활성화된 게임 리그와 실력으로 국제 대회에서도 좋은 성적을 얻고 있다. 예컨대 2022 항저우 아시안게임의 e스포츠 부문 7종목 중에서 금메달 2개, 은메달 1개, 동메달 1개를 획득했던 것이다. 국내 정책에 따라 금메달을 획득한 e스포츠 선수들은 군면제 혜택까지 받게 되었다.

하지만 이러한 e스포츠 게임 활동을 스포츠로 규정할 수 있는가 하는 논의는 e스포츠의 등장 이후부터 현재까지 계속해서 진행되고 있다. 초기 e스포츠 연구자인 햄필의 연구에 따르면 "특정 종류의 컴퓨터 게임 시뮬레이션이 스포츠가 될 수 있는가?"라는 문제 제기가 있어 왔다. 이에 대해 "모든 게임이 스포츠가 될 수는 없으나, 특정 종류의 컴퓨터 게임 시뮬레이션의 경우에는 몰입(immersion)과 인터랙션을 통해 스포츠의 정의가 요구하는 육체적이고 숙련을 요구하는 속성을 만족한다."라고 보았다(진예원.2024). e스포츠에 신체 활동이 존재하는지는 여전히 논쟁적인 주제이다. e스포츠는 앞으로 고대 스포츠와의 유사성, 선수들의 신체 훈련 시간, 육체적 충돌 등 많은 내용을 담아낸 논쟁을 펼쳐야 할 것이다.

1. 한류 스포츠가 해외에 갖는 영향력과 그에 따른 경제적, 사회적 효과에 대해 이야기 해보자.

2. e스포츠가 스포츠의 중 한 종목으로 인정받을 수 있는지 논의해 보자.

3. 한류 스포츠의 가장 큰 문제점과 그 문제점의 해결 방안에는 무엇이 있는지 논의해 보자.

4. 한류 스포츠 중에서 가장 인기 있는 종목은 무엇인가?

5. 새로운 한류를 이끌 수 있는 한국의 스포츠는 무엇인가?

6. 다른 나라와 교류 차원에서 한류 스포츠가 가져올 수 있는 영향에 대해 논의해 보자.

7. 대한민국이 다른 국가에 비해 성적이 좋은 종목들과 그 이유에 대해 논의해 보자

8. 국내 뿐만 아니라 해외에서의 스포츠 산업 발전을 위한 방안을 논의해 보자

9. 국내 스포츠 인프라 발전에 기여할 수 있는 정책에는 무엇이 있는지 토의해 보자.

참고 문헌

1장

강준만(2020). 『한류의 역사』. 인물과사상사.

김영대(2021). 『지금 여기의 아이돌-아티스트』. 문학동네.

심두보(2024). 『한류가 뭐길래』. 어나더북스.

오천석 외(2022). 『세계 속의 한류』. 역락.

장대환(2023). 『K홀릭』. 매일경제신문사.

차종환(2016). 『지구촌과 한류바람』. 예가.

최윤곤, 전초롱(2016). 『K-CULTURE 10』. 한국문화사.

최창현, 임선희(2018). 『문화력으로서 한류 이야기』. 박영사.

한국국제문화진흥원(2020). 『한류에서 교류로』. 한국국제문화교류진흥원
　　　(KOFICE).

한국국제문화진흥원(2021). 『한류백서 2020』. 한국국제문화교류진흥원
　　　(KOFICE).

한국국제문화진흥원(2022). 『한류에서 2021』. 한국국제문화교류진흥원
　　　(KOFICE).

2장

김미선, 유세경(2014). "일본 시청자의 한국 드라마 시청에 관한 연구- 한일역사
　　　인식에 따른 한국 드라마 시청 성과를 중심으로". 한국콘텐츠학회논문
　　　지 제14권 제5호.

김세도, 서상호(2011). "중국 시청자들의 한류 드라마 수용에 관한 주관성연구".

人文社會科學研究 32.-: 177-206.

김영찬(2007). "'미드'(미국 드라마)의 대중적 확산과 방송사 편성 담당자의 '문화
　　생산자' 그리고 '매개자'로서의 역할에 관한 연구" - KBS 공영미디어연
　　구소 방송문화연구 제19권 제2호.

김윤미(2017). "한류드라마와 동아시아 문화정체성 - SBS 드라마 〈별에서 온 그
　　대〉를 중심으로". 드라마연구 0.53: 71-98.

박은하(2014). "텔레비전 멜로드라마의 이야기구조와 남녀주인공의 특성- 방송
　　3사를 중심으로". 한국콘텐츠학회논문지 제14권 제2호

심두보(2022). 한류와 한국 드라마 - 한국국제문화교류진흥원 한류NOW 보고
　　서 2022년 3+4월호.

"38.8%로 종영…'태양의 후예'가 남긴 것들". 한겨레(2016. 4. 15.)

양근애(2020). "한류의 역사-역사드라마는 왜 로맨스를 필요로 하는가 -〈미스
　　터 선샤인〉(2018)을 중심으로".

유재연(2011). "TV 트렌디드라마 경향성 연구". 한국예술종합학교.

전수용(2012). "TV 드라마 〈뿌리 깊은 나무〉와 이정명의 원작소설- 한류 사극의
　　세계화 전망". 문학과영상 제13 권 4호.

조미숙(2014). "드라마 스토리텔링 방식의 특성 -2000년대 이후 한류 역사드라
　　마를 중심으로-". 한국문예비평연구 0.45: 443-468.

조미숙(2013). "역사 전유의 세 가지 방식-퓨전사극 속 왕의 서사를 중심으로".
　　한국현대문예비평학회편, 한국문예비평연구 40집.

주창윤(2007). "역사드라마의 장르사적 변화과정". 한국극예술연구 제25집, 한
　　국극예술학회.

"탄자니아에 '겨울연가' 뜨고 이집트에서는 '대장금' 돌풍". 동아일보(2006. 3. 14.).

"제2한류, 아시아를 휩쓴다", 조선일보(2004. 3. 7.).

3장

[네이버 지식백과] 영화 (한류 20년, 대한민국 빅 콘텐츠, 2016. 5. 30., 윤호진)

Bai, Yichen(2022). "한국 문화콘텐츠산업 경쟁력 요인 분석". 국내석사학위논문, 세종대학교 대학원, 서울.

賈晳(2020). "봉준호 감독 〈설국열차〉의 사회 계층에 대한 인식 연구". 국내박사학위논문, 청주대학교, 충청북도.

강만진(2021). "2010년대 초반 조폭 영화의 흥행 요인적 서사 전략 연구: 영화 〈범죄와의 전쟁:나쁜놈들의 전성시대〉를 중심으로". 영상기술연구 -.37: 341-358.

김나현. "상영 배급분리, 스크린독과점 해결할까?". 중앙일보(2017. 7. 21.)

김윤정(2023). "해외 경쟁력 확보를 위한 한국 영화의 특징과 경향성 분석". 국내석사학위논문, 성균관대학교 미디어문화융합대학원, 서울.

김이경(2013). "관객의 마음을 훔친 '도둑들'". 映畵 評論 25.-: 348-354.

류재형(2012). "〈디 워〉, 매혹의 영화". 만화애니메이션연구 -.29: 209-241.

리앙잔타오(2021). "한국 재난영화 〈부산행〉의 서사 미학에 대한 연구." 국내박사학위논문, 청주대학교 대학원, 충청북도.

송승은(2018). "한국 영화산업의 독과점에 대한 형사정책적 대응방안". 성균관

법학, 30(3), 287–412.

왕선정(2020). "대만에서의 한국 영화 〈신과 함께-죄와 벌〉 흥행요인에 관한 연구". 국내석사학위논문, 한양대학교 대학원, 서울.

조미영(2010). "박찬욱의 작품에 나타난 오이디푸스 신화 –〈올드보이〉, 〈친절한 금자씨〉, 〈박쥐〉를 중심으로". 문학과영상 11.3: 811–831.

학회자료(2001). "한국식 장르영화의 가능성과 한계". 영화 평론, 12(0), 100–115.

4장

"[권영찬 교수 칼럼] 국악퓨전밴드의 가능성?". 뉴스랭키-핫뉴스(2021. 10. 31.).

"K팝 한류 절정.. "한국 가고 싶어"". SBS1(2023. 10. 5.)

김동진. "[창+] K-POP, "춤 되는 가수 말고 노래 잘하는 댄서"...퍼포먼스 우선주의". KBS 뉴스(2023. 3. 19.)

김은경(2015). "K-pop의 음악적 가치와 지속성장 가능성 분석." 글로벌문화연구 6.1: 25–49.

"멕시코 수도 한복판에 'K팝과 한글 열풍'". MBC-뉴스데스크(2023. 4. 28.)

박종철, 강지원, 임지원(2015). "중국소비자의 'K-POP" 선호도가 한국상품 구매의도에 미치는 영향". 한국산업정보학회논문지 20.1: 79–90.

배일현, 김장현, 이철성(2017). "한류열풍을 이용한 브라질 시장공략에 관한 연구: 브라질 소비자의 K-pop지각을 중심으로." 문화산업연구 17.4: 159–167.

서정민. "트와이스 '빌보드 200' 1위...K팝 가수 여덟번째". 한겨레(2024. 3. 4.).

선넘은 패밀리 27화. 채널A(2024. 3. 29.).

손승혜(2011). "유럽의 한류와 K-pop 팬덤 형성 과정과 그 의미 -Korean Connection의 활동 사례를 중심으로." 한국언론학회 심포지움 및 세미나 2011.8-1: 77-98.

신승민. "'퍼포먼스·팬덤문화' 재밌어요... 'K팝'에 푹 빠진 해외 팬들", KBS 뉴스 (2022. 10. 29).

안병길. "'글로벌 인기몰이' K여돌 엑신(X:IN)을 아시나요?". 스포츠경향(2024. 3.25.).

양상재(2020). "페스티벌을 통해 바라본 케이팝의 세계화 방안 고찰." 국내석사 학위논문, 경희대학교 대학원, 경기도.

"유럽에서도 인기... 'MTV 뮤직 어워드' 휩쓴 K팝 [굿모닝 해외토픽]". KTV 국민 방송(2022. 11. 15.).

윤수정. "블랙핑크, K팝 걸그룹 첫 英 1위". 조선일보(2022. 9. 26.).

이관희(2018). "한류 콘텐츠 성공사례 연구". 문화와예술연구 12.-: 273-301.

이승연, 장민호(2019). "K-pop 음악의 글로벌 성공 요인 분석". 한국엔터테인먼트산업학회논문지, 13(4), 1-15.

이유정(2020). "신한류 콘텐츠로서 국악퓨전밴드의 가능성 모색". 한국엔터테인먼트산업학회논문지 14.3: 323-331.

정주리. "K팝 인기, 세계 지도로 한눈에", 코시스(2019. 8. 27.).

정혁준. "BTS, 지난 10년 빌보드 '핫100' 1위 최다 아티스트". 한겨레(2022. 11. 7.).

정혁준. "블랙핑크 '본 핑크', 빌보드200 1위 ··· K팝 걸그룹 첫 정상". 한겨레
(2022. 9. 26.).

최진우. "뉴진스, 美 위민 인 뮤직 어워즈 '올해의 그룹상' K팝 가수 첫 수상". 코
시스(2024. 3. 11.)

"'한국어' 미국에선 제3의 언어...갈수록 높아지는 K팝 위상". 뉴스A(2023. 7.
18.).

"'한국인 0명' K팝 그룹 등장... 세계 음악시장 점유율 확대". YTN(2023. 7. 30.)

5장

노승길. "한식 세계화 속도낸다... 해외 우수 한식당 지정 등 한식진흥법 공포".
아주경제(2019. 8. 8.).

"김으로 스낵 만들어 美서 대박... '김미' 창업 스토리". 매일경제 Economy.

박순자(2009). "한국 향토음식 관광 상품화 방안 및 세계화 전략에 관한 연구."
국내석사학위논문, 초당대학교 산업대학원, 전라남도.

"조미김·초콜릿도 인상 검토...장바구니 부담 커진다". 서울 경제.

이덕환. "한식의 세계화 전략−산업화보다 현지화가 더 중요하다". 열린연단
(2021. 4. 6.).

정혜경(2009), 『천년한식견문록』. 생각의 나무.

조승연의 탐구생활 Youtube. "2023 뉴욕 최고의 음식!? 한식이 뉴욕에서 잘 먹
히는 이유 외신 분석".

크랩 KLAB Youtube. ""김 못 먹을까 봐" 이제 바다가 아니라 땅에서도 기른다

고?! 김에 진심인 한국인 근황".

한식진흥원(2020). 『한식 아는 즐거움: 한식과 한국 술 이야기』. 농림축산식품부.

2023 해외 한식 소비자 조사 보고서(분석편). 농림축산식품부, 한식진흥원

2024 해외한류실태조사. KOFICE 한국국제문화교류진흥원

6장

구주희, 김주빈, 송지우, 이지은, 이소은(2019). 한류 관광 활성화를 위한 외국인-내국인 매칭 서비스 플랫폼 개발 연구. 한국서비스경영학회 학술대회.

김명희, 강인호(2007). "한류가 한국관광지 이미지, 관광객 만족과 행동의도에 미치는 영향 —일본인 관광객을 대상으로." 觀光研究 22.3: 359-380.

문체부보도자료. "2021 세계경제포럼(WEF) 세계 관광발전지수 결과".

유창근(2013), "한류관광 연계프로그램 활성화 방안에 관한 연구". 관광연구저널, 27(2), 133-150.

하경희(2017), SNS 마케팅 활용을 통한 한류관광 활성화 전략 연구. 호텔경영학연구, 26(2), 49-66, 10.24992/KJHT.2017.02.26.02.49.

7장

[네이버 지식백과] 단청 (알기쉬운 한국건축 용어사전, 2007. 4. 10., 김왕직)

"美 피겨 챔피언 알리사 리우...일본서 '오징어 게임' 복장에 'RUN2U'로 공연". 뉴스핌(2022. 04. 10.).

김세훈, 김영선 and 문장호(2017). "패션 한류 활성화 방안: 한국적 패션 디자인을 중심으로." 문화산업연구 17.4: 169-179.

김희선(2017), "한류 K-패션 활성화를 위한 전략 분석 연구." 한국의상디자인학회지 19.3: 175-192.

"방탄소년단 뷔, 넷플릭스도 감탄한 '오징어게임' 코스프레 "인스타 감성이 뭐지?". 뉴스앤미디어(2021. 12. 09.).

윤진아, 우희정(2011). "한복의 특징을 응용한 현대 패션디자인 연구." 韓服文化 14.1: 77-90.

이은. "600시간 공들인 정호연 에미상 드레스… '첩지'도 특별 제작". 머니투데이(2022. 9. 15.).

장은영. "한복, 다양한 얼굴로 세계를 유혹하다… K-패션의 진화". 스카이데일리(2022. 12. 30.).

주보림 (2016). "한국 패션산업의 글로벌 경쟁력 강화를 위한 서울 패션위크 연구". 브랜드디자인학연구 14.3: 105-124.

최보윤. "SAG서 빛난 정호연의 '댕기머리'…美·英 패션지도 반했다". 조선일보(2022. 2. 28.).

최영현, 천땐이, 이규혜(2020). "K-POP 아이돌 그룹 신한복 스타일에 대한 글로벌 반응 : 블랙핑크 패션 사례". 디지털융복합연구 18.12: 533-541.

8장

강병구(2009). "한국게임산업의 정치경제". 국내석사학위논문, 중앙대학교 대학원, 서울.

김상우(2005). "중국 게임산업분석을 통한 한국 게임산업의 발전방안 연구". 국내석사학위논문, 연세대학교 경제대학원, 서울.

김재성, 이태영, 김태규, 정형원(2015). "한국 게임산업의현황과 발전방안에 관한 연구 : 법과 제도를 중심으로". 디지털융복합연구 13.1: 439-447.

남영(2009). "한국 게임 산업의 형성". 국내박사학위논문, 중앙대학교 대학원, 서울.

양씨아오(2015). "한국 모바일게임의 중국시장 진출을 위한 성공요인 분석". 국내석사학위논문, 호남대학교 대학원, 광주.

윤형섭, 권용만 (2013). "한국 게임의 역사에 관한 연구". 한국컴퓨터게임학회논문지 26.1: 107-113.

이용수(2022). "한국 모바일 게임 산업의 경쟁력 제고 방안 연구". 국내석사학위논문, 부산대학교 대학원, 부산.

이지훈 (2010). "게임 산업 발전에 의한 사회 부작용 연구." 한국컴퓨터게임학회 논문지 20.-: 119-123.

이태영(2014). "한국 게임산업의 현황과 발전방안에 관한 연구." 국내석사학위논문, 광운대학교, 서울.

최중빈, 권택민(2016). "4차 산업혁명과 국내 게임산업 발전방향 연구." 한국게임학회 논문지 16.6: 29-37.

9장

"Korean Webtoons: A New Digital Culture" (Korean Culture and Information Service).

"The Korean Wave: Korean Popular Culture in Global Context" (S. Joon Yang).

"Korean Wave as Tool for Korea's New Cultural Diplomacy" (J. Lee).

"Webtoons and Participatory Culture: A Comparison between South Korea and the United States" (I. Han).

""카카오에 떼이고 출판사에 또 떼이고"…웹툰 작가 수입의 현실". YTN(2021).

"[집중취재M] 전 세계 휩쓴 한국 웹툰 -웹툰에 빠진 만화 강국 일본의 젊은 세대" MBC-뉴스데스크(2022. 05. 25.).

웹툰플랫폼 사업자의 계약서상 불공정약관조항 시정, 공정거래위원회, 240422(조간)

LIU YIYING(2021), "웹툰 활용 밈이론(memeties)한국어 말하기 교육 연구", 경희대학교 대학원 국어국문학과, 63~68p.

김경윤. "웹툰 단행본 속에 빨려 들어간 느낌…캐릭터 라이선싱 페어 개막". 엽합뉴스(2023).

차이나는 K-클라스 17회. JTBC(221127)

김고은(2021). "웹툰을 활용한 한국어 관용표현 교육 방안 연구(웹툰 〈대학일기〉를 활용하여)". 전주대학교 교육대학원, 42~43p.

김은히. "'치즈인더트랩' 중국 웨이보 해외 드라마 차트 1~3위 석권". 아주경제(2016).

김현원(2020). "웹툰의 세로 스크롤 연출미학 연구 : 웹툰 〈도축〉 제작을 중심으로". 홍익대학교산업대학원, 60p.

도상범(2018). "국가별 웹툰 이용자 반응 분석을 통한 웹툰의 한류 컨텐츠 시장성 연구." 한국IT서비스학회 학술대회 논문집 2018.-: 471-476.

문경민, "'마음의 소리', 한한령에도 불구하고 중국 1억뷰 돌파... 대륙도 '핫하게'". 서울경제(2016).

박하늘. "천안 K-컬처박람회, 글로벌 홍보대사로 세계화 박차". 대전일보(2024).

박혜림. 리디, 세계 최대 출판사와 '상수리나무 아래' 영문 출판권 계약. 헤럴드경제(2023).

송정은, 남기범 장원호(2014). "웹툰의 확산이 한류의 발전에 미치는 영향." 한국엔터테인먼트산업학회논문지 8.2: 357-367.

송정은(2014). "웹툰 마케팅의 가능성과 활성화를 위한 제언." 문화콘텐츠연구 0.4: 33-61.

송혜미. "웹툰 영화화 권리마저 빼앗은 플랫폼 '갑질계약'". 동아일보(2024).

신상민. "급성장한 웹툰, 노동권 개선 '뒷전'…노동자 대 예술가 '이견'". 뉴스토마토(2024).

윤호진(2016). 『한류 20년,대한민국 빅 콘텐츠』. 커뮤니케이션북스.

이지은, "[특징주] 디앤씨미디어, '누적 조회수 142억' 나혼렙 IP..애니-미드-게임까지 슈퍼IP". 증권뉴스(2022).

임유진. "정부·지자체 홍보에 'K-웹툰' 러브콜…"재미·감동 다 잡았다"". 이투데이(2024).

전혜인. "대표 수출품 된 K-웹툰… 해외 현지화로 판 키운다". 디지털타임스

(2024).

주인섭. "'핑크퐁 아기상어'부터 '신의탑' 까지 … 웹툰으로 글로벌 팬덤 확장". 경
향게임스(2023).

지선우. "불법 복제물로 웹툰 업계 아우성… 정책 효과 높여야". MoneyS(2024).

최정민. "K-웹툰의 그늘, '웹툰 공장'의 작가들". BBCNews코리아(2022).

"프랑스 k- 웹툰 열풍‥한국 로맨스는 파리보다 달콤해". MBC(2022. 8. 26.).

10장

[네이버 지식백과] 저작권 (문화산업의기초이론, 2014. 4. 15., 김평수)

김보희(2008). "지속 가능한 디자인 한류를 위한 전략." 국내석사학위논문, 한동
대학교 대학원, 경상북도.

박지연(2016). "한류 문화콘텐츠디자인 사례를 통한 공유가치창출(CSV) 요소 연
구." 국내석사학위논문, 경희대학교 대학원, 경기도.

변미연, 백민숙(2015). "한류 문화상품으로써의 아동복 디자인 개발에 관한 연
구." 한국산학기술학회논문지 16.11: 7485-7493.

엄경희, 정보리(2015). "K-Design을 활용한 서피스 제품디자인 개발 연구." 디지
털디자인학연구 15.1: 807-815.

정미란(2011). "디자인 연구 동향 분석을 통한 한국 문화 아이덴티티 디자인 연
구." 국내석사학위논문, 이화여자대학교 디자인대학원, 서울.

편집부(편집자)(2008). ""디자인 한류" 그 거대한 門이 열린다." 마루 -.72 : 36-
39.

11장

박소정 (2020). "K-뷰티산업의 피부색주의." 韓國 言論學報 64.6: 124-160.

이정세, 손상기(2015). "중국소비자의 한국화장품 구매만족에 미치는 영향 - 한류선호도의 조절효과." 中國學論叢 0.47: 25-47.

찬티바오엔, 김원겸, 안영직(2020). "한류 콘텐츠가 베트남 소비자의 한국화장품 구매의도에 미치는 영향." 한국콘텐츠학회논문지 20.12: 145-153.

최승은, 김영인(2020). "K-Pop 걸 그룹 메이크업 이미지에 따른 지역별 선호도 및 모방 행동 - 한국, 중화권, 일본, 동남아, 미국을 중심으로 -." 한국패션디자인학회지 20.2: 21-37.

12장

"한옥 전문가 양성 주도… '건축 한류' 씨앗으로". 한국일보(2015. 1. 12.).

최석호. 『골목길 역사산책』, 3장 북촌 개화길 산책.

주영하 외. 『한국학의 즐거움』.

https://www.hankookilbo.com/News/Read/201501121471896271

강재철(2010). "'온돌문화전통'의 지속과 변용에 관한 시론(試論)." 비교민속학 0.41: 191-222.

김근영. 『현대도시에서 한옥의 의미』. 석사학위논문, 서울대학교, 20~21쪽.

류미리, 서치상(2017). "한국 현대건축에서 전통적 모티프의 재현에 관한 연구." 한국건축역사학회 학술발표대회논문집 2017.춘계: 131-140.

박세현(2017). "북촌 한옥마을에 대한 문화해석학적 연구." 국내석사학위논문, 연세대학교 대학원, 서울.

송인호, 배형민, 전봉희(2006). 『한옥의 정의와 개념정립』. 문화관광부, p.2.

유용(2008). "환경요인에 의한 동아시아의 실내건축 의미와 조형적 차이 연구: 중국, 한국, 일본을 중심으로". 석사학위논문, 한서대학교 대학원, p.65.

전봉희(2006). "한옥의 브랜드화 방안 마련을 위한 기초적 연구". 국학연구, 8, 275-318.

정순희(2011). "중등 미술교육에서 전통한옥 조형미에 관한 연구." 국내석사학위논문, 경기대학교 교육대학원, 경기도.

최무현(2012). "경주지역 도시한옥의 시대별 건축특성에 관한 연구 −황남동 한옥보존지구를 중심으로−". 한국농촌건축학회논문집 14.4: 55-65. .

홍희기(2014). "한국의 전통난방 온돌과 현대화". 설비저널, 43(1), 62-70.

전상현(2018). "전통적인 한국건축의 3가지 공간타입." 국내석사학위논문, 건국대학교, 서울.

13장

Hemphill, D.(2005). "Cybersport". Journal of the Philosophy of Sport, 32(2), 195-207. .

김성규(2011). "미디어와 스포츠의 상호관계 연구".

김성훈(2005). "리그운영제도 개선을 통한 한국프로농구 발전방안 모색".

김은식(2022). "한국 야구의 발전과 프로야구 제도화 과정".

대한태권도협회(https://www.koreataekwondo.org)

박시원(2006). "한국 프로 골프의 발달 과정".

손수범(2002). "경제성장에 따른 한국 스포츠의 변천".

신종섭(2017). "태권도 세계화에 나타난 한국화 메커니즘: Gramsci의 헤게모니 이론을 중심으로".

양국진(2020). "한국태권도의 발전사를 통한 중국 우슈의 국제문화교류 방안".

윤아름(2019). "한국 e스포츠 산업 현황 및 발전방안 연구".

이혜지(2013). "한국프로야구의 성립과정".

임지송(2015). "한국프로농구연맹의 출범과정에 관한 연구".

전원재(2011). "스포츠의 세계화와 세방화에 따른 한국스포츠의 문제점과 과제".

정우석(2001). "한국농구의 전개과정에 관한 연구-1990년대 중심-".

진예원(2024). "해외 이스포츠 연구의 비판적 검토: 2005~2020년발행된 영문 논문의 메타분석을 중심으로".

최진철(2013). "한국축구발전을 위한 실천과제 모색".

한국e스포츠협회(http://www.e-sports.or.kr/)

황혜정(2018). "한국프로배구 출범의 역사적 의미에 관한 연구".